Ulrike Guérot

Was ist die Nation?

Ulrike Guérot

Was ist die Nation?

Steidl / ifa

In vielen Europadiskussionen in den letzten Jahren habe ich gemerkt, dass der Begriff »post-national« nicht funktioniert. Er klingt ungefähr so sexy wie »vegan« für Fleischesser. Darum habe ich dieses Buch geschrieben:

Für all diejenigen, die eine Nation brauchen
und trotzdem von einem demokratischen, sozialen und handlungsfähigen Europa träumen.

»[Die Nation] ist eine gefühlsmäßige Gemeinschaft, deren adäquater Ausdruck ein eigener Staat wäre, die also normalerweise die Tendenz hat, einen solchen aus sich hervorzutreiben. Die kausalen Komponenten aber, die zur Entstehung eines Nationalgefühls in diesem Sinne führen, können grundverschieden sein.«

»Der Sinn von ›Nation‹ und ›national‹ ist absolut nicht eindeutig. Wir können ihn nicht finden von der Seite der gemeinsamen Qualitäten her, welche die Gemeinschaft erzeugt, sondern nur von der Seite des Zieles her, nach dem etwas drängt, was wir unter dem Sammelnamen Nationalität bezeichnen: Dem selbstständigen Staatswesen.«

Max Weber, 1912

Mit Dank an Elke, Elmar, Karin, Michael,
Reinhard, Ronald, Sabine, Simone, Ulrike

Sie alle wissen, warum

Inhalt

Teil I
Don’t touch my nation!

Das Kreuz mit der Nation

> »Nationalismus ist keineswegs das Erwachen von Nationen zu Selbstbewusstsein: man erfindet Nationen, wo es sie vorher nicht gab.« *Ernest Gellner*

In meinem ›Zwillingsessay‹ zu diesem Band, *Wie hältst du's mit Europa?,* habe ich argumentiert, dass das *politische* Projekt Europa bis auf Weiteres gescheitert ist. Der politische Wille, an Europa, einem konkreten europäischen Projekt, ja an einem europäischen Traum zu arbeiten, hat auch in Deutschland in den vergangenen Jahren – um nicht zu sagen: Jahrzehnten – spürbar gefehlt. Vor allem aber, so das zentrale Argument von *Wie hältst du's mit Europa?,* war Deutschland mit dem Rest Europas aufgrund der Renationalisierung seiner Europapolitik in vielerlei Hinsicht nicht *solidarisch*. Ganz allgemein war Europa schlichtweg damit überfordert, mit den sozialen Folgen der Bankenkrise und den politischen Folgen der Flüchtlingskrise gesamteuropäisch angemessen umzugehen. Europäische Solidarität war *die* große Leerstelle der letzten Jahre. Dazu wurden die Wünsche und Sorgen der europäischen Bürgerinnen und Bürger sowie ihr Anspruch auf politische Repräsentanz im Rahmen der europäischen Einigung jahrzehntelang eklatant *verkannt*, wie der Sozialhistoriker Hartmut Kaelble in seinem jüngsten Buch eindrucksvoll beschreibt.[1] Die Wahl von Ursula von der Leyen zur EU-Kommissionspräsidentin am 16. Juli 2019, obwohl sie zuvor überhaupt nicht für dieses Amt kandidiert hatte, ist ein weiterer Beweis dafür, dass der Bürgerwille in den Strukturen der EU nicht viel zählt: »This should highlight that the average European citizen has no visibility whatsoever of the political program and the consequences stemming from his choice«, schrieb die *Washington Post* am Tag danach. Europa? Nicht besonders sozial und nicht besonders demokratisch also …

Unter anderem in Reaktion darauf durchlebt der europäische Kontinent eine recht beispiellose Phase der Renationalisierung. So sagt man zumindest. Die *Nation* und der *Nationalstaat* sind definitiv wieder im Kommen, fast genauso wie Vintage-Möbel oder falsche Wimpern. Europa und Nation werden in Europadiskussionen permanent gegeneinander ausgespielt. Der Nationalstaat muss auf jeden Fall bleiben. Wer ihn antastet, ihn für Europa ›überwinden‹ will, erntet wahlweise Spott, Hohn oder wütende Empörung. Doch kaum jemand definiert beim aktuellen Gerede über die Nation und den Nationalstaat, was sie im Kern sind. Was meinen wir, wenn wir von »Nation« reden? Ist für jeden intuitiv klar, was damit gemeint ist? Oder heißt *Nation* bzw. *Nationalstaat* für jeden etwas anderes? Wie viele Definitionen gibt es von Nation und worauf zielen sie ab? Haben Franzosen oder Polen den gleichen Begriff davon wie Deutsche? Sind Katalonien, Schottland oder Tirol gar auch Nationen?

Vielleicht ist die Nation und der vermeintlich um eine Nation herum verfasste Nationalstaat nur der neue Sehnsuchtsort – besser: ein plausibler Rückzugsort –, weil der europäische Traum keine Wirklichkeit geworden ist, also nur eine *Fallback-Option*? Wo das politische Europa in den letzten Jahrzehnten als Bezugsgröße nicht entstanden ist, was soll da anderes bleiben als ein *Revival* des Nationalen? Aleida Assmann hat letztes Jahr für ihr Buch *Der europäische Traum*[2] auch deswegen den Friedenspreis des Deutschen Buchhandels bekommen, weil sie uns klar gemacht hat, dass politische Träume – Friedenssicherung, Demokratie, Menschrechte – durch Arbeit, Erinnerungskulturen und Mythenbildungen immer neu geschaffen werden müssen. Das gilt für Nationen ebenso wie für Europa. An diesen Befund soll hier angeknüpft werden. Denn wenn eine Nation essenziell etwas ist, das durch Arbeit an Träumen und Mythen sowie durch Erinnerungskultur entstehen kann, dann könnte Europa ja vielleicht auch eine Nation werden? Wenn so viele

Menschen – real oder vermeintlich – eine Nation brauchen, sich aber trotzdem ein funktionierendes Europa wünschen, wenn Europa nicht den Verlust des Nationalen bedeuten darf, ja, wenn Europa nicht um den Preis der Nation herumkommen kann, dann wäre die Verknüpfung von Nation und Europa vielleicht der Ausweg aus einer festgefahrenen Debatte?

Dieser Essay möchte darum zwei Begriffe miteinander in Bezug setzen, die in herkömmlichen Europa-Diskussionen vorwiegend gegeneinander ausgespielt werden, nämlich *Nation* und *Europa*. Gerade der letzte Europawahlkampf hat das mannigfaltig zum Ausdruck gebracht. Europa wurde gegen die Nation und den Nationalismus in Stellung gebracht – und umgekehrt. Wie kann diese Spannung aufgelöst werden? Könnte Europa eine Nation werden? Ist Europa vielleicht schon längst in einem Prozess der europäischen Vergesellschaftung, der als ein ›europäisches Nation-Building‹ bezeichnet werden könnte? Oder zumindest als zaghafter Vorgriff auf ein solches?

Es geht darum, sich der Frage nach der »Nation Europa« spielerisch zu nähern, um ein Gedankenspiel: Was, wenn die Nation nicht (nur) das ist, was die meisten intuitiv glauben, nämlich eine ethnisch homogene und (leit-)kulturell eindeutig geprägte Einheit, an der sich so wichtige Dinge wie Identität oder Heimat festmachen lassen? Sondern ein Prozess der Verknüpfung von sozialen und bürgerlichen Rechten, die Begründung einer Staatsbürgergemeinschaft, die Sozialisierung in eine bestimmte Kultur hinein oder faktische Solidarität, also ein politisches Einheitsband, das um einen bestehenden Solidarverband geknüpft wird? Was, wenn Europa Chancen hätte, nach bestimmten Definitionen und Kriterien eine Nation zu werden und diese Nation dann als National*staat* verfasst werden könnte? Würden wir darüber ernsthaft diskutieren wollen?

Immerhin erscheinen gerade die ersten Bücher und Artikel mit genau dieser Fragestellung: *Nation Europa! Warum aus der Europäischen Union die Europäische Nation werden muss.*[3] Die *Rheinische Post* stellte im April 2019 die Frage, was nach dem Nationalstaat kommt.[4] Auch der saarländische Ministerpräsident Tobias Hans schlug jüngst in einem Gastbeitrag in der *Frankfurter Allgemeinen Zeitung* den Begriff »Bekenntnisnation«[5] vor, eine Nation, die alle einschließt, die sich zu ihr bekennen – gleich welcher Herkunft. Hans bezog sich dabei auf Deutschland, aber könnte die »Bekenntnisnation« nicht auch ein Weg zu einer »Nation Europa« sein?

Was also, wenn Nationen nicht ontologisch begründet sind, nicht vom Himmel fallen, keinen eigenen »Seins-Charakter« haben, sondern eine Nationenwerdung immer am Ende eines Prozesses einer Vergemeinschaftung steht? Wenn *Nation-Building*, *State-Building* und Demokratisierung parallel verlaufen und Hand in Hand gehen und man plausibel argumentieren könnte, dass die in der EU lebenden europäischen Bürgerinnen und Bürger in dem Prozess einer europäischen Vergemeinschaftung und mithin Nationenbildung in vielerlei Hinsicht schon recht weit fortgeschritten sind? Würden wir erschrecken? »Man erfindet Nationen, wo es sie vorher nicht gab«,[6] dieser Satz von Ernest Gellner steht diesem ersten Teil des Essays darum als Motto voran.

Was, wenn »Nation« im Kern nichts anderes heißt, als, wie Max Weber schon 1912 auf dem deutschen Soziologentag vorschlug,[7] »zusammen einen Staat [...] aus sich hervorzutreiben«, dann über Generationen darin gemeinsam zu leben und sich an die Aufbauleistung zu erinnern sowie eine gemeinsame Zukunft zu projektieren? Würden wir das in Europa dann tun wollen, gemeinsam einen Staat bauen? Und in ferner Zukunft rückblickend stolz auf unseren europäischen Staat sein? Nation und Staat – *Nationalstaat* – beide Begriffe stehen jedenfalls, bei Weber ebenso wie bei Gellner, in engstem Bedeutungszusammenhang.

Oder ist der Begriff der Nation inzwischen völlig verbrannt? Ist er unter dem Eindruck des aktuell anschwellenden europäischen Nationalismus bereits so sehr ins Völkische getunkt, so toxisch, illiberal, anti-demokratisch, xenophob oder rassistisch im zeitgenössischen Diskurs, dass er als semantische Projektion für ein geeintes Europa, als Kontur für einen europäischen *State-Building*-Prozess nicht mehr taugt? Doch Achtung: Gerade die heutigen Populisten und Nationalisten – vermeintlich alle lauter Anti-Europäer –, die ständig gegen die EU wettern, meinen es vielleicht bierernst mit Europa und sind schon viel weiter in ihrem Denken, als viele vermuten.

Nation und Europa war von 1951 bis 1990 – man mag es kaum glauben – eine deutsche rechtsextreme Monatszeitschrift, die 1990 durch die Nachfolgezeitschrift *Zuerst!* ersetzt wurde. Für *Nation und Europa* schrieben zu Beginn führende rechtextreme Köpfe wie z.B. Hans Grimm oder Gottlob Berger,[8] später auch Italiener, die mit der 2003 gegründeten Casa Pound[9] in Zusammenhang gebracht werden können, Franzosen aus dem Umfeld der französischen Nouvelle Droite, Schweizer, die dem Schweizer Bankiersadel entstammen (von dem sich heute Geldströme zur AfD nachweisen lassen), oder Schweden, die mit der Europäischen Sozialen Bewegung (ESB) verbunden waren. Ein pan-europäisches rechtsextremes Netzwerk also und als solches der erste Versuch von Neonazis, sich nach dem verlorenen Weltkrieg auf europäischer Ebene neu zu organisieren. Augenscheinlich ist in vielen Texten aus *Nation und Europa* der auffällig aktuelle Zusammenhang zwischen Nationalismus und der sozialen Frage, die auch den vorliegenden Essay wie ein roter Faden durchziehen wird. Wenn man einzelne Texte dieser Zeitschrift betrachtet, mag man –

jenseits des völkischen Grundtons und der inakzeptablen Xenophobie – strittig stellen, ob rechtsextreme Identitäre oder Nationalisten wirklich Anti-Europäer sind. Vielleicht sind einige unter ihnen eher glühende Europäer und wollen ein ebenso starkes wie soziales Europa, nur eben nicht jene EU, die der liberal-demokratischen Mitte vorschwebt?[10] Hat die Forderung nach einem sozialen Europa eine rechtspopulistische Schlagseite? Aber was ist an ihr verkehrt? Nation und Europa – brandgefährliches Terrain!

Die europäische Linke tut sich schwer mit dem Begriff der Nation, der ja eigentlich tabu ist und bestenfalls mit der Kneifzange angefasst wird. Doch unter Soziologen ist der Begriff der Nation derzeit im Kommen. Kein Wunder, man kann ihr ja kaum noch aus dem Weg gehen, derart präsent ist die Nation im tagespolitischen Diskurs, vor allem in jenem über die Zukunft Europas. So warb z.B. Peter Brandt, Sohn von Willy Brandt, schon 2010 in der *Jungen Freiheit* für ein positives Verhältnis zur Nation,[11] und die europäische Sozialwissenschaft bemüht sich derzeit verbrämt, der Frage nachzugehen, ob es etwas wie einen »linken Nationalismus« geben kann.[12] Der aber ist in der politischen Wirklichkeit längst erfolgreich angekommen, wenn man z.B. an die umstrittene inhaltliche Ausrichtung der *Aufstehen*-Bewegung von Sahra Wagenknecht denkt, nämlich sozial *und* national zu sein; oder an den Wahlsieg der dänischen Sozialdemokratin Mette Frederiksen im Mai 2019, dem ein ebenso umstrittener wie klarer programmatischer Wechsel vorausging: sozial *und* national, so lautete auch hier das Patentrezept der neuen Parteiführung. Rechte wie linke Parteien verbinden also das Soziale mit dem Nationalen. Aber kann eine europäische Sozialdemokratie so funktionieren? Wo bleibt der klassische linke Internationalismus? Bleibt Europa hier notwendigerweise auf der Strecke? Höchste Zeit auszuleuchten, was das Soziale mit der Nation zu tun hat. Und dann zu schauen, was es bedeuten würde, wenn Europa tatsächlich zur Nation würde. Nation, das Soziale und Europa: Diese drei Begriffe bilden die stabilen Eckpunkte dieses Essays; das Spannungsverhältnis zwischen ihnen soll betrachtet werden.

Europaweit sind Bibliotheken gefüllt mit dicken Büchern über den rechtlichen oder kulturellen Begriff der Nation, ganz zu schweigen von den jeweiligen Entstehungsgeschichten der einzelnen europäischen Nationalstaaten. Nationenforschung gibt es seit dem ausgehenden 19. Jahrhundert. Berühmt wurde jener Essay von Ernest Renan *Qu'est-ce que c'est la Nation?*,[13] in dem es um die Elsass-Frage geht und über den noch zu sprechen sein wird. Seit den 1960er Jahren hat sich die Nationenforschung intensiviert und ist gerade in den 1990er Jahren und in jüngerer Zeit um mehrere systematische Arbeiten bereichert worden.[14]

Die vielfältigen Wege der europäischen Nationenwerdungen der letzten Jahrhunderte nachzuzeichnen oder die europäischen Nationen zu erklären, ist hier nicht die Absicht. Norbert Elias,[15] Hagen Schulze,[16] Krzysztof Pomian[17] – um nur die Spitze einer schier unerschöpflichen Literatur zu nennen – und viele andere haben umfangreiche Standardwerke dazu geschrieben. Allein 905 Seiten umfasst Dieter Borchmeyers 2017 erschienene Studie *Was ist deutsch?*, und er kommt darin zu vielen Erkenntnissen, allerdings zu keinem eindeutigen Schluss. Wahrscheinlich ist darum dem Text ein Zitat von Hermann Bahr aus den Tagebüchern von 1923 vorangestellt: »Der Deutsche scheint an seinem eigenen Wesen, an dem eben noch die Welt genesen sollte, selber irre geworden.«[18] Nation? Ein weites Thema also. Nation und Europa? Unmöglich, beides in einem Essay angemessen zu behandeln! Dieser Essay ist lediglich der Versuch, die Begriffe »Nation« und »Europa« – so kontraintuitiv das auf den ersten Blick erscheinen mag – in einen neuen Sinnzusammenhang zu stellen.

Hier geht es um einen schmalen Blickwinkel, eine Luke

förmlich, aus der auf den Begriff der Nation unter Rückgriff auf verschiedene Definitionen und Theorien geschaut werden soll, immer mit der doppelten Fragestellung: Können die heutigen europäischen Nationen, wie wir sie kennen – England, Spanien, Frankreich, Deutschland, Belgien etc. – entlang dieser Definitionen überhaupt noch als Nationen bezeichnet werden? Und zweitens: Passen diese Definitionen von Nation auf das heutige Europa? Könnte man verschiedene Definitionen von Nation auf die heutige EU, auf den Prozess der europäischen Integration, den Prozess der politischen Einigung, in dem Europa steckt – bzw. stecken geblieben ist – anwenden? Und wenn ja, was würde daraus folgen? Vielleicht hilft die Schneise, die ich mit den verschiedenen Definitionen durch den Nationen-Dschungel schlagen möchte, die derzeit äußerst problematische Diskussion über Europa etwas zu lichten, damit wir endlich aus jener müßigen Dichotomie herausfinden, in denen Nation, Nationalstaat und Europa permanent gegeneinandergestellt werden, anstatt sie miteinander zu verknüpfen.

Nicht *Identität*, sondern *Solidarität* bzw. das Soziale als den Wesenskern des Nationalen zu definieren, wie es der französische Soziologe Marcel Mauss in einem erst kürzlich wiederentdeckten Buchfragment aus den 1920er Jahren unternommen hat, könnte dabei der Schlüssel zu einer europäischen Nationenwerdung sein. *Die Nation oder der Sinn fürs Soziale,* so der Titel seines Buches,[19] deutet schon an: Nation ist, wo das soziale Gefüge funktioniert. Mit Identität hat das erst einmal wenig zu tun. Anders formuliert: Wenn es ein solidarisches Europa gäbe, wenn Solidarität überall in Europa gleichermaßen institutionalisiert wäre, wenn alle europäischen Bürgerinnen und Bürger tatsächlich gleichermaßen von sozialen Rechten profitieren würden, dann wäre Europa nach Marcel Mauss eine Nation, und zwar unabhängig davon, welcher Herkunft oder Identität die europäischen

Bürgerinnen und Bürger sind. Nation ist für Mauss da, wo sich die Frage nach Solidarität nicht stellt, wo klar ist, wer zum sozialen Gefüge gehört und wer nicht. Das erinnert ein wenig an den berühmten Satz von Walter Hallstein, der Europa als eine »Solidarität der Tatsachen« (»une solidarité des faits«) bezeichnet hat.[20] Szenen wie aus der letzten Eurokrise, wo politisch zäh und mit chauvinistischem Unterton über Rettungspakete verhandelt und der europäische Norden gegen den europäischen Süden gestellt wurde, wären in Europa *passé* bzw. es würde über Probleme wenigstens so zivilisiert verhandelt wie beim deutschen Länderfinanzausgleich. Denn die Frage nach dem sozialen Gefüge in Europa ist implizit die Frage nach einem *europäischen Gesellschaftsentwurf* und wie ein solcher aussehen, vor allem aber gelingen könnte.[21]

Europa befindet sich schon längst in einer verdichteten, horizontalen Vergesellschaftung und durchläuft damit einen Prozess, der theoretisch und strukturell als paralleles *State-* und *Nation-Building* verstanden werden könnte, der aber politisch (noch) nicht als solcher benannt und diskutiert wird. Anders formuliert: Wo real für die Bürgerinnen und Bürger immer mehr Europa entstanden ist, wird dies im politischen Überbau noch nicht ausreichend abgebildet. Wo die Gesellschaft längst europäisch ist und denkt, oder zumindest immer europäischer wird, ist die Politik noch national. Der zunehmend europäischen Gesellschaft fehlt die gemeinsame politische Repräsentanz. Was die europäischen Bürgerinnen und Bürger in und von Europa wollen, ist längst nicht mehr das, was die europäischen Staatschefs wollen bzw. tun. An nichts kann man dieses Argument besser festmachen als an dem Gezerre zwischen Europäischem Rat und Europäischem Parlament, an der Diskrepanz zwischen »Staatscheflösungen« und Bürgerwille, an der überraschenden Nominierung von Ursula von der Leyen zur EU-Kommissionspräsidentin, obwohl sie nicht einmal Spitzenkandidatin für die Europawahlen 2019 war. Obwohl sie nicht einmal kandidiert hat.

Am Anfang war eine Rede

»Il paraîtra plaisant de parler de nation européenne à l'heure où certains peuples de l'Europe affirment leur volonté de s'accroître aux dépens de leurs voisins «

Julien Benda in *Discours à la nation européenne,* 1933

Ab Ende 1807, ein Jahr nach dem Einzug Napoleons in die preußische Hauptstadt, als nach dem Reichsdeputationshauptschluss auch der Zerfall des Heiligen Römischen Reiches Deutscher Nation besiegelt war, hielt Johann Gottlieb Fichte das, was später als *Reden an die deutsche Nation* veröffentlicht werden sollte, in Form von vierzehn Vorlesungen an der Humboldt Universität zu Berlin. Die Hörsäle sollen brechend voll gewesen sein. Aus heutiger Sicht ist diese ›Rede‹ sicherlich ein Text, den man als politisch nicht korrekt, ja, dezidiert nationalistisch bezeichnen würde und der ein großes deutsches Abgrenzungsbedürfnis, »jener Grundzüge der Deutschen als eines Urvolkes«[22] transportiert. Lassen wir das an dieser Stelle unkommentiert. Denn es war auch ein Text, der zunächst nicht so recht ernst genommen wurde. Fichtes Rede war ein gedanklicher Vorgriff, die Imagination einer politischen oder staatlichen Einheit, die der deutschen Kulturnation ihren angemessenen Platz in der Welt geben sollte. Er wollte die »deutschen Stämme« der Schwaben, Sachsen, Hessen, Pfälzer, Bayern und Preußen einen. Doch nicht nur das. Aus heutiger Sicht vielleicht selbstverständlich, brauchte man damals, 1807, eine Menge Vorstellungskraft, um das Vereinigungswerk zwischen den detuschen Stämmen, zwischen Preußen und dem Heiligen Römischen Reich deutscher Nation zustande zu bringen und es als einheitliche deutsche Kulturnation vorzustellen. Man könnte auch sagen, Fichte sei wahlweise sehr übermütig oder wagemutig gewesen,[23] denn die ethnische und politische Aufteilung des Kontinentes war nie kongruent in Europa.[24] Dennoch war eine Idee geboren: die deutsche Nation!

Knapp dreißig Jahre später, 1832, machten sich dann Angehörige der deutschen Kleinstaaten auf den Weg zum Hambacher Fest unter dem Motto »Einigkeit und *Recht* und Freiheit«. Knapp zwanzig Jahre später, 1848, wurde eine politische Vorform der deutschen Einheit erstmalig in der Paulskirche verfasst. 1871 wurden die Franzosen besiegt, trotz enormer Schwierigkeiten der Generalstäbe, denn die deutschen Truppen verstanden einander aufgrund der vielen Dialekte der Soldaten kaum. Ein enormer emotionaler Schub für die deutsche Einheit, denn die Integration der deutschen Einzelstaaten in das Deutsche Reich war kein Pappenstiel. Einige Regionen, vor allem die Königreiche Bayern und Sachsen, aber nicht nur sie, leisteten resoluten politischen Widerstand.[25] Auch innerhalb des Reiches war die ›Einheit‹ ein Gezerre der Parteien und Lager. 1892 schließlich ›kaufte‹ sich Bismarck, salopp formuliert, die Unterstützung der deutschen Sozialdemokratie für das Reich mit dem Allgemeinen Sozialversicherungsgesetz.[26] Und knapp dreißig Jahre später, 1918, sorgte ein emanzipatorisches Aufbegehren nach dem I. Weltkrieg für die Abschaffung der Monarchie und führte zur Wahl der ersten deutschen Nationalversammlung, mit allgemeiner, geheimer, direkter, und *gleicher* Wahl durch alle deutschen Bürgerinnen und Bürger. Zum ersten Mal waren auch die Frauen dabei.

1807 bis 1918, das macht rund einhundertzehn (110!) Jahre von der *Idee* einer politischen Nation zur ersten deutschen Republik, der Weimarer Republik. Auch im 20. Jahrhundert hat sich das, was heute üblicherweise als deutscher Nationalstaat gilt, noch mehrfach in seinen Grenzen ebenso wie in seiner Verfassung verändert, zuletzt noch 1989. Es ist nicht so lange her. Die meisten Menschen indes verorten sich nicht historisch. Die wenigsten denken daran, dass die Dinge – vor allem so abstrakte Dinge wie Staat und Nation – früher einmal anders waren. Noch weniger können sich vorstellen, dass der eigene politische Überbau, die heutige Nation, demnächst auch ein anderer sein könnte. Oder sogar zwangsläufig eine anderer sein wird, denn Nationen kommen und gehen: Es sind »kulturelle Produkte einer besonderen Art«, wobei einige als Nationalstaaten verpackt werden, andere hingegen nicht.[27]

Den Umbruch von einem politischen Überbau, von einem System, einer Staatsform zur nächsten nennen wir im Nachhinein »Geschichte«. Erfassen kann man die historischen Perioden aber erst, wenn sie sich geschlossen haben. Wir können heute aus der Retrospektive sagen, die Weimarer Republik dauerte von 1918 bis 1933. Wir können auch sagen, das wiedervereinigte Deutschland begann 1989; und das vereinte Europa im Sinne einer »immer engeren Union« begann 1992 mit dem Vertrag von Maastricht. Wir können aber noch nicht sagen, was in Zukunft kommen wird. Nur *dass* es etwas anderes sein wird, dürfte klar sein, denn das ist der normale Gang der Geschichte. Und dass jetzt gerade *Umbruchzeit* ist, dass die Dinge auf dem europäischen Kontinent nicht stabil sind, dürfte auf der Hand liegen. Zeit für die Nation Europa also?

Man könnte viele andere Daten und Ereignisse auf dem Weg zur deutschen Nationenbildung anführen. Die oben genannten – 1807, 1832, 1848, 1871, 1883 und 1918 – entsprechen jedenfalls – zufällig oder nicht – verschiedenen strukturellen Definitionen von Nation. Fichtes Rede ist die Vorstellung einer »begrenzten und souveränen Gemeinschaft«[28] (Benedict Anderson); das Hambacher Fest ein nationaler Erinnerungsort, an dem Nationalismus in Form einer sozialen Bewegung entsteht, ist der Beginn einer Nation als »Seele«, als »geistiges Prinzip« (Ernest Renan)[29] und mithin »Ausdruck des

Wunsches, zusammenzuleben«. Die Paulskirche wiederum steht für eine Nation, die über eine Verfassung den Weg zum Nationalstaat schafft (was noch lange nicht bei jeder Nation der Fall ist), also für juristische Definitionen von Nation, die auf gleiche bürgerliche Rechte und die Fähigkeit zur politischen Machtprojektion abzielen. Es sind dies vor allem die französischen Definitionen von Nation bei Marcel Mauss[30] oder Pierre Rosanvallon.[31] Schon Abbé Sieyès formulierte 1790: »Eine Nation ist eine Gesamtheit von vereinigten Individuen, die unter einem gemeinsamen Gesetz stehen und durch dieselbe gesetzgebende Versammlung vertreten sind.«[32] Aber auch für den angelsächsischen Theoretiker Anthony Giddens und den aus Prag stammenden Karl W. Deutsch hat politische Macht eine zentrale Bedeutung für den Begriff »Nation«. Ganz zu schweigen von der militärischen Macht, für die hier in der Aufzählung deutscher Daten der Nationenbildung prototypisch der Deutsch-Französische Krieg von 1870/1871 steht: Kriege bzw. Erinnerungen an Kriege begründen Nationen, sie fordern Opfer, schaffen nationale Hingabe und gemeinsamen Ruhm: Sie eignen sich hervorragend zur Mythenbildung und für Erinnerungskulturen, weswegen für Aleida Assmann die Friedenserziehung die erste Lehre aus nationalen Geschichten ist.[33] Schließlich kam die deutsche Sozialversicherung von 1883, die als Teil der deutschen Rechts- und Reichsnation institutionelle Stabilität und gesellschaftlichen Strukturwandel hervorgebracht hat, und genau jener Definition einer Nation von Marcel Mauss – Nation als »materiell [...] integrierte Gesellschaft« – genügt,[34] um die es hier geht. Und natürlich der emanzipatorische Akt der Wahl zur ersten deutschen Nationalversammlung von 1918, der die gesellschaftliche Demokratisierung zentral über Wahlrechtsgleichheit zementiert hat und damit den deutschen Bürgerinnen und Bürgern der Weimarer Republik das gab, was Pierre Rosanvallon das »Sacre du citoyen«, die »Krönung des Bürgers«, nennt: bürgerliche Gleichheit vor dem Recht, vor allem beim Wahlakt. Denn Wahlen entscheiden über die Macht einer Nation, meist durch Abwahl der momentan herrschenden Machtelite. Der gemeinsame Wahlakt schweißt zusammen. »Dieselbe gesetzgebende Versammlung« von Sièyes. Nation heißt hier, auf der Grundlage *gleichen* Rechts[35] zusammen wählen und die *Machtfrage* bestimmen. Auch deswegen kam der aktuellen Entscheidung über Ursula von der Leyen als künftige EU-Kommissionspräsidentin eine so entscheidende Bedeutung zu. Das Prinzip der Spitzenkandidaten war mehr als eine Lappalie: Es ging um den Prozess der europäischen Demokratisierung genau im Sinne oben genannter Definition von Nation, *nämlich gemeinsam zu wählen und die Machtfrage zu entscheiden*, also um die Eroberung des »Sacre du citoyen«, um ein Element des *Nation-Building* in Europa. Das Europäische Parlament hat diese Machtfrage diesmal nicht für sich entscheiden können.[36] Der Europäische Rat hatte am Ende die Oberhand. Die Folgen für die europäische Demokratie im Allgemeinen und das Mandat von Frau von der Leyen im Besonderen werden 2019 bis 2024 zu beobachten sein.

Bewusst oder unbewusst, die deutsche Nationenbildung des 19. Jahrhunderts hat entlang der genannten Daten verschiedene strukturelle Definitionen von Nation bedient, als gälte es, Kästchen auf einem Formular »Bist du schon eine Nation?« abzuhaken. Heute gibt es sie übrigens schon als Ratgeber-Literatur: *How to make a Nation?*,[37] wo die Nationenbildung wie ein Kochrezept daherkommt. Man nehme: eine Dosis Gemeinschaftsvorstellung, eine Portion soziale Bewegung, eine dicke Scheibe Verfassung und politische Machtprojektion, eine Prise militärische Macht, einen guten Fond aus sozialer Sicherung. Man bedenke die Bürgerinnen und Bürger dann mit einer einheitlichen Staatsbürgerschaft, indem man eine *Staatsbürgergemeinschaft* begründet.[38] Und schließlich würze man reichlich mit emanzipatorischen und partizipatorischen Bewegungen und der Durchsetzung des allgemeinen politischen Gleichheitsgrundsatzes für alle Bürgerinnen und Bürger. Ferner schaffe man viele Schulen und Bildungseinrichtungen, die ständig von der Nation erzählen, damit auch ja alle daran glauben. Man erfinde ein paar emotionale Erinnerungsorte und vor allem Symbole, die für diese Nation stehen. Im erwähnten Guide ist das nationale Symbol für Deutschland übrigens eine Bosch-Waschmaschine. Ist das für Sie identitätsstiftend? Fühlen Sie sich deshalb deutsch? Ich persönlich hätte ja lieber die High-Heels, die dort wegen des Tangos als nationales Symbol für Argentinien abgebildet werden.

Sechs oder sieben Kreuzchen also und du bist Nation! Deutschland hat's geschafft, in den letzten zweihundert Jahren, andere sind nicht so weit gekommen. War es nur Glück? Ein Zufall der Geschichte? Und was heißt das für die EU, für Europa? Anders formuliert, geht es bei diesem »Nationen-Rezept« zentral um die Frage, ob eine Nation ›nur‹ eine politische Willensgemeinschaft ist; oder wie viel vorpolitische Substanz an Identität (Sprache, Kultur, Geschichte) sie als Fundament braucht. Und um die Frage, ob eine Staatsbürgergemeinschaft ausreichender Kitt für eine Nation ist und mithin eine europäische Staatsbürgerschaft eine ›Nation Europa‹ begründen könnte. Kurz: Ob eine Nation von einer präsozialen Substanz oder von einem Willensakt her gedacht wird. Bei Letzterem hätte die Nation Europa sowieso eine Chance. Wir müssten uns *nur* entscheiden, dass wir ab jetzt eine ›Nation Europa‹ werden wollen.[39] Aber auch bei der präsozialen Substanz sieht es für Europa gar nicht so schlecht aus. Denn Europa steckt inmitten eines Prozesses der europäischen Vergesellschaftung. Es ist dabei, eine *soziale Substanz* zu formen. Es könnte also sein, dass Europa perspektivisch beiden Kriterien genügt, sich für eine Nationenbildung zu qualifizieren.

Mit einer Rede fing alles an für Deutschland. Könnte es für Europa vielleicht ebenso sein? 1932 schrieb der französische Philosoph und Intellektuelle Julien Benda, ein bekannter liberaler Denker seiner Zeit, seine *Rede an die europäische Nation*. Nichts war zugleich provokanter und absurder als die Vorstellung einer europäischen Nation, einer politischen Gemeinschaft Europa im Jahre 1932, als die Europäer in tiefster Krise steckten, einer Krise, die wenige Jahre später zum Zweiten Weltkrieg sowie zum Holocaust führte, und den europäischen Kontinent erneut in Blut ertränkte. Julien Benda ist nicht entgangen, dass er gegen den Zeitgeist schrieb. Er verglich die Akteure des sich anbahnenden Zweiten Weltkriegs, Hitler und Mussolini, in seinem fulminanten Essay, einem Marsch in Dreimeilenstiefeln durch zweitausend Jahre europäischer Geschichte, mit allen Potentaten, herrischen Königen und machtverliebten Kaisern, die Europa zwischen Justinian, Karl V. und Napoleon gesehen hatte, um dieses eine Argument zu machen: Europa kann nicht von oben und nicht durch Gewalt entstehen. Es muss von unten geeint werden, durch die europäischen Bürgerinnen und Bürger. Von Otto dem Großen über Friedrich Barbarossa, Karl V. und Napoleon seien einige angetreten, um Europa unter *gleichem Recht* zu vereinen. Aber dies ging nicht mit Gewalt und Eroberung. Jetzt aber, so Benda, sei es anders: »L'idée de l'Europe est née«,[40] das hegelianische Prinzip habe gewirkt: Die europäische Uneinigkeit habe Europa so weh getan, dass sich jetzt die Idee der Einheit Europas dagegen erhebt.

Ein Aufsatz, der aktueller nicht sein könnte. Benda war sich sicher: Die Zeit der europäischen Idee, in der die Europäer selbst diese Idee gegen ihre jeweiligen Herrscher verteidigten, würde kommen. Eine Art intellektueller Vorgriff auf ein liberales, republikanisches Bürgereuropa, dem Geist der Aufklärung verpflichtet. Vielleicht ist die Zeit, Europa von *unten* zu einen und in bester republikanischer Manier gleiche bürgerliche Rechte für alle Europäerinnen und Europäer durchzusetzen, heute endlich gekommen? Immerhin arbeiten wir jetzt schon lange an dieser Idee. Selten war so viel von den europäischen Bürgerinnen und Bürgern die Rede, selten in der jüngeren Geschichte wurde europaweit und öffentlich so intensiv über ihre Rechte gestritten, zum Beispiel über ihr Recht, die EU-Kommissionsspitze zu bestimmen. In seinem vor den Europawahlen in 28 Ländern erschienenen Brief[41] wandte sich Emmanuel Macron nicht an die europäischen Staats- und Regierungschefs, um sie zu mehr europäischer *Integration* aufzufordern. Nein, er wandte sich direkt an die »Citoyennes et citoyens européennes« und forderte diese auf, für ein demokratisches Europa zu streiten.[42] Von europäischer *Integration* zur europäischen *Demokratie* – ein Paradigmenwechsel?

1932 plus einhundertzehn Jahre, die Deutschland für seine Nationenwerdung gebraucht hat, führen ins Jahr 2042. Von heute aus gesehen wären das noch knapp 25 Jahre, um Europa zu einer Nation zu machen. Eine Generation also. Stellte man Julien Bendas Rede in Analogie zur besagten Rede von Fichte, könnte man sie als Ausgangspunkt einer europäischen Nationen- und Staatenbildung ansehen, im Zuge derer die heutige EU, ähnlich den Nationen im 19. Jahrhundert, gleichsam die verschiedenen Etappen der Nationenwerdung durchschreitet.

Anzeichen dafür gibt es durchaus: Es entstehen europäische soziale Bewegungen (›europäisches Hambach‹), die den Wunsch der europäischen Bürgerinnen und Bürger artikulieren, gemeinsam zu leben;[43] es gibt den Wunsch nach Verabschiedung einer europäischen Verfassung (›europäische Paulskirche‹);[44] dazu eine – zwar problematische, aber dennoch vorhandene – politische und militärische Machtprojektion (›europäische Sicherheits- und Verteidigungspolitik‹); die Forderung der Europäisierung der sozialen Sicherung in

Europa (z.B. eine ›europäische Arbeitslosenversicherung‹[45]), denn eine große Mehrheit der Deutschen (75 Prozent) sieht in den sozialen und wirtschaftlichen Unterschieden den eigentlichen Grund für die meisten Probleme der EU.[46] Und aktuell stellt sich mit Blick auf das Problem der Spitzenkandidaten und das politische Tauziehen zwischen europäischem Parlament und Rat die Frage, wer letztlich in Europa entscheidet – die Bürgerinnen und Bürger oder die Staaten? Das alles könnte man vorsichtig in die Waagschale zugunsten einer latenten Nationenwerdung Europas legen, bei der sich Elemente einer europäischen Demokratisierung mit dem Verlangen nach einer europäischen (Sozial-)Staatlichkeit vermischen und in der das europaweite, zivilgesellschaftliche Begehren, politisch gemeinsam in Europa repräsentiert zu werden, stärker wird.

Die über einen langen Prozess der europäischen Vergesellschaftung (europäische Wissenschafts- und Forschungslandschaft, Freizügigkeit, europäischer Arbeitsmarkt, Tourismus, Erasmus-Auslandsaufenthalte etc.) geformte europäische Nation könnte sich schließlich, wenn dieser Prozess in einer Generation um 2042 herum abgeschlossen ist, wie die meisten Nationalstaaten des letzten Jahrhunderts (Ungarn, Österreich, Deutschland) als Republik konstituieren.[47] Wäre das eigentlich so unmöglich? Wäre es nur Zufall oder Glück der Geschichte oder auch ein bisschen politischer Wille? Und wenn ja: Wer sind die gesellschaftlichen Kräfte, die das vielleicht wollen – und wer hätte etwas dagegen? Wer läuft schon jetzt dagegen Sturm? Und wer wäre stärker, wer hätte die Mehrheit, wenn es zum Schwur käme? Könnte die Idee einer europäischen Nation große gesellschaftliche Mehrheiten in ganz Europa generieren? Und kann es sein, dass wir auf dem europäischen Kontinent dabei sind, genau diese Frage zu verhandeln – ohne sie jedoch auszusprechen?

Fragt man, wo die Bürger die EU auf einer Skala von Null

bis Zehn sehen, dann landen die meisten ziemlich genau in der Mitte bei Fünf. Fünf ist zu gut, um aus der EU auszutreten. Dexit, Polexit, Frexit oder Öxit sind darum keine realen politischen Perspektiven. Sogar die sogenannten Populisten wissen, dass sie damit nicht punkten können. Aber fünf ist auch nicht gut genug, um sich in der EU wohlzufühlen, wenn die Skala bis Zehn geht. Es gibt also Luft nach oben, um den Raum zwischen Fünf bis Zehn auf der Skala mit kreativen Ideen zu füllen, wo die europäische Reise hingehen soll. Warum nicht die Zielvorstellung einer »Nation Europa« auf die Zehn der Skala setzen? Wir müssen ja nicht gleich da ankommen. Aber wer ein klares Ziel hat, der weiß zumindest, was er tun muss. Von Fünf auf Null in Europa zurückfallen und desintegrieren. Oder sich sukzessive von Fünf auf die Zehn hocharbeiten, sich der Idee einer europäischen Nation annähern, Europa eine Verfassung geben, einen europäischen Staat gründen? Vielleicht stellt sich genau diese Frage in den nächsten Jahren auf dem europäischen Kontinent. »Ça passe ou ça casse«, sagen die Franzosen.

Es sei der Zeitgenossenschaft verwehrt zu verstehen, in welchem historischen Prozess sie sich befinde, schrieb Stefan Zweig einmal. Übrigens war auch schon der erwähnte Ernest Renan davon überzeugt, dass eine europäische Konföderation, die er sich als europäische Nation dachte, die heutigen europäischen Nationalstaaten wahrscheinlich ablösen würde, denn Nationen seien nichts Ewiges, der politische Wille könne sich wandeln.[48] Auch der Wille, eine europäische Nation anzustreben – oder eben nicht …

Nimmt man die oben aufgeführten Elemente auf dem Weg zu einer Nationenbildung, dann könnte man ins Feld führen, dass es um die *Potenzialität* der EU, zu einer europäischen Nation zu werden, gar nicht so schlecht bestellt ist. Die letzten Wahlen zum Europaparlament im Mai 2019 haben in vielen europäischen Ländern eine nie dagewesene

Bürgerbewegung für Europa hervorgebracht. Europäische Grass-Root-Initiativen, NGOs, transnationale Parteien (Volt Europa, DiEM25), wohin das Auge blickte. Der #pulseofeurope schaffte es, monatelang jeden Sonntag die deutschen Marktplätze mit Demonstranten für Europa zu füllen. Es gab europäische Kulturprojekte, europäische Interrail-Tickets für Jugendliche. Ein europäisches Manifest nach dem anderen wurden veröffentlicht, darunter verschiedene Verfassungsentwürfe.[49]

In den sozialen Medien kursierte vor den Wahlen ein fiktiver Europäischer Pass,[50] das wohl beste Beispiel für die Imago einer politischen Gemeinschaft. Ohne Pass kein Staat, ohne Staat kein Pass: Wer von einem europäischen Pass spricht, träumt letztlich von einem europäischen Staat. Ein politisches System gibt es schon seit langem in Europa in Form von Kommission, Rat, Parlament. Die EU hat eine lange institutionelle Tradition und ausgefeilte politische Strukturen, nur noch keine Verfassung im eigentlichen Sinne. Der Nationalstaat ist der institutionelle Rahmen, in dem eine Nation ihre Eigenständigkeit und Einheit in politische Form bringt.[51] Noch einmal Max Weber: Würden wir einen europäischen Staat *heraustreiben* wollen, würden wir zur Nation. Der Staat erschafft die Nation und umgekehrt. Aus der Symbiose entsteht der Nationalstaat. »The nation-state, which exists in a complex of other nation-states, is a set of institutional forms of governance maintaining an administrative monopoly over a given territory with demarcated boundaries, its rule being sanctioned by law and direct control of the means of internal and external violence«, schrieb der (liberale) Anthony Giddens 1987.[54] Wenn das das *Template* für einen Nationalstaat ist, hätte Europa nicht allzu schlechte Karten, seinen latenten *Nation-Building*-Prozess durch die Schaffung eines europäischen Nationalstaates zu materialisieren. Immerhin hat Europa 2003 schon einmal den Versuch einer europäischen Verfassung unternommen, der allerdings scheiterte. Doch was hindert Europa eigentlich daran, einen zweiten Anlauf zu nehmen?

Die Vorstellung einer Gemeinschaft, ein politisches System, eine soziale Einheit, Verfassungsambitionen: Bei diesen Dingen sieht es also ganz gut aus für eine europäische Nationenbildung. Militärische Machtprojektion: ebenfalls vorhanden, wenn auch nicht durchschlagend. Die Gemeinsame Außen- und Sicherheitspolitik (GASP) wird von den europäischen Staaten eher stiefmütterlich behandelt und ist ein politisches Sorgenkind und damit nicht gerade ein Vorzeigeobjekt. Darüber ließe sich im Detail trefflich streiten, doch wichtiger scheint etwas anderes zu sein: Sollte ein politisches Projekt, das sich sieben Jahrzehnte lang als ein Friedensprojekt verstanden hat, das seine Gründungsidee, sein Gründungsmotiv aus den Lehren der Geschichte zieht, sich für die Zukunft in eine militärische Machtprojektion als ein Element der Nationenbildung begeben? Wäre das überhaupt darstellbar, wäre es wünschenswert? Oder noch zeitgemäß? Es wäre zumindest ein gewaltiger Paradigmenwechsel für Europa, um nicht zu sagen: *der* Paradigmenwechsel schlechthin. Allerdings könnte an dieser Stelle auch angeführt werden, dass das europäische Integrationsprojekt einmal mit einer Europäischen Verteidigungsgemeinschaft (EVG) beginnen sollte, die 1954 am Widerstand von Frankreich unter Pierre Mendès France scheiterte, bevor sich Europa dann 1957 mit den Römischen Verträgen auf den Weg der Wirtschaftsintegration begab. Bis in die heutigen Debatten über eine europäische Armee, die man sogar im Parteiprogramm der SPD findet, ist es insofern nicht abwegig, von einer militärischen Machtprojektion der EU zu sprechen, an der sich Europa immer wieder politisch abarbeitet – und darunter leidet, dass es sie nicht gibt, z.B. wenn es ohnmächtig dem Bürgerkrieg in Syrien in seinem Hinterhof gegenübersteht oder nichts gegen den Islamischen Staat ausrichten kann. Die Frage der militärischen Machtprojektion Europas ist, ob man will oder nicht, für das heutige Europa extrem relevant, drückt doch Donald Trump immer wieder auf genau diesen wunden Punkt der EU, wenn er z.B. Unterstützung durch europäische Bodentruppen in Syrien zum Schutz der Kurden fordert, die wiederum den IS in europäischem Interesse in Schach halten.

Mit Blick auf die soziale Einheit bzw. gemeinsame soziale Sicherheit in Europa, ein weiteres Kriterium für *Nation-Building*, sieht es ähnlich aus: Sie sind noch nicht erfüllt, aber mit Betonung auf *noch*. Um nichts wurde bei den vergangenen Europawahlen im Mai 2019 mehr gestritten als um ein soziales Europa, das große Desiderat. Fast alle Parteien, außer vielleicht der europäischen konservativen Partei EVP und der liberalen ALDE, lagen im Wettstreit um ein sozialeres Europa. Konzepte wie etwa eine Europäische Arbeitslosenversicherung oder ein europäischer Mindestlohn wurden angedacht, öffentlich und strittig diskutiert und liegen seit Längerem auf dem Tisch von EU-Kommission und Rat. Laut Zahlen der EU-Kommission wären große Mehrheiten der europäischen Bürgerinnen und Bürger von bis zu siebzig Prozent durchaus bereit, zentrale Dinge, die bisher ausschließlich national diskutiert werden – Löhne, Bildung, Renten – europäisch zu harmonisieren: 71 Prozent bei Löhnen, 67 Prozent bei Renten, 66 Prozent bei sozialen Mindestleistungen.[53]

Und schließlich der Prozess einer Demokratisierung Europas, eine emanzipatorische Agenda der europäischen Bürgerinnen und Bürger. Selten wurde so viel um und über Europa gestritten wie im letzten Europa-Wahlkampf, der im Ansatz durchaus eine europäische Öffentlichkeit hervorgebracht hat. Inzwischen werden vermehrt europäische Medien gefordert.[54] Die bisher verkannten europäischen Bürgerinnen und Bürger wurden überall händeringend gesucht, dieses

Mal ist man ihnen buchstäblich hinterhergelaufen. Eine beispiellose Wählermobilisierung ging den Europa-Wahlen vom Mai 2019 voraus. Zum ersten Mal wurden europaweit hunderte offizielle europäische Bürgerdialoge durchgeführt: 53 waren es nur 2015, 2016 schon 73, dann 317 Bürgerdialoge 2017 und schließlich über 600 im Jahr 2018.[55] Insgesamt 150.000 europäische Bürgerinnen und Bürger haben sich an diesen Konsultationen beteiligt, die um zwölf Fragen und Themengruppen herum strukturiert waren, was sich die Bürger von Europa wünschten. Bei den Antworten rangierte übrigens auch hier das Soziale neben Umweltfragen und neuen Technologien ganz weit vorne.[56] Auf offiziellen Internet-Foren der Europäischen Kommission sind insgesamt rund 70.000 Antworten registriert worden. Nie zuvor gab es so viel Datenmaterial über das, was die Bürgerinnen und Bürger von Europa wollen. Nischenschauplatz oder europäischer Demokratisierungs- und *Nation-Building*-Prozess, das ist hier die Frage? Der Anfang einer europäischen Agora und Demokratisierungsagenda ist jedenfalls gemacht.

Natürlich ist Europa nicht Deutschland. Vergleiche hinken immer. Andere Nationen haben sich anders herausgebildet als die deutsche, z.B. durch Revolutionen, wie Frankreich, oder durch den Zerfall von Reichen, so wie die meisten osteuropäischen Nationen nach dem Zerfall der Donau-Monarchie. Nicht alle europäischen Nationen sind wie Deutschland und Italien im Wesentlichen durch unitarische Bewegungen entstanden. Vor allem die deutsche und die französische Nationenbildung sind realhistorisch wie ideengeschichtlich völlig unterschiedlich verlaufen. Wo die Franzosen im Zuge der Französischen Revolution einen radikaldemokratisch-jakobinischen Nationalismus hervorgebracht haben, war der beginnende deutsche Nationalismus antimodernistisch und antirevolutionär. Die unterschiedlichen Ausprägungen der Begriffe »Nation«, »Republik« und »Staat« prägen – oder belasten – das deutsch-französische Tandem bei der Gestaltung von Europa bis heute. Europa ist ein Sammelsurium von Nationen und Nationenbegriffen unterschiedlichster Couleur. Aber dass es Nationen gibt, ist das Europäische an Europa.[57] Und doch: Vielleicht sind wir in einem postmodernen Sinn entlang der angeführten, strukturellen Definitionen schon mehr Nation in Europa, als wir denken, und vor allem, als wir politisch zugeben können oder wollen? Und vielleicht wird gerade darum – nämlich, weil wir das nicht zugeben können – derzeit so viel wie lange nicht mehr über nationale *Identität* geredet? Ein riesengroßes Ablenkungsmanöver von der gesellschaftlichen Realität Europas also?

En vogue: Nation, Identität, Heimat

> »Ich bin in Italien geboren, in Jugoslawien aufgewachsen und habe erst Kroatien, dann in Deutschland gelebt. Meine Frau ist Ungarin aus Rumänien. Unsere Kinder sind in Deutschland aufgewachsen. Welcher Nation gehören wir an?« *Tweet,* April 2019

»Die beste Nation ist die Resignation.« Dieser lakonische Ausspruch wird dem österreichischen Dramatiker Johann Nestroy zugeschrieben, der seine Zeitgenossen im Wiener Volkstheater gerne zum Lachen brachte. Doch es gibt nichts zu lachen, die Nation ist en vogue, und nicht im guten Sinn. Derzeit wird eine Phantom-Debatte über die *Identität* der Nation geführt, weil die eigentlichen, funktionalen Elemente einer Nation – eine Einheitsvision, eine sozial integrierte Gesellschaft, Rechtsgleichheit und eine Machtprojektion – in vielen heutigen europäischen Nationalstaaten nicht mehr funktionieren. Durch den forcierten Rekurs auf eine konstruierte *Identität* wird im Grunde betrauert, dass es die Nationen mit Blick auf ihre *funktionalen* Charakteristiken eigentlich nicht mehr gibt. Die Gelbwesten in Frankreich sind ebenso Ausdruck einer in ihrem sozialen Gefüge zerrissenen Nation wie der Brexit in Großbritannien oder Pegida in Deutschland. Identitärer Nationalismus ist die Folge.

Der Begriff der Nation wird in zeitgenössischen Debatten in Europa wieder mit völkischen Wurzeln, ethnischer Homogenität, Abgrenzung und Heimat in Verbindung gebracht, also mit allen möglichen Dingen, die in den funktionalen oder strukturellen Definitionen von Nation gerade *nicht* vorkommen. Eigentlich herrscht in der Nationenforschung eher Konsens darüber, dass eine völkisch-homogene Abstammung oder auch eine gemeinsame Sprache gerade nicht konstitutiv für eine Nation sind.[58] Wenn also Europa und Nation in politischen Diskussionen gerne gegeneinander ausgespielt werden, ist die eigentliche Frage, was unter Nation verstanden wird: gesellschaftliche Strukturen oder Identität? Erstere können verändert werden; Letztere hat selten etwas mit Nation zu tun.

Die Frage für Nationen-Theoretiker ist auch, woher die Nation ihre Anziehungskraft schöpft. So schrieb der Nationen-Forscher Hugh Seton-Watson schon 1977 in seiner großen Studie über Nation und Nationalismus: »So hat sich mir der Schluss aufgedrängt, dass man keine wissenschaftliche Definition der Nation wird geben können. Das Phänomen hingegen existiert seit langem.«[59] Der Begriff der Nation scheint in erster Linie emotionale Bedürfnisse zu befriedigen, Symbolcharakter zu haben und gleichzeitig Projektionsfläche zu sein. Schon Anthony Giddens fragte sich in den 1990er Jahren, »in welchem Sinn der Nationalstaat auch für die gegenwärtigen Gesellschaften ungeachtet aller augenfälligen Erscheinungen internationaler Vergesellschaftung noch eine realitätsmächtige Größe ist.«[60] Und Max Weber rief schon 1912 auf dem Soziologie-Tag: »Was heißt eigentlich

Nation und Nationalgefühl? Haben wir überhaupt Anlass, diese Begriffe ausdrücklich als besondere Realitäten zu behandeln?«[61] Doch leider es gibt wieder viel Anlass.

Liegt es daran, dass die AfD bzw. ihre Förderer viel Geld haben und mehr oder weniger offen, haufenweise Verlage, Zeitschriften und neue Think-Tanks finanzieren, die jetzt nationale Zeitschriften in Umlauf bringt wie Freibier?[62] Denn mit Themen und Meinungen ist es wie bei anderen Dingen: Das Angebot bestimmt die Nachfrage!

Das Desiderat nach *nationalem* Lesefutter kann es aber eigentlich nicht sein, was das derzeitige Überangebot an neuen nationalen Magazinen und Blättchen aller Art erklärt. Denn *nationale* Leitmedien waren in den stabilen Jahren der Bundesrepublik zahlenmäßig nicht die gefragtesten. Die meisten Deutschen lesen eine lokale oder regionale Zeitung, die *Frankfurter Allgemeine Zeitung* beispielsweise hat (nur) eine Tagesauflage von rund 250.000 und kann zum Beispiel mit der *Rheinischen Post* (Auflage rund 800.000) nicht mithalten. Die Mehrheit der Deutschen schalten morgens ein lokales oder regionales Radio ein. ›Nur‹ rund zwei Millionen Zuhörer[63] verfolgen im Schnitt den *Deutschlandfunk*, einen überregionalen Radiosender, der aber alles andere als *nationalistisch* ist. Tagesschau und Tagesthemen sind die einzig wirklichen Nachrichtensendungen mit nationaler Reichweite und großer Nachfrage. Trotzdem zeigen diese Zahlen, dass das, was die ganze Nation betrifft, normalerweise nicht so gefragt ist. Genauer: In *Friedens*zeiten interessiert die Nation kaum jemanden; in unruhigen oder Kriegszeiten gar aber tritt sie hervor. Die Nation ist eine politische Formation, die genau dann in die Wirklichkeit der Menschen drängt, wenn der »politische Überbau« neu verhandelt wird. Und genau das passiert gerade in Europa.

Normalerweise spielt sich das häusliche und berufliche Leben der meisten Deutschen statistisch in einem Umfeld von rund fünfzig Kilometern ab. Im Alltag interessiert der nationale Überbau eher wenig. Die wenigsten am Bodensee wachen morgens auf und fragen sich, ob oder warum Flensburg zur Bundesrepublik Deutschland gehört. Und würden sie es nicht wissen – oder wäre es anders –, wäre es den meisten Leuten am Bodensee wahrscheinlich auch egal, wobei einige aus Flensburg vielleicht tatsächlich, wie früher schon einmal, lieber zu Dänemark gehören würden. Die Größe des politischen Überbaus, dem man sich zugehörig fühlt, ist deswegen relativ und nicht unbedingt von Belang.[64] Auch die meisten Kalifornier denken beim Aufwachen sicherlich nicht an Alaska. In der Tat sind alle Gemeinschaften, die größer sind als die dörflichen mit ihren *Face-to-Face*-Kontakten, vorgestellte Gemeinschaften. Eigentlich also interessiert *das Nationale* in normalen Zeiten wenig, sondern eher in Zeiten der Not oder des Krieges. Ansonsten interessiert nur das engere Lebensumfeld. Eine historische Konstante im Übrigen, denn das war im Römischen Reich nicht anders: »Die meisten Einwohner des Reiches sahen in erster Linie ihre Heimatgemeinde als *patria* an.«[65] Aber die Zeiten sind eben nicht mehr normal, im Gegenteil: Die heutige Betonung des Nationalen ist anomal, unnatürlich. Der Stolz auf die Nation wird oft zum Substitut für den Verlust von sozialem Aufstieg, die Idee der Nation ist Ersatz für ein verlorenes Gefühl von Heimat.[66] Wenn die Nation ihrer funktionalen Charakteristika enthoben und zur Ideologie wird, dann wird es meistens gefährlich.

Auch in progressiven Kreisen wird neuerdings ein Loblied auf die Nation gesungen,[67] auch hier steht sie als Chiffre für Heimat oder Identität, mit denen die Nation aber eigentlich nichts zu tun hat. Im Gegenteil: Identität und Nation sind oft – sogar meistens – nicht kongruent: Flamen fühlen sich flämisch, Wallonen wallonisch, das ist ihre *Identität.* Beide sind aber geeint in der *belgischen* Nation. Die *spanische* Nation wiederum eint Katalanen, Andalusier und Basken usw.

Auch aus dem Begriffspaar »Heimat« und »Nation« wird

kein Schuh.[68] Die meisten Deutschen – und wohl auch die Franzosen, Finnen oder Portugiesen – wachen morgens nicht auf und fragen sich: »Huch, was macht meine Nation?« Das heißt nicht, dass eine Nation unwichtig wäre. Es heißt aber, dass es nicht die Nation ist, die das Heimatgefühl generiert. Laut einer Umfrage[69] ist für nur sieben Prozent der Deutschen die Nation ihre Heimat. Für die anderen 93 Prozent ist Heimat ihre Stadt, die Region, die Familie und Freunde, also das soziale und emotionale Umfeld, oder auch die Kirche. Weder sind Identität und Nation kongruent, noch generiert die Nation Heimatgefühle. Für Identität und Heimat – beides wichtige Dinge – wird der Begriff der Nation also bestenfalls missbraucht.

Die Nation hat auch keinen verbrieften Anspruch auf einen Staat, also einen Nationalstaat. Es gibt Nationen ohne Staat, z.B. die kurdische. Diese Nationen ohne Staat werden oft, wie die kurdische, unterdrückt. Sie sind nationale Minderheiten in Staaten mit anderen dominanten nationalen oder religiösen Gruppen. Auch das sollte Europa zu denken geben, nämlich was Nationen passiert, die keinen Staat *hervortreiben*. Es gibt – in der Vergangenheit wie in der Gegenwart – viele multinationale und multilinguale Staaten. Das Habsburger Reich zum Beispiel war ebenso multinational wie das ehemalige Jugoslawien oder die heutige Schweiz. Eigentlich ist es eher ein Spezifikum moderner Nationalstaaten, multinational oder multilingual zu sein. Das gilt auch für Russland, Indien oder China, die bei Weitem nicht homogen in einem ethnischen, religiösen oder ›identitären‹ Sinne sind. Indien z.B. zählt 29 Sprachen, davon sogar 17 unterschiedliche Schriftsprachen (und viel mehr Analphabeten) als Europa. Da ist das vielbeschworene ›europäische Babylon‹, die fehlende gemeinsame europäische Sprache, die gerne als Argument für die Unmöglichkeit einer politischen Einheit Europas hinhalten muss, eigentlich ein Klacks im Vergleich zu Indien.

Wenn in der Nationenforschung im Grunde klar ist, dass Sprache nicht konstitutiv für eine Nation ist, dann könnte Europa durchaus trotz unterschiedlicher Sprachen und Identitäten zu einer Nation werden. Vieles spricht sowieso dafür, Europa als einheitlichen Geistes- und Kulturraum zu betrachten, der von den heutigen nationalen Grenzen recht willkürlich durchzogen ist. Die Tiroler oder Basken können ein Lied davon singen.

»Länder, in denen die ethnischen oder kulturellen Grenzen mit den politischen überhaupt nicht übereinstimmen, sind heute am ehesten dazu berufen zu zeigen, dass selbst die mit den schwersten Hypotheken belasteten Nationen zueinanderfinden können.«[70] Ein schöner Satz, der geradezu wie eine Startrampe für eine europäische Nationenwerdung klingt, eine »*Willens*nation«, wie die Schweizer sagen würden, womit auch schon klar ist: Es liegt wahrscheinlich nur am Willen, dass wir noch keine europäische Nation sind. »Das beste Instrument, um die EU zu stärken, ist der Nationalismus«, war jüngst in der *WELT* zu lesen,[71] und gemeint war genau das: die Mobilisierung einer europäischen Kraft der Freiheit und Gleichheit, die im 19. Jahrhundert die heutigen Nationalstaaten hervorgebracht hat, die Mobilisierung also der strukturellen Eigenschaften, die eine Nation hervorbringen. Wer den identitären, die *WELT* spricht von »falschem Nationalismus«, nicht will, sollte sich auf einen zivilen europäischen Nationalismus konzentrieren. Kann das gelingen? Es könnte sehr wohl, wenn man das Nachdenken über eine europäische Nation aus der Latenz holte, anstatt die Deutschtümelei wieder zum Volksport zu erheben.

Was ist schon deutsch?

»Zur Nation euch zu bilden, ihr hoffet es,
Deutsche, vergebens; Bildet, ihr könnt es,
dafür freier zu Menschen euch aus.«
Friedrich Schiller

Fast alle Dinge, die im öffentlichen Diskurs leichtfertig mit Nation assoziiert oder gleichgesetzt werden – Sprache, Kultur, Heimat, Identität, Nationalstaat – machen eine Nation also im Kern nicht aus. Doch das Nachdenken darüber füllt interessanterweise Bibliotheken. Auch hierzulande gab es in den letzten Jahren wieder ein unglaublich produktives Nachdenken über die deutsche Nation und darüber, was denn nun überhaupt spezifisch *deutsch* sei? Hölderlin, Nietzsche, Wagner, George und Heidegger? Goethe, der Götz, der Sachs, der Faust? Oder doch der Michel? Gar alle? Interessanterweise ist die Zahl der Publikationen darüber, *was deutsch ist* seit der Wiedervereinigung 1990 rasant angestiegen.[72] In der schon erwähnten, umfassenden Studie von Dieter Borchmeyer lässt sich wirklich alles finden, was auch nur im Entferntesten mit Deutschsein in Verbindung gebracht werden kann: deutsche Mythen, Richard Wagner, Goethes Klage, Heines Leiden an Deutschland, fehlender Stil (!), die deutsche Musik, der deutsche Nationalcharakter, konservative Revolution und Thomas Manns Weltdeutschtum sowie die Suche nach der bekanntlich verspäteten Nation, alles kommt vor. 905 intelligente Seiten deutscher Kulturkanon sozusagen, in denen baden kann, wer sich wirklich *deutsch* fühlen möchte.

Man kann sich, in Replik auf Fichtes *Reden an die deutsche Nation,* aber auch Friedrich Schiller zuwenden: »Zur Nation euch zu bilden, ihr hoffet es, Deutsche, vergebens; Bildet, ihr könnt es, dafür freier zu Menschen euch aus.« In diesem Spannungsfeld zwischen Fichte und Schiller, zwischen

Deutschtümelei und Aufklärung, wird es auch interessant mit Blick auf Europa.

Denn der entscheidende Hinweis darauf, was für den vorliegenden Essay interessant ist, findet sich bei Borchmeyer dort, wo es um den Bezug zwischen deutscher und europäischer Identität geht, nämlich der schlichte Hinweis darauf, dass die Deutschen – und *nur* die Deutschen – in Europa immer noch mit Identitätssuche beschäftigt sind: »Undenkbar, dass das Interesse etwa in England oder in Frankreich immer noch dergestalt um die Frage nationaler Identität kreiste.« Wenn Nation und Europa sich komplementär zueinander verhalten, wenn Europa integraler Bestandteil jeder seiner Nationen und jede seiner Nationen integraler Bestandteil Europas ist,[73] dann hat Europa natürlich ein Problem, wenn seine größte Nation nicht weiß, wer sie ist.

Peter Trawnys kluges, kleines Büchlein *Was ist deutsch?* seziert vor allem Martin Heideggers Schriften mit Blick auf das Deutschsein (ist der Bauer im Schwarzwald, der sich in Einklang mit der Natur befindet, etwas spezifisch Deutsches?), beklagt das verratene Vermächtnis von Theodor Adorno, nämlich stets eine deutsche Innerlichkeit gegen die Ideen der Aufklärung stellen zu wollen, und verweist auf die Verwobenheit des Deutschen mit dem stets Anderen in Europa: »Wollte man vom Deutschen schon nur das abspalten, was es aus Athen und Rom empfangen hat, bliebe eine Absurdität übrig.« Daran könnte man mit Blick auf Europa anknüpfen und den europäischen Kulturraum ausbuchstabieren, in denen das Deutsche in den letzten Jahrhunderten eingewoben wurde. Das Spezifikum des Deutschen – *if anything!* – war für Theodor Adorno wiederum bestenfalls seine Monstrosität. Die Engführung von Größe und Monstrosität aber fordert ihre Opfer, so Trawny.[74] Das Opfer des *Deutschseins* ist jedes Mal Europa. Trotzdem wird derzeit überall in Deutschland und anderswo in Europa wieder nach Beweisen oder Elementen für die kulturelle oder identitäre

Vorgängigkeit der Nation gesucht, nach Spuren einer nationalen Ontologie. Ein intellektueller Rückfall in die Romantik des 19. Jahrhunderts eigentlich.

Es darf vermutet werden, dass deutsches nationales Unbehagen – auch ein Zucken oder Jucken in Richtung nationale Überhöhung – und europäisches Versagen miteinander zu tun haben. Wie soll eine europäische Identität, eine politische Union Europa, gar eine europäische Nation oder europäische Staatlichkeit erwachsen, wenn das größte und wichtigste Land in Europa nicht weiß, was es ist und was es mit Europa will? Oder wenn Deutschland in Europa dominant ist, ohne es selbst zu merken? Oder aber, es zu merken und nicht zuzugeben? Die Frage *Wie hältst du's mit Europa?*[75] ist in Deutschland zunehmend ungeklärt. Und die Tatsache, dass sie in Deutschland ungeklärt ist, hat wiederum Auswirkungen auf die anderen europäischen Staaten. Egal ob Deutschland zu sehr von sich überzeugt ist, wie in den letzten Jahren, oder es zu viel über sich selbst nachdenkt: Beides tut Europa nicht gut!

Die neue Deutschtümelei und Besinnung auf Heimat ist immerhin erstmalig in der Geschichte der Bundesrepublik institutionell festgezurrt worden und hat zur fast grotesk anmutenden Schaffung einer Abteilung »Heimat« im Innenministerium (178 beamtete Planstellen!) geführt, deren Kompetenzen jetzt noch geklärt werden müssen. Theodor W. Adorno hatte sich vor der Feier der Heimat und der Klage der Heimatlosigkeit stets gehütet, weil jegliche Betonung von Identität oder Heimat der Notwendigkeit einer Verdinglichung unterliegt, die gar nicht zu leisten ist: Heimat ist kein Gegenstand, kein Objekt, das man besitzen kann.[76] Festzuhalten bleibt, dass in dem – teilweise inszenierten – anschwellenden Bocksgesang über Leitkultur, Identität, Heimat und Nation doch eine Menge heiße Luft zu stecken scheint: Deutschsein, Nation oder Heimat, alles nicht dingfest zu machen. Die neuen Beamten im Innenministerium sind darum nicht zu beneiden. Diejenigen im Verkehrsministerium, die dank des EuGH-Urteils die geplante »Ausländermaut« rückabwickeln müssen, auch nicht.[77]

Europa ist im Gegensatz zu Heimat eine politische und wirtschaftliche Realität, sogar eine, die weit in das Alltagsleben der Deutschen hineinregiert und politisch wie sozial prägend ist. Wie wäre es mit 178 Planstellen für Europa, um zu klären: Was ist *europäisch*, wie bekommen wir Europa endlich hin? Wie kann Europa seine Interessen und Werte in der Welt verteidigen, wie kann es sich schützen? Wichtige Fragen für alle, die die Interessen des Landes wirklich im Blick haben. Und deswegen sollten als weitere Fragen gestellt werden: *Kann, soll, muss* Europa zur Nation werden? Kann Europa eine Nation werden, *gerade weil* man »Nation« nicht eindeutig definieren kann? Weil die strukturellen Kriterien, der latente Prozess einer europäischen Vergesellschaftung und der politische Wille für eine Nationenbildung viel wichtiger sind als die präsoziale Substanz aus Identität, Sprache und Kultur? Das wäre doch eigentlich schön! Denn dann wäre die lästige Frage, ob man die europäischen Nationen bzw. Nationalstaaten überwinden muss, um zu Europa zu gelangen, endlich beantwortet im Sinne von: Europa *ist* Nation und *treibt*, in den Worten von Max Weber, *einen Nationalstaat hervor*!

Nation oder Region, was denn jetzt?

»Region ist Heimat, Nation ist Fiktion.«
Robert Menasse

Viele europäische Regionen empfinden sich als *Nation*. Prominentes Beispiel: Schottland mit seiner Scottish National Party, die 2014 den Versuch unternommen hat, aus dem Vereinigten Königreich auszutreten, die Mehrheit dafür aber knapp verfehlte.[78] Die Autonomiebehörde in Tirol beansprucht zwar keine eigene Staatengründung; dennoch ist wieder hart umkämpft, welche Staatsbürgerschaft die Tiroler haben.[79] Auch die deutsche *Bayern-kann-es-auch-allein*-Diskussion,[80] wenn auch nur halb ernst gemeint, ist manchem noch in Erinnerung. Hier geht es nebst kultureller Alleinstellung auch um Entsolidarisierung. Ähnlicher Fall: Katalonien, das nicht nur kulturelle und sprachliche Alleinstellungsmerkmale für sich beanspruchen kann, sondern die reichste und bevölkerungsstärkste Region Spaniens ist.[81] Identität und Solidarverband sind also oft, sogar meistens nicht kongruent. Das gilt auch für die belgische Nation mit ihrem Dauerstreit um Flamen und Wallonen. Auch für Deutschland wird gerne vergessen, dass noch im letzten Jahrhundert die Zugehörigkeit verschiedener Landesteile zur heutigen deutschen Nation strittig war: 1924 scheiterte der separatistische Versuch einer Rheinischen Republik,[82] 1949 zögerte vor allem der *Freistaat* Bayern, ob er zur Bundesrepublik gehören möchte und zu welchen Bedingungen, und 1955 hätte sich das Saarland beim Referendum über das Saarstatut entscheiden können, zu Frankeich zu gehören oder unabhängig zu werden.

In allen europäischen Fällen reagieren die jeweils nationale Überebene *und* die EU stets nervös auf den Wunsch des Ausscherens der regionalen Einheit aus dem nationalen

Solidarverband. Als die Wallonen 2016 lautstark gegen das CETA-Abkommen aufbegehrten, konnte die EU nichts mit dem Protest anfangen, Wallonien kommt im politischen Gefüge der EU nicht vor. Den Schotten wurde kurz vor ihrem Unabhängigkeitsreferendum massiv gedroht: Londoner Beamte fuhren, die Laptops voller PowerPoint-Präsentationen, nach Edinburgh, um den Schotten klarzumachen, was dieser Austritt aus dem britischen Solidarverband *kosten* würde. Es hat gefruchtet. In Spanien kann man beobachten, wie sich die spanische Justiz abmüht, das katalanische Unabhängigkeitsbestreben unter teilweise fragwürdigen Bedingungen politisch justiziabel zu machen und strafrechtlich zu belangen bzw. wie in Katalonien gewählte, spanische Europaabgeordnete daran gehindert wurden, ihr Mandat in Brüssel anzutreten.[83] Die Inhaftierung mehrerer Politiker aus dem Umfeld von Carles Puigdemont hat die im Herbst 2017 bedrohlich werdende Unabhängigkeitsbewegung erstickt, wobei die völkerrechtliche Einschätzung der Maßnahmen durch die spanische Justiz unklar ist.[84] Eine Nation kann sich also nur dort als Nationalstaat verfassen, wo das Umfeld dies politisch zulässt. Im Kosovo: ja; in Tschetschenien, bei den Kurden oder den Katalanen: nein. Wer aber heute in Europa *nur* Region und wer Nation ist und welche Nation zu welchem *heutigen Nationalstaat* gehört, grenzt in Europa – und nicht nur dort – fast schon an Willkür. Über diese Fragen wurde das Gros der europäischen Kriege geführt. Alle europäischen Regionen respektive Nationen in *einem* europäischen Nationalstaat zu einen, wäre da doch eine schöne Perspektive?

»Natürlich werden die Nationen weiterbestehen. Wenn aber die Nationalstaaten weiterbestehen sollen, dann sehe ich schwarz für Europa«,[85] so der britische Historiker Brendan Simms. Für Europa ist es darum schade, dass das derzeitige regionale Aufbegehren nicht konstruktiv für eine territoriale Neugestaltung genutzt wird, anstatt nur Abwehrreaktionen hervorzurufen. Welche Region oder eben Nation mit wem in einem *Nationalstaat als Solidarverband* zusammenlebt, bestimmt letztlich die Kontingenz der Geschichte. Föderale Staaten gestalten *parallel* Kooperation und Wettbewerb zwischen ihren nationalen bzw. regionalen Einheiten.[86] Darin läge die Chance für einen in seiner Raumordnung neugedachten europäischen Nationalstaat.

In Katalonien oder auch im Baskenland geht es nicht wirklich um staatliche Unabhängigkeit, sondern um die Trennung zwischen Nation als Solidarverband und Nation als Identität. Der katalanische Nationalismus ist, ebenso wie der schottische, strukturell europäisch. Viele Katalanen könnten sich Europa als funktionale, nationalstaatliche Ebene anstelle von Spanien vorstellen.[87] Es geht um eine direkte Zuordnung Kataloniens in ein europäisches Staatsgefüge, ohne spanische Zwischenebene. Damit bestätigen die Katalanen einen Trend, der in ganz Europa sichtbar wird, nämlich, dass das Vertrauen sowohl in die *europäische* als auch die *regionale* Politikebene zunimmt, während das Vertrauen in die *nationale* Politikebene sinkt. Staat: europäisch, Identität: katalanisch oder schottisch, damit könnten viele leben. Warum machen wir es nicht möglich?

Fest steht, dass der Wunsch nach Unabhängigkeit und das Bekenntnis zu regionaler Identität *nicht* korrelieren, und zwar weder in Wallonien, Flandern, Schottland oder Katalonien. Selbstbestimmung wollen »nur« 45 Prozent der Katalanen, ebenfalls »nur« 25 Prozent der Schotten, nur 25 Prozent der Basken und nur acht Prozent der Flamen, während 35 Prozent der Flamen und respektive 38 Prozent der Basken trotzdem eine starke regionale Identität für sich beanspruchen. Das dürfte für die meisten europäischen Regionen – von der Bretagne bis nach Tirol – gelten: sich kulturell eigenständig fühlen, bedeutet noch keine Sehnsucht nach einem unabhängigen Staat. Aber in vielen Regionen, darunter Schottland, Katalonien und sogar Flandern, ist die Sympathie für die EU höher als für den eigenen Nationalstaat. 51 Prozent der Flamen vertrauen der EU, aber »nur« 46 Prozent dem Staat Belgien, 37 Prozent der Schotten vertrauen der EU, aber »nur« 33 Prozent Großbritannien etc. Vor diesem Hintergrund ist nachvollziehbar, dass die Katalanen von der Entscheidung der EU, sich im Konflikt über das Unabhängigkeitsreferendum recht einseitig auf die Seite Spaniens zu schlagen, maßlos enttäuscht waren: Von 44 Prozent Zustimmung zur EU im Juni 2015 vor dem ersten Referendum sank die Zustimmung auf 32 Prozent im Oktober 2017 nach dem zweiten Referendum.[88] Diese Zahlen suggerieren, dass es den Bewohnern dieser Regionen vielleicht nichts ausmachen würde, einen europäischen Staat *hervorzutreiben* ... Und es fänden sich sicherlich andere, wie etwa die Bretagne.[89] Der europäische Nationalstaat wäre in der Begrifflichkeit von Theodor Schieder, auf den wir zu sprechen kommen werden, die ›neue Behausung‹ der europäischen Regionen.

Auch für Flandern und Wallonien belegen die Zahlen, dass es keine Unterstützung einer Unabhängigkeitsbewegung gibt. Was in Wallonien wirklich gewünscht wurde in den vergangenen Jahrzehnten, war mehr wirtschaftliche Autonomie, um mit den Folgen der Deindustrialisierung und dem Abbau der Stahlindustrie fertig zu werden.[90] Das Aufkommen des Vlaams Belang in jüngeren Jahren darf darum politisch nicht überbewertet werden. Zum einen, weil Belgien sowieso nur regionale Parteien hat: Auch die belgischen Sozialdemokraten sind in die wallonische und flämische Sozialdemokraten geteilt; zum anderen, weil Langzeituntersuchungen zeigen, dass die Identifikation mit der Region Flandern in den letzten zwanzig Jahren nicht signifikant zugenommen hat, *trotz* des neuen Parteiangebotes durch den Vlaams Belang, den flämischen Block. Regionaler

»Nationalismus« hat in Flandern also nicht wirklich zugenommen. Die regionale bzw. kulturelle Identifikation mit Flandern ist über die gut zwanzig Jahre von 1991 bis 2014 ziemlich stabil. Die Grundeinstellung zur Nation hat sich für die meisten Belgier nicht geändert, und zwar ebenso wenig auf der wallonischen wie auf der flämischen Seite. Zugenommen hat nur der *populistische Missbrauch* von regionalen Identitäten und die Umcodierung derselben in Nationalismus, was in Flandern u.a. deswegen funktioniert, weil es der *nicht* abgehängte Teil des Landes ist. Die regionalen Separatisten – von der Lega Nord, über den Vlaams Belang bis zu den Katalanen – sind letztlich die Gewinner von sozioökonomischen Verschiebungen in ihrem Land;[91] ihr Erfolg ist nicht einem plötzlichen *Identitätszuwachs* oder steigender kultureller Verbundenheit mit der eigenen Region zu verdanken. Es geht also allem voran um das *Soziale* als *nationalem Kitt*, nicht um die Identität. Für die weiteren Ausführungen in Teil II wird, wie wir sehen werden, gerade diese Feststellung von enormer Bedeutung sein. Emotionale, kulturelle Heimat und (sozial-)politischer Überbau sind also zwei sehr verschiedene Dinge. Erst wenn die Nation zur Heimat stilisiert wird, beginnt die Ideologie![92]

Teil II
Was ist die Nation?

Vor den Nationen: Adel, Kirche und Städte

> »Seit dem zwölften Jahrhundert ist Europa eine auf Einheit hinstrebende Realität.«
>
> *Krzysztof Pomian*

Kann man Europa als *einen* Kulturraum denken? Einen Kulturraum, der sich über einen Prozess der Vergesellschaftung zu einer Nation entwickelt und dann als *ein* Nationalstaat verfasst wird? Tatsächlich war Europa schon einmal näher an so einem Zustand, als wir heute glauben. In seinem Buch über *Europa und seine Nationen*[93] zeichnet der polnische Historiker Krzysztof Pomian die Entwicklung über den gesamten Zeitraum vom Zerfall des Römischen Reiches bis in die Neuzeit nach. Darin wird deutlich, wie wenig selbstverständlich es eigentlich ist, auf eine europäische Karte zu schauen und *Nationalstaaten* zu sehen – Frankreich, Deutschland, Spanien oder Finnland. Ein Phänomen, das erst um die zweihundert Jahre alt ist. Pomian beschreibt, wie – vor allem im 19. und 20. Jahrhundert – um jede Nation ein eigener Staat herum gebaut wurde, wie ein Gartenzaun oder ein kleines Gehege. Davor gab es in Europa zwar verschiedene Völkergruppen – oder eben Nationen – die den Kontinent bewohnten.[94] Aber Europa war im Wesentlichen ein einheitlicher, vorwiegend christlicher Kulturraum, der im Westen am Atlantik, im Süden am Mittelmeer, im Osten an der slawischen und im Südosten an der Grenze zum damaligen osmanischen Reich endete, bevor sich diese kulturelle Einheit in den Religionskriegen in Katholiken und Protestanten spaltete, nachdem Martin Luther 1517 in Wittenberg seine berühmten 95 Thesen an die Kirchentür genagelt haben soll. Von den Hugenotten aus Bordeaux über die Wiedertäufer in Münster bis zu Jan Hus in Prag war die Frage: Wer steht auf der Seite der Reformation und wer bleibt der alten Kirche treu? *Das* war der kulturelle Frontverlauf im dreißigjährigen Krieg, entlang dessen gestritten wurde, aber nicht entlang nationaler Grenzen über *nationale Interessen*. Der Begriff *national* hatte zu diesen Zeiten noch eine andere Bedeutung: Wenn Luther ein Sendschreiben an den Adel deutscher Nation verfasste, so richtete sich dieses gegen die »Romanisten«, also gegen die Auffassungen der römischen Kirche: Die Bestellung der Kleriker sollte nicht mehr durch von Rom eingesetzte Bischöfe geschehen, sondern durch die Gemeinde bzw. die Landesfürsten. Mit Luther beginnt auch der Gebrauch der deutschen Sprache im religiösen und amtlichen Raum zuzunehmen.

Im Wesentlichen hatte Europa bis ins späte Mittelalter hinein ganz andere Strukturprinzipien als der heutige Flickenteppich aus Nationalstaaten: Die Mehrzahl der Menschen waren Bauern, freie oder leibeigene, in den Städten lebten die Handwerker und Kaufleute, darüber erhob sich ein kriegerischer Adelsstand und an dessen Spitze ein Herzog, Fürst oder König, die wiederum als Oberhaupt den Kaiser wählten. War in der Zeit des Mittelalters der Krieg um Ansprüche die Norm, nur unterbrochen durch zeitweilig ausgerufenen Landfrieden, so beendete erst der Westfälische Friede 1648 diesen permanenten kriegerischen Zustand durch die Bildung von Staaten. Die Königshäuser und der sich herausbildende Hochadel waren, inklusive der russischen Zaren, europäisch-abendländisch orientiert und hielten den europäischen Kontinent de facto mit ihrer Heiratspolitik über die Jahrhunderte in Schach: Elisabeth von Bayern vom Haus Wittelsbach wurde nach Savoyen verheiratet und dadurch zu Isabeau de Bavière. Georg I. aus dem Haus Hannover kam nach dem Tod von Königin Anne 1714 auf den englischen Thron, nachdem seine Mutter Sophie, die diesen Thron laut des *Act of Settlement* erben sollte, gestorben war. König Ludwig XVI. von Frankreich heiratete aus politischen Gründen die österreichische Kaisertochter Maria Antonia, die damit zu Marie Antoinette wurde. Sie fand ihr Ende auf dem Schafott während des Terrors der Französischen Revolution. König Carl XVI. Gustaf von Schweden nahm noch 1976 eine Deutsche zur Frau, Königin Slivia.

Vor allem von den Habsburgern hieß es, sie dehnten ihr Reich über eine geschickte Heiratspolitik immer weiter aus, das heutige Spanien, das im Spanischen Erbfolgekrieg allerdings an die französische Dynastie der Bourbonen verloren ging, sowie die Niederlande, die durch den niederländischen »Befreiungskampf« 1648 verloren gingen – Friedrich Schiller schrieb nicht nur seine Doktorarbeit darüber, sondern dichtete daraus auch sein Drama *Don Carlos*. Maria-Theresia von Österreich hatte mehr Macht als Angela Merkel. Sprache war für die politische Herrschaft und die gebildeten Stände kein Kriterium der Selektion. Mit Nationalstaat und der Idee eines homogenen *Volkes* hatte das alles erst in nuce zu tun. Die europäischen Könige und Fürsten, also der Hochadel, blieben und heirateten unter sich. Da Frankreich die dominierende Macht auf dem Kontinent war, sprach die gesamte herrschende europäische Oberschicht Französisch. Das europäische *Volk* – die Untertanen – blieb auch unter sich, vor allem zumeist am gleichen Ort, unabhängig davon, von wem es regiert wurde. Das Steuersystem war noch vorstaatlich: ein Gemisch aus Wegezöllen, Abgaben der Ritter, die nicht in den Krieg ziehen wollten sowie etwa einer Salzsteuer, einer Art erster Konsumsteuer. In weltlichen ebenso wie in kirchlichen Gebieten erhoben die Fürsten, Bischöfe oder Äbte den Zehnten. Kurz: Europa war bis ins 16. Jahrhundert hinein einerseits eine weitgehend christliche Einheit, andererseits in ein strenges feudalistisches *Oben* und *Unten* geteilt, ohne dass man sagen könnte, dass es homogene Völker *in einem* Nationalstaat gegeben hätte. Das mittelalterliche Strukturprinzip der Gesellschaft war der *Stand*, nicht die *Nation*. Die Einwohner einer Reihe französischer Regionen hatten englische Herrscher, die zugleich Vasallen des französischen Königs waren, bis Jeanne d'Arc die französische Einigung brachte.

Das Herzogtum Limburg z.B., zu dem sowohl Maastricht als auch Aachen gehörten, hatte aus heutiger Sicht also niederländische und deutsche Untertanen, die damals aber noch nicht so hießen. Über einer gesamteuropäischen Untertanengesellschaft und dem niederen lokalen Adel schwebte ein europäischer Hochadel, der in Höfen, Salons und Logen das europäische Kultur- und Geistesleben prägte und die Politik verhandelte. Hervorzuheben ist auch, dass die europäischen Könige von Karl dem Großen, Charlemagne, bis zu Karl V. eine Reise- und Residenzherrschaft pflegten, d.h. sie wanderten ständig mit ihrer Gefolgschaft zwischen Prag und Luxemburg hin und her, um sich mal den einen, mal den anderen Vasallen und Untertanen zu zeigen. Vielleicht wäre eine derart mobile Regentschaft auch etwas für das heutige Brüssel, um die Bürgernähe Europas zu fördern?[95] Das heutige Wechseln der Sitzungswochen zwischen Straßburg und Brüssel mutet da fast wie ein Klacks an, zumal die Europaabgeordneten nicht mehr zu Pferde unterwegs sind.

Das zweite Strukturprinzip Europas war das einigende Band des Christentums, immer schon durchflochten mit jüdischen und islamischen Strängen. Während des Hoch- und Spätmittelalters bildete zunächst die klösterliche, mönchische Scholastik einen kirchlichen Adel aus.[96] Später formte sich darüber der Kosmos der sogenannten *République des Lettres*, Schriftgelehrte, Kleriker, Professoren, also mehr oder weniger Universalgebildete oder Humanisten.[97] Dazu zählten durch die Epochen Dante Alighieri, Thomas Morus ebenso wie Erasmus von Rotterdam, Johannes Kepler, René Descartes oder Gottfried Wilhelm Leibniz, die alle auf Latein schrieben. Insofern gab es keine nationale Kultur, sondern einen europäischen Wissenschafts- und Kulturbetrieb, kurz jene, die das universalistische Gedankengut fördern und sowohl die Naturgesetze als auch die moralischen Gesetze des menschlichen Zusammenlebens erforschen wollten.

Die *République des Lettres* wurde ab der Renaissance durch

die europäischen Universitäten institutionalisiert; man fühlte sich ihr *zugehörig,* sobald man immatrikuliert war, eine Studierstube besaß und Zugang zu einer Bibliothek hatte. Zu dieser Zeit bildete sich ein Kanon europäischer Literatur, der von Prag über Bologna bis Köln und Paris in nahezu identischer Weise in den europäischen Bibliotheken zu finden war. So wandert auch der erwähnte Julien Benda in seiner »Rede an die europäische Nation« durch die europäische Geistesgeschichte, von Thomas von Aquin über Gottfried Wilhelm Leibniz und Immanuel Kant bis zu Voltaire, der schon 1767 ausgerufen hat: »Il se forme en Europe une République immense d'esprits cultivés.«[98] Es folgten erste wissenschaftliche Akademien, zunächst in Italien, wohin die byzantinischen Gelehrten nach der Eroberung Konstantinopels durch die Osmanen 1453 geflohen waren, später die Royal Society in London oder die französischen Akademien, aber auch jede Menge andere Studierkreise und gesellschaftliche Gruppen, von den Jesuiten bis zu den Freimaurern, für die der Begriff der Nation oder des Nationalen kontraintuitiv ist.

Klerus, Adel und Geist strukturierten Europa. Dabei unterschied sich das Leben auf dem Lande – sehr ähnlich zu heute – stark vom Leben in der Stadt. Denn die Städte hatten eigene Rechte; die reichsunmittelbaren Städte hatten eine eigene Vertretung im Reichstag und waren nur dem Kaiser Untertan. Die europäischen Städte – Bologna, Córdoba, Padua, Paris, Antwerpen, Rostock, Prag, Venedig oder Triest – waren von den Gilden geprägt, seien es die Handwerker oder die Kaufleute, die am Ende des Mittelalters meist den Ton angaben. Die Kaufleute bildeten durch ihre Städtebünde – im Norden die Hanse – und ihre Netzwerke der großen Messen – z.B. der Champagne – und die Handelsverbindungen zum arabischen Raum bis nach Indien und China durch die Seidenstraße eigene Machtkartelle. Die europäischen Flüsse, der Rhein oder die Donau, waren die Schlagadern dieses Handels, sie verbanden Europa, sie trennten es nicht. Die Europabrücke zwischen Kehl und Straßburg als Errungenschaft der deutsch-französischen Grenzöffnung zu zelebrieren, verrät also eine sehr neue, geschichtsvergessene Sicht auf die Dinge. Es entstanden Handelsdynastien in den europäischen Metropolen – die Bardi, die Medici, die Fugger, die Thurn & Taxis – die in ganz Europa für die Entwicklung ihrer städtischen Kultur und die Förderung von Kunst und Wissenschaft sorgten.

Der einheitliche Kulturraum Europa bestand im Wesentlichen aus der Einheit von Kirche, Adel und städtischem Geist. Von Nation – zumindest bis Luther – keine Spur. Deswegen wird europäische Kunst oder Architektur auch nicht *national* geordnet, sondern nach Epochen – europäische Gotik, europäische Renaissance, europäischer Barock. Wer möchte schon zwischen italienischen, österreichischen oder bayrischen Barockkirchen unterscheiden? Oder zwischen den gotischen Kathedralen von Reims oder Chartres und den deutschen Domen in Limburg oder Köln? Man differenziert stattdessen nach den Baumeistern und ihren Schulen. Dasselbe gilt für die Musik oder die europäische Literatur, auch über das Mittelalter hinaus: Es geht bei der französischen *Madame Bovary* ebenso wie bei der deutschen *Effi Briest* um den frauenemanzipatorischen Roman; beim deutschen Georg Büchner und beim französischen Rimbaud um gesellschaftliche Exklusion. Camille Saint-Saëns (Franzose), Jean Sibelius (Finne) oder Frédéric Chopin (Pole) stehen gleichermaßen für eine europäische Romantik an der Wende zur Moderne, zumal sie ja alle, wie damals üblich, quer über den Kontinent zwischen den europäischen Städten hin- und herreisten und wohnten. Die ›europäische Reisefreizügigkeit‹ ist keine Erfindung der EU …

Der Prozess des Nation-Buildings

> »Der Nationalstaat ist der institutionelle Rahmen, in dem eine Nation ihre Eigenständigkeit und Einheit in politische Form bringt« *Heinrich Haferkamp*

Die Herausbildung der heutigen europäischen Nationalstaaten begann erst langsam ab dem 16. Jahrhundert durch eine doppelte Bewegung: Zum einen entwickelten sich nach der Spaltung der christlichen Kirche während der Reformation verschiedene, regional ausdifferenzierte Sprachkulturen – Deutsch, Französisch – die im kirchlichen Leben das Römisch-Lateinische ablösten und eine nationalsprachliche Literatur ermöglichten. Zum anderen entwickelte sich im 15. und 16. Jahrhundert – das Erscheinen von Niccolo Macciavellis *Il principe* 1513 und von Jean Bodins *Les six livres de la République* 1576 sind Ausdruck davon – eine spezifisch weltliche Staatlichkeit, die sich nach und nach von der Kirche löste, die *soziale und wirtschaftliche Verwaltung* der Untertanen ausbaute und die Eigenständigkeit der Städte begrenzte.

Beide Bücher waren die ideengeschichtliche Grundlage für das, was Michel Foucault später »Biopolitik«[99] nennen sollte, nämlich die systematische Erfassung, Zählung und Registrierung der Einwohner, die Schaffung von Strukturen zu ihrer Versorgung und Verwaltung (Hygiene, Bildung) und die langsame Transformation von Untertanen zu Bürgern. Im Rahmen dieses Prozesses wurden Nationalstaaten entwickelt, administriert und somit konstruiert. Wer den gleichen Verwaltungs- und Machtstrukturen *zugeordnet* und in diesen sozialisiert war, wurde über die Schule, die Wehrverfassung (Bürgermiliz oder Fürstenknecht) und später über in der Neuzeit beginnende soziale Strukturen, z.B. die Sozialversicherung, zum Bürger einer Nation gemacht. Kurz: Es begann die Prägung der Menschen durch sozioökonomische und bürokratische Strukturen, die in der Folge erst unterschiedliche Nationen hervorgebracht haben bzw. die durch ihren performativen Charakter dazu führten, dass Menschen sich sukzessive als Angehörige einer bestimmten Nation fühlten.

Die territoriale Ordnung Europas – also welches Fleckchen Land in Europa wann zu wem gehörte und von wem regiert wurde – spielt in diesem Prozess der Nationenbildung eine eher untergeordnete Rolle. Die territoriale Neuordnung ist eine Konstante in Europa und hatte fast immer zur Folge, dass die Grenzen der wirtschaftlichen und kulturellen Systeme mit den Grenzen der entstehenden politischen Nationalstaaten *nicht* kongruent waren.[100] Fast mit Verblüffung liest man heute in Geschichtsbüchern, dass z.B. Piemont früher ein eigenständiger Staat war oder dass das erste Königreich Italien noch ohne Venedig und Rom gegründet wurde.[101]

Wichtiger für diesen Prozess der Nationenbildung war, dass korporatistische bzw. ständische Strukturen – z.B. die selbständigen Städte – sukzessive in frühneuzeitliche, staatliche Strukturen eingebettet wurden. Vor allem Norbert Elias hat diese Entwicklung beschrieben. Eine Nation ist am Ende dieses Prozesses eine durch bestimmte sozioökonomische Strukturen geformte Gesellschaft.[102] Dieser Aspekt – und nicht Identität oder das Territorium – *macht* die Nation, er *formt* sie. Im Folgenden soll es mit Blick auf Europa um diese formierenden Prozesse und um die politischen Spaltungen und Abgrenzungen gehen, durch die sich Nationen auch *jenseits* von Sprache und Territorium bilden. Wie wir sehen werden, befindet sich das heutige Europa möglicherweise genau in einem solchen Prozess der Nationenbildung, der wesentlich durch eine zeitgleiche Vergesellschaftung und Solidarisierung nach *innen* und den Wunsch einer Abgrenzung nach *außen* hervorgerufen wird.[103]

Die Triade: von sozialen, bürgerlichen und politischen Rechten

> »L'égalité civile, telle que formulée à l'aube de notre modernité, est directement derivée de la reconnaissance que chacque homme est égal en dignité devant Dieu.« *Pierre Rosanvallon*

Das *Recht* macht also die Nation. Die Rechtsentwicklung wiederum, die intrinsisch mit *Nation-Building* verbunden ist, ist zugleich ein *sozialer* Prozess. Vor diesem Hintergrund könnte man argumentieren, dass es historische Momente gab, in denen die Rückkehr (oder der Fortschritt) zu einer europäischen Rechtseinheit verpasst wurde, etwa während der Französischen Revolution von 1789 oder unter Napoleon.[104] So argumentiert beispielsweise Hannah Arendt, für die das Scheitern der Revolution von 1789 darin begründet lag, dass letztlich die Souveränität von europäischen Königtümern auf sich formierende Nationalstaaten übertragen wurde, ohne dass es gelang, das Motto der Revolution – *liberté, égalité, fraternité* – auf ganz Europa auszudehnen.[105] Retrospektiv kann die Grandezza der damaligen Revolutionäre, die aus heutiger Sicht fast wir eine beschwipste Laune anmutet, gar nicht hoch genug geschätzt werden, nämlich jenen ersten Satz der Menschenrechtserklärung zu formulieren: »Alle Menschen sind frei geboren und gleich in ihren Rechten.« Mehr als zweihundert Jahre später sind wir in Europa immer noch weit davon entfernt,[106] denn die soziale, bürgerliche und politische Rechtsgleichheit macht auch innerhalb der EU noch an nationalen Grenzen halt.

In *Le sacre du citoyen* arbeitet Pierre Rosanvallon[107] für das Frankreich des 19. Jahrhunderts den Zusammenhang von sozialen, bürgerlichen und politischen Rechten heraus, der auch für das heutige Europa zentral ist: Die beginnende Wahrnehmung als *gemeinsamer sozialer* Körper führt zur

Forderung nach gleichen bürgerlichen Rechten und gemeinsamer politischer Repräsentanz. Anders formuliert: Ein gemeinsam ausgeübtes Wahlrecht und damit die gemeinsame Entscheidung über die Machtfrage ist Abschluss und nicht Beginn einer erfolgreichen Nationenwerdung. Die bekannte Triade aus politischen, bürgerlichen und sozialen Rechten,[108] die dem modernen Individuum zustehen, beginnt mit den sozialen Rechten. Aus dem Bewusstsein, dass »jeder in jedermanns Schuld stehe« (»dette social«),[109] entwickelt sich der Drang nach gleichen bürgerlichen Rechten. Gleichsam als ›Krönung‹ folgt dann das gemeinsam ausgeübte, politische Recht in Form von allgemeinen, *gleichen*, geheimen und unmittelbaren Wahlen. Dieser Wahlakt – bzw. die Erteilung einer Wahlberechtigung zu *gleichen* Bedingungen – steht am Ende eines Prozesses der gesellschaftlichen Formierung, in dem letztlich darüber entschieden wird, wer zur Nation gehört und wer mithin über die Machtfrage entscheiden darf. Für Rosanvallon stellt die politische Gleichheit, ausgedrückt im Wahlakt, einen *Point of no return* da, der eine »Gesellschaft der Gleichen« institutionalisiert.[110] Vor diesem Hintergrund, wie schon erwähnt, erhält das bei den Europawahlen 2019 gescheiterte »Spitzenkandidaten«-Prinzip eine kolossale Bedeutung: Wir haben als europäische Bürger eben *nicht* gemeinsam über die Machtfrage entschieden!

Doch für den zeitgenössischen europäischen Kontext ist auch wichtig: Eine *gemeinsame Krisenerfahrung* ist ein entscheidendes Element auf dem Weg einer Nationenbildung, da sie die Formierung eines sozialen Körpers befördert. Die Nationenbildung entspringt einer Gesellschaft, die durch gemeinsam erlebte, soziale Prägungen den Wunsch nach gemeinsamer Staatlichkeit entwickelt. Die sozial voneinander Abhängigen haben den Wunsch, als *Citoyen*, als Bürger, gleichgestellt zu sein. Nationen entstehen so durch selbstreflexive Gesellschaften, die sich darüber klarwerden, dass sie, um diesen bürgerlichen Gleichheitswunsch durchzusetzen, gemeinsam wählen und die Machtfrage gemeinsam beantworten müssen.[111] Nationalität wird also nicht qua vorgängiger Identität oder gar Ethnie vergeben, sondern entsteht durch die Erfahrung, ein gemeinsamer sozialer Körper zu sein. Ab diesem Moment können die Rechte des modernen Individuums – soziale, bürgerliche und politische – für die Gruppe mit der gemeinsamen Krisenerfahrung nicht mehr voneinander getrennt werden. Man kann nicht zusammen wählen und sozial (sehr) ungleich sein; oder gleiche soziale Rechte genießen und nicht zusammen wählen: Die Verschmelzung der Rechte für eine Gruppe begründet die Nation![112] Da wo die Rechte unteilbar geworden sind, entsteht Nationalität. Die zentrale These dieses Essays ist, dass sich das post-Krisen-Europa in genau dieser historischen Situation befindet: Wir ringen um die Verschmelzung bzw. die Verklammerung dieser Rechtstriade für alle europäischen Bürger zu gleichen Bedingungen! Würde sie gelingen, wären wir eine europäische Nation.

Die meisten zeitgenössischen Auseinandersetzungen in Europa haben entweder mit unterschiedlichen *sozialen* Rechten innerhalb Europas zu tun – die Griechen z.B. haben keine wirkliche Arbeitslosenversicherung, die Italiener keine Grundsicherung wie Hartz IV –, und diese Themen werden in Europa *gegeneinander* verhandelt (Stichwort: »keine Transferunion«). Noch wird die *soziale* Frage als eine *nationale* – also deutsche, französische, rumänische oder italienische – betrachtet bzw. wird so getan, als ob dies immer noch eine solche wäre. Trotzdem ist im Zuge der Eurokrise genau jenes Element einer Nationenbildung entstanden, nämlich eine selbstreflexive europäische Gesellschaft, in der die meisten Bürger inzwischen verstanden haben,[113] dass sozioökonomische Entscheidungen in einem europäischen Land Auswirkungen auf jedes andere europäische Land haben: Wenn z.B. die *BILD-Zeitung* 2015 im Zuge der Eurokrise gegen das frühe Rentenalter der Griechen polemisiert[114] oder *Der SPIEGEL* zu Jahresbeginn 2019 mit einem gegen Italien gerichteten Stinkefinger auf seiner Titelseite alarmiert ist, dass Italien die europäischen Budgetregeln brechen will, um ein Grundeinkommen einzuführen; oder wenn einigen inzwischen dämmert, dass auch der französische Gelbwestenprotest durch vielerlei strukturelle Verflechtungen der europäischen *Volks*wirtschaften etwas mit dem jahrelangen deutschen Lohndumping zu tun haben könnte,[115] dann geht es nämlich genau darum: die Griechen, Italiener und Franzosen können sozioökonomisch nicht mehr machen, was sie wollen, ohne dass die Deutschen, Niederländer oder Luxemburger die Auswirkungen dessen spüren. Und umgekehrt. Wir sitzen in einem Boot, mehr noch: Wir stehen in symbiotischen Beziehungen.

Das italienische Aufbegehren gegen die Brüsseler Budget-Regeln befördert den Populismus im europäischen Norden, der vom ›Club Med‹ langsam den Hals voll hat. Jede Äußerung der Lega ist ein Punktgewinn für die AfD oder die FPÖ. So schaukeln sich südeuropäischer Populismus gegen die Sparpolitik und nordeuropäischer Populismus gegen die südeuropäische Chuzpe gegenseitig hoch. Perspektivisch kann das nur überwunden werden, wenn wir, erstens, über die soziale Frage gemeinsam entscheiden und zweitens, uns in Europa darauf einigen, die gleichen (sozialen) Rechte zu gewährleisten.

Wer aber über die soziale Frage zusammen entscheidet, begründet eine Nation, bzw. beginnt jenen Prozess der sozialen Formierung, der auf eine Nationenbildung hinausläuft. Konsequenterweise kam im Zuge der Eurokrise häufig die Frage nach *bürgerlicher* Gleichheit in Europa auf: Wer hat Anrecht auf eine Grundsicherung und wer darf sie wo genießen? Die Krise hat aber vor allem den Wunsch nach *politischer* Gleichheit und gemeinsamer Wahl in Europa befördert: Wer darf eigentlich wo wählen und wer nicht? Viele Südeuropäer hätten in der Eurokrise sicherlich keine Sparpolitik gewählt und – hätten sie denn die Möglichkeit gehabt – Frau Merkel bei den Bundestagswahlen 2013 sicherlich abgewählt. Das aber konnten sie nicht.

Auch der langgehegte Wunsch nach transnationalen Parteien, der bei den Europawahlen 2019 vordringlicher war denn je – zwei solcher Parteien, Volt Europa und DiEM25, sind erstmalig entstanden – kann als Folge eines gemeinsamen Krisenerlebens in Europa bewertet werden. Die »heimatlosen Weltbürger« Europas,[116] wie die beiden Italiener Niccolò Milanese und Lorenzo Marsili ihre transnationale Bewegung »European Alternatives« nennen, fordern gleiche Rechte und eine gemeinsame politische Vertretung der europäischen Bürger, kurz: Die *europäischen* Bürger wollen sich in ihren sozialen, bürgerlichen und politischen Rechten nicht mehr *national* auseinanderdividieren lassen!

Es geht heute also um einen Paradigmenwechsel von *europäischer Integration* zu *europäischer Demokratie*. Eine Demokratie aber setzt den allgemeinen politischen Gleichheitsgrundsatz für alle Bürger voraus.[117] Dies ist, es sei hier konzediert, noch keine Massenwahrnehmung. Doch es ist ein in seiner Latenz wahrnehmbarer Prozess mit einer interessanten Altersdynamik: Je jünger, desto mehr ist man dafür.[118] Der Embryo einer europäischen Nationenbildung ist also da, allerdings auch unter Jugendlichen nicht unumstritten.[119]

Wir ringen also in Europa derzeit darum, das »Sacre du cityoen« der europäischen Bürger hervorzubringen. Wir ringen darum, den in den Zeiten der europäischen *Integration* verkannten europäischen Bürger zum politischen Subjekt einer europäischen *Demokratie* zu machen. Wir ringen darum, den European Citizen, von dem im letzten Europawahlkampf so viel die Rede war, durch den allgemeinen politischen Gleichheitsgrundsatz *wirklich* zum europäischen

Bürger zu machen. Denn European Citizen zu sein heißt eben mehr, als dass wir uns alle liebhaben und die *gleichen Werte teilen*. Der Begriff des Bürgers – des Citoyens – bedeutet, die *gleichen Rechte* zu *haben*. Nicht umsonst war auch die deutsche Nationenbildung im 19. Jahrhundert zentral mit dem Spruch »Einigkeit und *Recht* und Freiheit« verbunden: Das gleiche Recht macht die Nation. Heute hätten wir also einigen Anlass, um nach sechzig Jahren erfolgreicher europäischen Integration zu jenem verpassten Moment der französischen Revolution vor gut 250 Jahren zurückzugehen, alle europäischen Bürger unter *gleichem Recht* zu einen und in genau diesem Moment zu *einer* Demokratie, einem europäischen *État-nation* zu werden!

Es gibt jedoch eine mächtige Gegenbewegung, die das *Soziale*, also die sozialen Rechte, auf jeden Fall im *nationalen* Kontext belassen will, eine *national-soziale* Bewegung also und das sollte aufhorchen lassen. Diese Bewegung hat viel mit dem europäischen Populismus zu tun. Hier sind wir also inmitten des Bermuda-Dreiecks aus *sozial, national* und *europäisch*, von dem schon die Rede war. Wagen wir uns hinein.

Nation als Solidarverband

> »Obwohl es die Nation ist, die die Tradition begründet, versucht man, die Nation im Ausgang von der Tradition zu rekonstruieren.« *Marcel Mauss*

Es gibt eine Definition von Nation, die genau dieses Bermuda-Dreieck beleuchtet. Und zwar jene des französischen Soziologen Marcel Mauss aus seinem Buch *La Nation*, deutsch mit dem Titel *Die Nation oder der Sinn fürs Soziale,* das interessanterweise aus den 1920er Jahren stammt. Einer Zeit also, in der Europa nicht nur vom ersten Weltkrieg verheert war, sondern – ähnlich zu heute – vor allem massive Veränderungen in Technik und Infrastruktur durchlebte, u.a. den Übergang von der Agrar- zur Industriegesellschaft. Die Rationalisierung machte neue Massenkonsumgüter erschwinglich, darunter Radios, Automobile oder Kühlschränke, sowie Flugzeuge für die reichen Leute. Gesellschaftliche Unruhe und soziale Krisen – ebenfalls nicht unähnlich zu heute – prägten die Situation in Europa. In diesem Zusammenhang ist nicht uninteressant, dass die politische Theorie[120] diesen Zustand der gesellschaftlichen *Stockung,* der *stasis* – gemeint ist ein Zustand, in dem die gesellschaftliche Entwicklung hinter der technologischen zurückbleibt – als eigentliche Triebfeder für kriegerische Zustände ansieht, die sich dann entweder in »guerre extérieurs« (äußeren Kriegen) oder »guerre civiles« (Bürgerkriegen) äußern können, wobei nicht die Form des Krieges, sondern die gesellschaftliche Stockung entscheidend ist.[121] Darauf wird später zurückzukommen sein.

Der deutsche Titel des Buches von Mauss allein spricht Bände: Er verweist auf die Solidargemeinschaft als vielleicht stärkstem *funktionalen* Element einer Nation. In seinen Studien definiert Mauss die Nation als »eine materiell und moralisch integrierte Gesellschaft mit einer stabilen und konstanten Zentralmacht, feststehenden Grenzen und einer relativen sittlichen, geistigen und kulturellen Einheit der Einwohner, die bewusst für den Staat und seine Gesetze eintreten.«[122]

Nun denn: Die EU ist durch den Binnenmarkt – und die 19 Euro-Staaten sind zusätzlich durch die gemeinsame Währung – *materiell* integriert, und auch *moralisch* eine Gesellschaft, sonst würden wir uns derzeit nicht so über Rechtsstaatlichkeitsverfahren streiten. Es gibt eine stabile und konstante Zentralmacht aus EU-Rat, Parlament und Kommission. In Teilen zwar mehr Verwaltung als politische Macht, aber immerhin. Feste Grenzen gibt es auch; es ist klar, wer zur EU gehört und wer nicht, auch wenn die Finalitätsfrage noch nicht gelöst ist. Und eine relativ sittliche, geistige und kulturelle Einheit darf man in Europa ebenso voraussetzen wie das Eintreten für die europäischen Gesetze. Es fehlt der EU, um laut dieser Definition eine Nation zu sein, eigentlich ›nur‹ noch der *Staat*.

In großen Teilen Westeuropas aber ging der Prozess der Staatsgründung dem der Nationenbildung voraus,[123] weil der Staat erst jene Rechtsgleichheit für Bürger gewährt, die wiederum den entscheidenden Beitrag zur sozialen Formation leistet, aus der heraus die Nation als gefühlte politische Einheit schließlich erst entsteht. So fiel die französische Staatsbildung in das 14. und 15. Jahrhundert, während man erst seit der Französischen Revolution von der französischen Nation spricht. Für Europa könnte man das analog sehen: Es müsste, in den Worten von Max Weber, einen »Staat heraustreiben«, um zur Nation zu werden.

Mauss zielt hauptsächlich auf die wechselseitigen Beziehungen zwischen Demokratisierungsprozess, Staatsgründung und Nationenbildung ab, die alle drei Hand in Hand gehen. Wie viele Nationen-Theoretiker hat er keinen statischen Blick auf die Nation, sondern sieht sie als etwas Prozedurales, als eine historische Entwicklung. Insofern legt er eher eine Theorie der Nationalisierung denn eine kategorische Definition von Nation vor.[124] Entscheidend ist bei Mauss immer der *zivile* Charakter der Nation, nicht der *ethnische*. Mauss führt aus, dass die »militärische, administrative und juristische, und andererseits die ökonomische Einheit und vor allem der allgemeine, *bewusste und beständige Wille*, sie zu schaffen und an alle weiterzugeben, nur durch eine Reihe von beachtlichen Phänomenen möglich war, die in der Folgezeit, zur selben Zeit oder vorher die anderen *sozialen Phänomene* vereinheitlicht haben.«[125] Nun erfüllt die EU auch diese Definition nicht vollständig. Aber behauptet die EU nicht, genau das zu sein, nämlich eine weitreichende administrative, juristische und ökonomische Einheit, die den *bewussten und beständigen Willen* hat, sie (»eine *Ever Closer Union*«) an alle weiterzugeben? Und die vom Ölkännchen über Leuchtmittel, von Roaming-Gebühren bis zu Urheberrechten alles in Europa vereinheitlicht und administriert? Wichtig an der Mauss'schen Definition ist die Vorrangigkeit der sozialen Voraussetzungen, die *Vereinheitlichung der sozialen Phänomene*.

Hier wird es für den augenblicklichen Zustand der EU wirklich interessant. Denn der Moment, in dem diese Vereinheitlichung der sozialen Phänomene erfolgt, der Moment, der einer Nationenbildung also unmittelbar vorausgeht, ist laut Mauss jener, in dem »einer Gruppe von Individuen ihre wechselseitige ökonomische und *soziale* Abhängigkeit gemeinsam bewusst wird und sie sich dazu entschließt, diese wechselseitige Abhängigkeit in eine kollektive Kontrolle über den Staat und über das Wirtschaftssystem zu überführen«.[126] Die Wahrnehmung der wechselseitigen Abhängigkeit also ist der Moment, in dem die Gruppe beschließt, einen Staat *herauszutreiben*.

Als solchen Moment ließe sich, wie bereits ausgeführt, die Eurokrise perfekt deuten. Selten sind uns die gegenseitigen sozialen und wirtschaftspolitischen Abhängigkeiten so vor Augen geführt worden.[127] Das Erschrecken darüber führte prompt dazu, dass man die Griechen empört aus dem Euroverbund ausschließen wollte, um dann allerdings zu erkennen, dass das eigentlich nicht mehr geht, weil die gegenseitige Verflechtung einen so hohen Stand erreicht hatte, dass allein die wirtschaftlichen Kosten für den »Grexit« ein Vielfaches der Kosten für die Stabilisierung Griechenlands gewesen wären, von den politischen ganz zu schweigen. Nach derselben Logik hätte man dann Italien wohl auch aus dem Euro ausschließen müssen, was aber bei einem Gründungsstaat der EWG politisch niemand ernsthaft in Betracht ziehen konnte. In dieser Logik fortfahrend, hätte man dann sogar fragen müssen, was denn dann aus Frankreich geworden wäre? Diese Jahre liegen hinter uns und seither quält sich das europäische System mit der Notwendigkeit, dass, wer A sagt, auch B sagen muss. Anders formuliert, dass das Ökonomische nicht ohne ernsthafte Konsequenzen auf das Soziale zusammengeführt werden kann. An dieser Erkenntnis druckst Europa seit einer Dekade herum. Oder vielleicht weiß Europa es allzu gut, aber will *partout* nicht B sagen?

Ab dem Moment, wo die *Solidarität institutionalisiert* wird – laut Mauss der Moment der Nationenwerdung –, ist sie nicht mehr *beliebig* und wird in eine kollektive Kontrolle überführt. Während der Eurokrise aber war Solidarität genau das, nämlich *beliebig*: die »Rettungspakete« hingen an höchst umstrittenen Entscheidungen auf spontan bestimmter Ebene: Die EU war in einem Ausnahmezustand, in der sie sich entsprechende Befugnisse anmaßte.[128] Die Solidarität war also *nicht* institutionalisiert, sonst wäre die Hilfe *selbstverständlich* und *automatisch* auf rechtlich einwandfrei feststellbarer Ebene erfolgt. In der Bundesrepublik Deutschland ist Solidarität institutionalisiert: Wenn das Saarland oder Mecklenburg-Vorpommern ökonomische Unterstützung brauchen, gibt es dafür den Länderfinanzausgleich nach einem festgelegten Prozedere. Vielleicht wird gemault, aber nolens volens wird geholfen. Die Institutionalisierung der Solidarität schafft also die Nation. Und da Europa noch keine Solidargemeinschaft ist, ist es noch keine Nation. Im Umkehrschluss heißt das aber auch: Europa wird zur Nation, wenn es beschließen sollte, eine Solidargemeinschaft zu werden! Das wiederum ist eine Willensentscheidung, die nichts mit Identität, aber viel mit der *vorgängigen Vereinheitlichung sozialer Phänomene* zu tun hat.

Es gibt gute Gründe zu argumentieren, dass wir auf dem Höhepunkt der Eurokrise 2010 bis 2012 versäumt haben,[129] eine Solidargemeinschaft, also eine europäische Nation zu begründen, weil in letzter Konsequenz eine Bankenunion inklusive Haftungsgemeinschaft und gemeinsamer Einlagensicherung oder eine europäische Arbeitslosenversicherung *nicht* geschaffen wurden, obgleich Pläne für alle diese Dinge auf dem europäischen Tisch lagen. Da wir versäumt haben, aus Europa in puncto Solidargemeinschaft eine Nation zu machen, gibt es heute, rund eine Dekade später, populistische Parteien auf dem europäischen Kontinent, die mit *national-sozialen* Parolen auf Stimmenfang gehen. »Wenn es die Nation nicht mehr gibt, wer kümmert sich um die Armen?«, pflegt Marine Le Pen lakonisch zu fragen. Wenn Europa sich des Sozialen nicht annimmt – genauer: wenn Europa über die gemeinsame Entscheidung des Sozialen nicht *selbst* zur Nation wird – müssen es die heutigen Nationen eben tun. Die – in der Sprache von Marcel Mauss – *sozialen Phänomene* in Europa *nicht* zu vereinheitlichen, zementiert also die politischen Strukturen der heutigen Nationalstaaten, befördert *systemisch* den europäischen Populismus und lässt Europa mithin dauerhaft scheitern. Ach, das Bermuda-Dreieck aus Europa, der Nation und dem Sozialen: In der letzten Dekade geriet das europäische Schiff darin schwer in Seenot!

Was Mauss bei der Abfassung seines Buches über die Nation vor Augen hatte, ist der Rückblick auf den unmittelbar zurückliegenden Ersten Weltkrieg und die Erinnerung an eine ungebändigte Konkurrenz der damaligen europäischen Nationen um Ressourcen und Kolonien. Die Nationen würden in ›ungesunder‹ nationalistischer Überhitzung und dadurch letztlich im Krieg landen. Sein Denken gilt jenem Moment, wo die Nationen in den Nationalismus kippen. Das ist der Moment, in dem es darum geht, sich zwischen *Konkurrenz zwischen Staaten* und der *Institutionalisierung von Solidarität* zu entscheiden. Anstatt sich zu bekriegen, wird die Solidarität auf höherer Ebene institutionalisiert und damit dem nationalen Wettlauf um Ressourcen und Technologien der Boden entzogen.

Semantische Langzeitstudien über die letzten 150 Jahre

können belegen,[130] dass der Ruf nach Solidarität in Europa in allen europäischen Zeitungen und Sprachen immer dann besonders laut war, wenn Europa sich anschickte, in Kriege zu ziehen. Sie zeugen mithin davon, dass die *Entscheidung* zwischen Konkurrenz und der Institutionalisierung der Solidarität meistens eine bewusste war und öffentlich diskutiert wurde, anders formuliert: dass der Wunsch nach Solidarität immer dann besonders oft und laut vorgetragen wurde, wenn sich abzeichnete, dass die Politik in die entgegengesetzte Richtung steuerte. Im 20. Jahrhundert hat es erst der zweifachen Kriegserfahrung bedurft, um durch die Begründung der EGKS 1950 die kriegstreibenden Industrien genau in jene von Mauss geforderte *gemeinsame Kontrolle zu überführen* und dadurch letztlich, durch die Schaffung der EWG und später des Binnenmarktes, Solidarität durch gemeinsame Wettbewerbsregeln zu *institutionalisieren.*[131] Ein unlauterer, gar kriegstreibender nationaler Industriewettlauf ist also heute dank der EU nicht mehr möglich. Wo der Krieg zwischen Staaten in Europa strukturell quasi unmöglich geworden ist, haben indes die Spannungen oder Auseinandersetzungen zwischen den europäischen Bürgern zugenommen, weil die nationalstaatliche Konkurrenz auf die Bürger bzw. das Soziale verlagert wurde. Die Frage ist daher, welche Ebene der Solidarität heute in Europa *institutionalisiert* werden müsste, um eine ›nationale Überhitzung‹ zu vermeiden? Denn Europa scheint einer solchen heute wieder zu erliegen; obwohl gleichzeitig – weil offensichtlich korreliert – der Ruf nach europäischer Solidarität laut vernehmbar ist. Anders formuliert: Wir verhandeln heute auf dem Kontinent die *Institutionalisierung der sozialen Frage in Europa* vs. nationalstaatliche Konkurrenz des Sozialen!

Solange die EU nur auf einem Binnenmarkt begründet ist, der strukturell europäische Staaten und mithin *Bürger* um Standortvorteile, Steuern oder Sozialleistungen zueinander in Konkurrenz stellt, *kann* Europa keine politische

Einheit werden. Eine Nation sei ein »fait social«, eine soziale Tatsache. (Neo)Liberalismus und xenophober Nationalismus seien darum nicht nur Schwestern im Geiste, sondern bestärkten sich gegenseitig darin, Europa als soziologische Einheit, als soziales Gefüge nicht entstehen zu lassen, ja, diese als Einheit auch nur zu denken, während umgekehrt der Ruf der Bürger nach dieser Einheit immer größer werde,[132] so Bruno Karsenti dazu.

Anthony Giddens stellte schon in den 1990er Jahren fest, dass der Kapitalismus wettstreitende Nationen brauche und befördere. Kapitalismus, Nationalstaat und Demokratie gehören insofern zusammen und bilden ein stabiles Dreieck, weil der Nationalstaat darüber befindet, wie kapitalistisch, liberal oder eben sozial eine Gesellschaft sein will: »Capitalist society is a society only because it is also a nation-state, having delimited borders, which mark off its sovereignty from that claimed by other nation states.«[133] Wenn Europa aber eine politische Einheit werden will bzw. soll, müssen die europäischen Bürger in ihrer Gesamtheit über das sozioökonomische Gefüge und seine Dimensionen gemeinsam entscheiden. Ein *gemeinsamer* Binnenmarkt, geschweige denn eine *gemeinsame* Währung, die auf *verschiedene soziale* Gefüge der einzelnen EU-Mitgliedstaaten trifft, sprengt die europäischen Gesellschaften und treibt sie strukturell in *national-sozialen* Populismus und Nationalismus.

In einem Interview im Mai 2019,[134] kurz vor seinem Rücktritt im Zuge des Ibiza-Video-Skandals, wies der österreichische Bundeskanzler Sebastian Kurz im Zusammenhang mit der italienischen Schuldenkrise darauf hin, dass es keinen europäischen Solidarverband – in diesem Fall eine Haftungsunion – mit Italien geben könne, da sich einige Länder, wie Kurz sich ausdrückte, bei den Haushaltsausgaben »zusammenreißen« würden und andere nicht. Solange die Sozialsysteme so unterschiedlich seien und sich einige Länder mehr

Mühe gäben als andere, könne es keine »Transferunion« geben. Genau das ist das Problem.

Die Frage ist allerdings, ob die heutigen Unterschiede zementiert werden, um europäische Lösungen dauerhaft zu verhindern. Oder ob man B sagt und sich auf den Weg macht, eine europäische Sozial- und Finanzverfassung zu zimmern. Das Problem des »Moral Hazard«, wie die Ökonomen das nennen, also der europäischen Trittbrettfahrerei, kann letztlich nur überwunden werden, wenn die erwähnte Rechtstriade für alle europäischen Bürger gilt, damit, um im Bilde zu bleiben, die Österreicher sich demnächst in sozialen Belangen eben nicht *mehr* zusammenreißen müssten als die Italiener.[135] Kurz: Ein Nationalstaat braucht die gemeinsame politische Entscheidung über das Soziale; bzw. im Giddens'schen Sinne die gemeinsame Entscheidung über die Frage, *wie sozial* er sein will. Diese gemeinsame Entscheidung wäre wiederum der Auslöser schlechthin für eine Politisierung Europas: Was würde wohl in der deutschen Boulevardpresse zu lesen sein, wenn man zusammen mit den Griechen über ein gemeinsames Renteneintrittsalter entscheiden müsste? Oder mit den Franzosen und Polen über die Höhe des Kindergeldes? Wir hätten die europäische Öffentlichkeit, deren Fehlen so oft beklagt und deren Schaffung gefordert wird, im Handumdrehen hergestellt: Wahrscheinlich wäre sogar die *BILD-Zeitung* die erste mehrsprachige Boulevard-Zeitung auf dem europäischen Markt.

Solange die Bürger Europas keine Rechtsgleichheit bei sozialen, bürgerlichen und politischen Rechten genießen, wird die soziale Formation unterlaufen, die zur Nationenbildung führt. Keine politische Formation, auch nicht die EU, kann auf Dauer einen Zustand aushalten, in dem *Animal-Farm*-Regeln gelten, nämlich dass einige immer gleicher sind als gleich bzw. eine nationale Gruppe stets eine andere übervorteilen muss und die politische Loyalität innerhalb der EU immer nationalen Subgruppen gilt. Es ist darum wichtig zu verstehen, dass die Lenkungsstrukturen des Binnenmarktes und des Euro den *national-sozialen* Populismus, unter dem Europa heute politisch leidet, überhaupt erst hervorbringen und verstärken. Wer ihn politisch neutralisieren will, muss Europa zum Solidarverband machen. An dieser Einsicht dürfte perspektivisch kein Weg vorbeiführen.

Die verfassungsrechtliche Verankerung eines europäischen Sozialstaatsprinzips wäre darum die konsequente Komplementierung eines EU-Systems, das bisher immer nur vom Binnenmarkt und den vier Freiheiten her gedacht wird und das über seinen Ursprung als »Europäische Wirtschaftsgemeinschaft« nicht wirklich hinausgekommen ist. Für die EU sind die europäischen Bürger zunächst aktive Unternehmer, die den Euro stärken. Zweitens sind sie, recht verklärt, vor allem Konsumenten, die Schutz brauchen (»Consumer Protection«), nach Billigpreisen gieren (Liberalisierung), und die Konkurrenz schärfen (Deregulierung). Und schließlich überall einsetzbare Arbeitskräfte. Nicht aber Bürger, ausgestattet mit jenem »Heiligtum«, der Triade von sozialen, bürgerlichen und politischen Rechten: Die Bundesrepublik Deutschland – wie alle europäischen Staaten – ist hingegen ein Rechts- *und* ein Sozialstaat,[136] wobei in jüngerer Zeit das Bekenntnis zur Rechtsstaatlichkeit dominiert.

Die *Entkoppelung* von Rechts- und Sozialstaatlichkeit aber ist das strukturelle Problem der EU und das politische Problem Europas. Bis heute ist auch in Deutschland strittig, auf welcher Ebene die Verknüpfung von bürgerlicher Freiheit und sozialer Gleichheit zu erfolgen hat, wie also die besagte Rechtstriade für Deutschland eingelöst werden kann. Mindestens drei Interpretationen lassen sich erkennen: die Auffassung, dass bürgerliche Freiheit und soziale Gleichheit auf Verfassungsebene strukturell unvereinbar sind; die Auffassung, dass die Verfassung einen sozialen Gestaltungsaufrag zum Schutz der Schwächeren beinhaltet; und die – radikalere – Auffassung, dass die Verfassung einen umfassenden Auftrag zur sozialen Umverteilung gibt. Die Ausgestaltung der Sozialstaatlichkeit ist also nicht in der Verfassung direkt fixiert, sondern ist ein Auftrag an den Gesetzgeber. Der Verfassungsauftrag ist es, sozial zu sein, aber *wie* sozial, entscheidet das jeweilige Parlament, nicht die Verfassung. Die verfassungsrechtliche Verankerung des Sozialstaatsprinzips aber sorgt dafür, dass die Voraussetzungen zur Sozialabsicherung überhaupt geschaffen werden müssen.[137] Übertragen auf Europa heißt das, zumindest eine europäische Arbeitslosenversicherung, ein europäisches Tarifsystem und ein europäischer Mindestlohn müssten geschaffen werden.[138] Damit wird noch nicht bestimmt, wie sozial oder liberal, also wie *hoch* oder *niedrig* diese ausfallen. Die Ausgestaltung obläge einem Europäischen Parlament und einer gemeinsamen Entscheidung, über die europaweit eine politische Auseinandersetzung geführt werden müsste. Wenn Katarina Barley, die Vizepräsidentin des Europäischen Parlaments, in einem Interview sagt, »Mich hat die einseitige Ausrichtung der EU auf die Wirtschaft immer gestört (...) die europäische Rechtsprechung hat den freien Markt über die sozialen Rechte gesetzt. (...) Nur wenn Europa zu einer sozialen Marktwirtschaft wird, ist unsere soziale Marktwirtschaft in Deutschland gesichert« verweist sie auf den Kern dieser Debatte.[139] Von einer »europäischen sozialen Marktwirtschaft« zu sprechen, ist nämlich etwas ganz anderes, als von einem gemeinsamen Binnenmarkt zu sprechen. Wo der Binnenmarkt nur auf Wettbewerb verweist, verweist der Begriff »soziale Marktwirtschaft« auf die Gesellschaft dahinter.

Auch konservative oder liberale Kräfte stehen hinter dem Konzept der sozialen Marktwirtschaft und würden z.B. nie die Arbeitslosenversicherung in Deutschland abschaffen wollen. Die Europäisierung des Sozialen ist darum nicht, wie oft behauptet wird, a priori eine *linke* Idee, sondern nur die Forderung, dass über das Soziale in Zukunft *strukturell* europäisch entschieden werden muss und alle europäischen

Bürger perspektivisch gleichbehandelt werden müssen, wenn Europa geeint sein soll. Dann gäbe es auch keine leidige Transferunion-Debatte mehr über das, was »wir« für »die« zahlen. Sondern alle zahlen gleichermaßen in ein europäisches System ein und erhalten dasselbe heraus.

Den fast schon symbiotischen sozioökonomischen Verflechtungen in Europa würde durch eine solche europäische Finanzverfassung lediglich politisch Ausdruck verliehen. Vor diesem Hintergrund ergeben die Pläne von Emmanuel Macron für ein Eurozonenbudget oder einen europäischen Finanzminister[140] einfach Sinn, denn es geht genau um diese *strukturelle Europäisierung* sozialer und fiskalischer Fragen und damit um viel mehr als darum, dass Macron vermeintlich *nur deutsches Geld will*.[141]

Überhaupt entzieht sich diese strukturelle Europäisierung einem deutsch-französischen Kontext. In Europa muss Politik für alle Europäerinnen und Europäer gemacht werden und nicht für nationale Subgruppen. Wenn, wie Mauss es formuliert, »institutionalisierte Solidarität« der Kern einer Nation ist, kann Europa solange nicht Nation werden, solange es die soziale Frage nicht als europäische, sondern als nationale Frage begreift. Alle Politiker, die in Europadebatten gerne sagen, Europa solle dieses und jenes machen, eben die wichtigen und großen Dinge, wie es meistens heißt, aber für das Soziale sei selbstverständlich der Nationalstaat verantwortlich, täuschen sich: Europa fängt beim Bürger an und mithin beim »Sacre du citoyen«, darunter das Soziale! Die direkte Verknüpfung der sozialen Fragen mit Europa allein kann die Bürger an den politischen Prozess in Europa binden. Erst dann kann das politische und demokratische Europa gelingen!

Der Fokus auf den Binnenmarkt in öffentlichen Europadiskussionen, vor allem in Wirtschaftskreisen, ist darum bedauerlich. Ein vor den Europa-Wahlen 2019 veröffentlichtes Europa-Buch,[142] in dem verschiedene CEOs aus deutschen und europäischen Unternehmen Artikel verfasst haben, liest sich streckenweise, als hätte es die letzte Krisendekade in Europa nicht gegeben, als könne der europäische Populismus allein mit wirtschaftlicher Innovation bekämpft werden und als gäbe es keine soziale Krise und keine europäische Gesellschaft. Als ob die europäischen Populisten derzeit nicht gewönnen, weil sie vor allem ein soziales, ein *gesellschaftliches* Angebot machen, und zwar oftmals *jenseits* wirtschaftlicher Kalküle. Im Gegensatz zur liberal-demokratischen Mitte denken sie die Nation als *soziale* Einheit, und nicht als Konkurrenzveranstaltung – und sind damit erfolgreich. Andere Industrievertreter[143] scheinen hingegen erstaunlich aufgeschlossen gegenüber den gesamtgesellschaftlichen und politischen Problem Europas und fragen nach ihrer Rolle als Industrie, diese zu beheben.

Es scheint tatsächlich ein Problem zu sein, dass über Europa vor allem ökonomisch und nicht soziologisch nachgedacht wird. Das trennt intellektuell vor allem die französische und die deutsche Europa-Diskussion, also das deutsch-französische Tandem. In Frankreich ist die Soziologie die Königswissenschaft, in Deutschland ist es die Ökonomie.

Auch der Direktor des Kieler Instituts für Weltwirtschaft argumentierte im Interview mit der *Neuen Zürcher Zeitung*,[144] dass sich der wichtigste nächste Integrationsschritt auf den Binnenmarkt beziehen müsse und dass Personenfreizügigkeit und Binnenmarkt durchaus voneinander getrennt werden könnten: Auch ohne Personenfreizügigkeit gäbe es Wohlfahrtsgewinne durch die EU. Im gesamten Interview kam das Wort »Bürger« nicht ein einziges Mal vor. Ein derart krasses Ausblenden politischer und gesellschaftlicher Faktoren der europäischen Krise scheint politisch naiv und bringt zum Ausdruck, wie sehr sich diese Art von Europadiskussion von jeder politischen und sozialen Dimension verabschiedet hat. Spannend ist, dass selbst Finanzmarktakteure einen »Social Move« Europas, z.B. eine europäische Arbeitslosenversicherung, nicht unbedingt abschreckend finden. Selbst die Europachefin von BlackRock sagte mir bei einem Treffen in Berlin Anfang 2019 klipp und klar: »Europe could be a little bit more social. It should be. The important thing is that we know where Europe goes and that we can plan on it. I have no problem with a European unemployment scheme.« Ein soziales Europa war nicht ihr Problem, sondern mangelnde Planungssicherheit!

Pfade zum Nationalismus

»Die nationale Form des Wirtschaftens
ist ein relativ neues Phänomen.« *Marcel Mauss*

Richtig spannend wird die Lektüre von Marcel Mauss, wenn man sein Buch nicht nur mit der Fragestellung im Kopf liest, ob Europa zur Nation, also zum Solidarverband werden könnte und was es dafür tun müsste. Sondern wenn man sich fragt, ob seine Definition der Nation als ein *soziales Gefüge* noch für die heute existierenden Nationalstaaten gilt? Mauss verortet nämlich den Übergang von einer Nation – die Nation hat prinzipiell bei ihm nichts Anrüchiges – zu einem problematischen Nationalismus in genau dem Moment, in dem einer Nation ihr soziales Gefüge verloren geht und der Begriff der Nation dann, gleichsam als Ersatz, mit nationalen, völkischen oder rassistischen Elementen gefüllt werden muss. Das lässt mit Blick auf das heutige Europa aufhorchen.

Wo das Soziale als Kitt für die Nation versagt, muss das Völkische herhalten? Das ist, cum grano salis, der Zustand in allen europäischen Mitgliedstaaten heute. Der nationale Geldadel und die nationalen Industrien haben die heutigen Nationen schon lange im Stich gelassen. Beide haben in großem Stil globalisiert. Berater eröffnen auch dem kleinsten Mittelständler eine breite Palette von Möglichkeiten der Günstigkeitsprinzipien: Die Vermögen werden im Ausland angelegt, die Ferienhäuser auf Mallorca gebaut und die Produktionsstätten in Asien oder Osteuropa errichtet – sie liegen schon lange nicht mehr in den eigenen Nationen, und auch Steuern werden dort immer weniger gezahlt. Das ist der Moment, von dem Bruno Karsenti schreibt: »Plus l'économie se désencastre, plus s'affirme en réaction une pensée de l'antérieurité de la nation sur l'économie désencastrée et internationalisée.«[145] In dem Moment, in dem sich die Ökonomie immer mehr von der Nation und ihrem Territorium verabschiedet, sich also verflüchtigt, muss sich die Nation auf das zurückziehen, was ihr bleibt: auf die *Idee* einer völkischen Gemeinschaft oder einer ethnisch homogenen Abstammung. Es ist, als zöge man das sozioökonomische Gerippe – gleichsam das Rückgrat – aus dem Körper einer Nation, die konsequenterweise wie eine leere Hülle in sich zusammenfällt. Wo die Nation sich im Kern nicht mehr auf ihr soziales Gefüge als *Rückgrat* verlassen kann, muss sie sich auf ihre ethnischen, kulturellen, sprachlichen oder religiösen Elemente stützen. Die Stimmung in den sozial entkernten Nationen kippt in den Nationalismus.

Mauss geht davon aus, dass der Moment der Institutionalisierung von Solidarität, also der Moment der Nationenbildung, jener ist, in dem eine Nation beginnt, ihren Ursprung vor sich selbst zu vertuschen. Diejenigen, die sich fortan in einer Solidarunion befinden – also z.B. die gleichen Steuern zahlen oder dasselbe staatliche Arbeitslosengeld beziehen – beginnen, sich quasi aus Gewohnheit als Nation zu empfinden. Ist die soziale Formation abgeschlossen, wird die Nation von ihren Angehörigen nicht mehr als *sozialer Prozess*, sondern zunehmend als *unveränderliche Größe* wahrgenommen und fetischisiert. Es folgt eine Art Gewohnheitsaneignung. Die gemeinsame soziale Struktur hat die Vorstellung einer vorgängigen Nation zwar erst geschaffen, doch die Nation, so Mauss, beginne dann zu glauben, »die Rasse schafft die Nation, wo doch die Nation die Rasse schafft.«[146] In dem Moment kippt die Nation von einer zivilen Definition der Nation in ein ethnisch-völkisches Verständnis. Das ist auch der Moment, ab dem der Nationalismus reaktionär wird. Fortan wird die Nation als *vorgängig,* mit einer fast biologistischen Ontologie betrachtet und zunehmend ethnisch, identitär und damit ausgrenzend begründet. Mangels sozialer Kohäsion bleibt buchstäblich nur die Fahne übrig, um sich mit der Nation zu identifizieren.

Es sind auch symbolische Gesten, durch die diese Wandlung bzw. buchstäblich der *Verlust der Republik* (res publica) als feststehender Begriff für ein soziales Gefüge vollzogen wird. Es sei an jene Günther-Jauch-Sendung 2015 erinnert,[147] in der Heiko Maas, damals noch Justizminister, neben Björn Höcke saß, der zu Beginn der Sendung eine schwarz-rot-goldene Fahne aus der Tasche zog und auf seinen Sessel legte. Er vertrete *das deutsche Volk*, sollte das heißen. Heiko Maas rückte, irritiert und mit angewidertem Gesicht, sichtlich von Höcke ab, anstatt zu ihm etwa zu sagen: »Was ist das denn für ein Stück Tuch? Es ähnelt zum Verwechseln der Fahne der Bundesrepublik Deutschland, auf die ich einen Amtseid geschworen habe.« Indem das nicht geschah, ist der AfD die subtile Umcodierung der Fahne von zivil auf völkisch in diesem Moment gelungen. Für Frankeich oder Polen lassen sich ähnliche Begebenheiten berichten.[148] Hilfreich für die Umcodierung ist vor allem der Faktor Sicherheit, nach der sich eine sozial verwaiste Bevölkerung umso mehr sehnt, als die soziale Sicherheit schon verloren ist.[149] Besonders nach Terrorangriffen wird darum der nationale Schulterschluss oft fahnenprächtig inszeniert.[150] Im Moment der Umcodierung der Nation auf ihre völkischen Ursprünge beginnt der Kampf um Leitkulturen, und es entwickelt sich ein Nationalismus, in dem meistens *jenseits* ökonomischer Kalküle argumentiert wird. Der Brexit mag ein Beispiel dafür sein. Es gibt eine gewisse empirische Evidenz dafür, das Brexit-Votum nicht als Abstimmung gegen die EU zu deuten, sondern als eine verspätete und wütende Abstimmung gegen den Thatcherismus der 1980er Jahre, der das soziale Gefüge Großbritanniens zerschlagen hat, wobei die aufgestaute, soziale Wut beim Brexit nationalistisch instrumentalisiert werden konnte.[151] Ein Brexit-Witz bringt das zum Ausdruck: Sitzen zwei Briten im Flugzeug und wollen Fallschirmspringen. Sagt der eine zum anderen: »Du hast ja gar keinen Fallschirm.« Antwortet der andere: »The flag will do it!«

Wo die soziale Gemeinschaft nicht mehr verfügbar ist, wird die nationale gerne genommen. Das politische Angebot einer nationalen Erzählung aber schafft die betrogene untere Klasse selten aus sich heraus. Sie wird von nationalen, konservativen Eliten konstruiert, während sich eine bessergestellte, progressive Linke an die substanziellen Themen der sozialen Spaltung (z.B. Erbschafts- und Vermögenssteuer) nicht mehr herantraut und sich stattdessen in jede Menge Minderheiten- und kulturelle Diskurse flüchtet, die die eigenen Wähler in der Arbeiterschaft vergraulen.[152]

Das nationale, politische Angebot kommt also von oben, die weniger Privilegierten werden darin eingelullt, weil sie darin den Ersatz für die Solidarnation sehen. Der Kapitalismus ist nicht nur strukturell mit Populismus kompatibel; in dem Moment, wo sich der bürgerliche Schulterschluss mit dem Populismus vollzieht, tendieren ehemals sozial-populistische Parteien, die mit einer sozialen Agenda aufgestiegen sind – das gilt, mit Schattierungen, sowohl für das französische Rassemblement National, die polnische PiS wie für die AfD – dazu, von einer sozialen zu einer neo-liberalen Programmatik zu wechseln. Die Aufgabe von Frau Weidel, zuvor bei Goldman Sachs, ist die Bewahrung des neolibe-

ralen Anteils im AfD-Programm. Dafür erhält sie finanzielle und andere Unterstützung aus bürgerlichen Kreisen.[153]
Bei der Lektüre dieses fast einhundert Jahre alten Textes von Mauss und seiner Beschreibung des Übergangs von Nation zu Nationalismus klingeln also mit Blick auf die heutigen europäischen Nationalstaaten alle Alarmlocken,[154] sind es doch europäische Gesellschaften, in denen die jeweilige nationale Solidarität weitgehend aufgekündigt wurde, die jetzt Nationalismus hervorbringen. Brexit, Gelbwesten, Lega Nord oder auch Pegida sind (nicht nur, aber auch) in ihrem Ursprung gesellschaftspolitische Reaktionen auf das Wegbrechen eines sozialen Gefüges.[155] Wer sich in dem Fotoband *48 Hours in Blackpool* die Fish-&-Chips-Urlaubsromantik der britischen Unterschicht anschaut,[156] wird diese Bilder kaum mit der City of London in Beziehung bringen, kaum denken, dass es sich um Angehörige ein und derselben *Nation* handeln könnte. Durch nationale *Race-to-the-Bottom*-Strategien zunehmend wirtschaftlich zueinander in Konkurrenz gestellt – z.B. jahrelanges deutsches Lohndumping innerhalb der Eurozone,[157] was die EU mangels eigener Staatlichkeit und mithin Zugriff auf diese jeweils nationalen, sozioökonomischen Entscheidungen nicht verhindern konnte oder wollte –, findet unter den europäischen Nationalstaaten derzeit eine doppelte Entsolidarisierung statt: *innerhalb* der einzelnen europäischen Nationalstaaten und *zwischen* den europäischen Nationalstaaten. Der europäische *Staaten*wettbewerb schadet aber den europäischen *Bürgern*, die sich in ihrer großen Mehrheit ein solidarischeres Europa wünschen, auch die Deutschen.[158] Die europäischen Bürger in ihrer Gesamtheit sind letztlich die Leidtragenden eines europäischen Systems, in dem ein Binnenmarkt, also Konkurrenz *ohne* bürgerliche Rechtsgleichheit das strukturierende Prinzip ist. In der EU wird der Unionsbürger in erster Linie in seiner Funktion als *Konsument* und *Verbraucher* angesprochen – und geschützt. Viele der europäischen Rechtsetzungsakte zielen

auf Verbraucher- und Umweltschutz, vom Glyphosat über die DSGVO und den Upload-Filtern von Art. 13a oder die neuen Leuchtmittel. Aber in seiner *sozialen Bürgerschaft* oder gar als *politisches Subjekt* wird der Unionsbürger von der EU nicht oder kaum bedacht.

Nationale Kreuzungen: rechter und linker Populismus

> »Qant il n'y a plus la nation, qui s'occupera des pauvres?« *Marine Le Pen*

Die Frage, ob Europa die neue Solidarebene werden kann, spaltet derzeit die europäische Sozialdemokratie und die europäische Linke generell. Die Aussicht auf ein sozialliberales Europas ist die große politische Leerstelle, weil die europäische Mitte längst weggebrochen ist. Für Europa als zukünftige Solidarebene wirbt, leider mit bisher nur mäßigem Erfolg, die SPD und hat dafür auch verschiedene konkrete Vorschläge gemacht, z.B. einen europäischen Arbeitslosenfond (Olaf Scholz),[159] einen europäischen Mindestlohn (Hubertus Heil)[160] oder eine europäische Sozialunion, wie der Spitzenkandidat der europäischen Sozialdemokraten bei den Europawahlen, Frans Timmermans, es formulierte.[161] Parallel dazu wirbt eine populistische Linke aber für eine nationale Sozialpolitik, z.B. die gescheiterte *Aufstehen*-Bewegung von Sahra Wagenknecht oder in Frankreich Jean-Luc Mélenchon von La France Insoumise.[162] Ein Teil der europäischen Linken ringt also um eine neue Verbindung von Nationalismus und Sozialismus, auch z.B. die neue dänische Ministerpräsidentin Mette Frederiksen, deren Wahlerfolg im Mai 2019 auf einer Mischung nationaler und sozialer Parteiprogrammpunkte beruht: das Angebot einer inneren *sozialen* Kohäsion plus einer *nationalen* Abgrenzung nach außen, vor allem gegen Migration. Da wo die Linke zwar die soziale Kohäsion möchte, sich aber der nationalen Schließung gegenüber Migranten verweigert, schnappen sich die Populisten die *national-soziale* Programmatik. Je weniger die Lega die Haushaltsregeln der EU beachtet, desto mehr Zulauf hat die AfD. Beide Parteien sind in der Eurofrage ineinander verkeilt. Aber in der Flüchtlingsfrage sind sie sich einig.

Die beiden großen politischen Spaltungslinien in Europa – das Soziale und die Sicherheit – laufen bei den populistischen Parteien zusammen. Bei beiden Themen halten sie die Fäden in der Hand, auch wenn die europäische Linke versucht, ihr den einen Faden – das Soziale – streitig zu machen. Diese politische Dynamik führt dazu, dass die klassischen Parteien in fast allen europäischen Mitgliedsstaaten die eigentlichen politischen Spaltungen nicht mehr abbilden können, weil die Gretchenfrage »Wie hältst du's mit Europa?« fast alle Parteien rechts wie links zerrissen hat. Auf der rechten wie auf der linken Seite des politischen Spektrums entwickeln sich ein Flügel für die europäische *Öffnung* und ein anderer für die *Schließung*. Die Frage ist nicht mehr *links* oder *rechts*, sondern *rechtsnational* oder *linksnational*. In der daraus entstehenden Schnittmenge des Nationalen treffen sich bürgerliche Wähler und Modernisierungsverlierer, nur darum kann der europäische Populismus funktionieren. Nie gab es in Europa so viele neue Parteien und Bewegungen, von der rechtspopulistischen spanischen Partei Vox bis zum linkspopulistischen Jean-Luc-Mélenchon in Frankreich, vom tschechischen Andrej Babiš bis zum niederländischen Thierry Baudet, meist One-Man-Shows und Single-Issue-Parteien zugleich, die aber nationale Politiksysteme erfolgreich blockieren oder korrumpieren. Aus dieser Tatsache ergibt sich eine riesengroße Krise der Repräsentation, in der das politische System Europa festsitzt wie das Häschen in der Grube. Der große Verlierer ist dabei eine antinationale, *sozial*liberale Mitte, die sich ein soziales, demokratisches Europa jenseits der EU wünscht, das aber nicht im politischen Angebot ist.[163]

Es darf eben nicht übersehen werden, dass die polnische PiS-Partei z.B. mit ihrem hohen Kindergeld[164] und den Sozialabsicherungen für die ärmere Bevölkerung auf dem Lande oder aber die ungarische Fidesz-Partei, die jüngst ein Gesetz erlassen hat, das die Kreditrückzahlung an die Kinderzahl koppelt,[165] bei aller Xenophobie, rechtsstaatlichen Verwerfungen, illiberalen Machenschaften und konservativem Spin, den man diesen Parteien vorwerfen kann, im Grunde eine sehr soziale Politik machen, die bei diesen Beispielen zwar den anti-modernen Geschmack – oder sogar völkischen Geruch – einer »Kinderprämie« hat. Doch dagegen helfen keine europäischen Rechtsstaatlichkeitsverfahren nach Art. 7 EUV. Die Populisten kümmern sich ums Volk, ähnlich wie sich die europäische Sozialdemokratie in ihrer Geburtsstunde um 1880 um die Arbeiter gekümmert hat. Vor allem aber ist es falsch und tendenziell gefährlich, die rechtspopulistischen Parteien als *antieuropäisch* zu bezeichnen, gegen die man Europa *verteidigen* müsse. Nicht nur wollen Orban & Co überhaupt nicht auf die Fleischtöpfe des EU-Haushaltes verzichten; vor allem wissen sie das europäische System geschickt zu nutzen, besetzen strategisch Positionen im Europaparlament und demnächst, so muss befürchtet werden, in der Kommission und haben begonnen, sich transnational zu bündeln.

In Turin hingen vor den Europawahlen Plakate von Cesare Mussolini, der dort für die Lega kandidierte, darauf stand: »Viva il Duce!«. Auch Benito Mussolini, es wird gerne vergessen, wollte ein starkes Europa, und an seine Diktion nähert sich die Lega immer unverfrorener an.[166] Die Rechtspopulisten wenden sich nicht gegen Europa, sondern gegen ein *liberales* Europas. Das aber ist etwas anderes. Nichts ist daher dümmer als der beliebte Sonntagsredenspruch, die

EU müsse gegen die Populisten verteidigt werden. Es geht vor allem um Handwerker und kleine Gewerbetreibende, die den Belastungen des Steuerstaates nicht ausweichen können. In Italien z.B. sind 86 Prozent der Unternehmen Familienbetriebe.[167]

Die eigentliche Frage ist also, ob die Antwort auf die soziale Frage in Europa durch eine sozialliberale oder durch die rechtspopulistische Türe kommen wird. Progressive oder linke Parteien in Europa können mit sozialen Forderungen nicht unbedingt punkten,[168] während populistische Parteien mit oft den gleichen Forderungen Zulauf haben, wenn sie in *nationales* Butterbrotpapier eingewickelt sind.[169] Die *soziale* Frage ist immer eine *nationale* Abgrenzungsfrage und mithin genau die Frage, *wer* zur Nation gehört. In diesem Fadenkreuz bewegt sich die derzeitige europäische Diskussion: Sosehr sich Umfragen zufolge eine Mehrheit der europäischen Bürger für die strukturelle Europäisierung der sozialen Frage gewinnen ließe – z.B. eine europäische Arbeitslosenversicherung[170] – so sehr gelten die Ausschluss-Diskussionen vor allem den Migranten. Über das *Soziale* gemeinsam entscheiden, heißt in Europa heute darum auch und vor allem: über *Migration* gemeinsam entscheiden. Die parallele Bewegung eines Zusammenschlusses nach innen bei gleichzeitiger Abgrenzung nach außen als phänotypische Entwicklungsstufe einer Nationenbildung ist für Europa insofern relevant, als dass es seinen Willensakt, zu einer Nation, also zu einer europäischen Solidargemeinschaft zu werden, unter Bedingungen einer anhaltenden Flüchtlingskrise zu treffen hat. Das erschwert einer sozialliberalen Mitte die Argumente für eine europäische Solidarunion und öffnet zugleich die Tür für populistischen Missbrauch.

Weil Wertekonservatismus – also fremdenfeindliche oder homophobe Einstellung – auch für große Teile eines strukturkonservativen Bürgertums attraktiv ist, werden rechtspopulistische Bewegungen finanziell und anderweitig von Teilen des Kleinbürgertums unterstützt, und nur deswegen sind diese Parteien stark.[171] Der bürgerliche Teil der Wähler reagiert dabei auf das gesellschaftliche Ordnungsangebot populistischer Parteien: Sicherheit, Schutz vor Terror und Geflüchteten, Xenophobie, patriarchale Strukturen.[172] Wenn soziale Forderungen also mit gesellschaftlicher Offenheit – z.B. für Seenotrettung oder Transgendertoiletten – verbunden werden, wirken sie nicht besonders attraktiv. Wenn sie mit wertekonservativen Forderungen verbunden werden, schon. Bürgerliche Wähler reagieren auf das programmatische Angebot der gesellschaftlichen Schließung, also auf Sicherheit, nicht auf das Soziale. Parteien, die beides im Angebot haben, können verschiedene gesellschaftliche Gruppen als Wählerschaft mobilisieren und haben deswegen Auftrieb. Dieser Prozess könnte europäisch nur dann aufgelöst werden, wenn bei einer europäischen Staatsgründung in den Worten des berühmten französischen Soziologen Pierre Bourdieu der »rechte Arm des Staates« (Polizei, Armee) und der »linke Arm des Staates« (das Soziale) auf einer *europäischen* Ebene und mit einer sozialliberalen Politik neu zusammengeführt würden, damit beides – das Soziale und die Sicherheit – nicht den Populisten überlassen bleibt. Wo es kein sozialliberales Politikangebot in Europa gibt, verschwindet das Soziale im Illiberalen.

Nation und territorialen Spaltungen

> »Es ist kein Zufall der Geschichte, dass gerade die Länder in der Tradition des römischen Rechts Jahrhunderte später die Führungsposition im Kampf um ein supranationales Europa übernahmen: Der Konflikt um die Ausweitung des Gemeinsamen Europäischen Marktes ist in erster Linie ein Konflikt zwischen den ökonomisch

systemübergreifenden Städtegürteln im Zentrum und den kulturell eigenständigen Territorialsystemen an den Peripherien des römischen Europa.« *Stein Rokkan*

Soziale und parteipolitische Spaltungsprozesse sind nur ein Element von vielen, die erkennen lassen, warum viele festgefügte Dinge in Europa derzeit ins Rutschen geraten. Gesellschaftliche Spaltungsprozesse, vor allem Spaltungsprozesse zwischen Stadt und Land oder Zentrum und Peripherie, also Urbanisierungsunterschiede im Zuge von technologischen Modernisierungsprozessen, werden immer wieder als zentraler Grund für die Neubildung von Nationen, also für die Aufkündigung von alten Solidareinheiten und Begründung von neuen Solidareinheiten angeführt.[173] Vor allem Stein Rokkan zeichnet diese permanenten Spaltungen in Europa akribisch nach und zeigt, wie in vorausgehenden Jahrhunderten die teilweise unterschiedliche Entwicklung der Landwirtschaft, die Herausbildung von Städtenetzen (z.B. die Hanse), das unterschiedliche Eindringen von Staatlichkeit bzw. der Zentralmacht in einzelne Territorien immer wieder zur Neu- oder Umbildung von staatlichen Strukturen und Nationen geführt haben, weil Standardisierungen (Armee, Schule, Währung) sich in den verschiedenen Räumen auf verschiedene Weise entfaltet und verfestigt haben.[174]

Auch heute gibt es solche Räume in Europa, die mit nationalen Grenzen nichts mehr zu tun haben: den Donau-Raum, den Ostseeraum, den Schwarzmeerraum, das nördliche Mittelmeer etc. – Räume, die von der EU sogar mit speziellen Politikmaßnahmen und Fördermitteln bedacht werden, gerade weil sie ähnliche Probleme und Strukturen haben, die sie von den restlichen Landesteilen unterscheiden. Rostock z.B. hat mehr Interesse an einer Ostseekooperation als an einer mit dem Saarland, steht aber heute in einer Solidargemeinschaft mit dem Saarland und nicht etwa mit Finnland. Heute wie damals ist also die Frage, welche Auswirkungen auf heutige

Grenzen die neuen Stadt-Land-Spaltungen und die europäischen Kooperationsräume haben. Territoriale Neukompositionen und damit neue (national-)staatliche Machtstrukturen hängen jedenfalls mit sozialen und Stadt-Land-Spaltungen zusammen. Vielleicht entstehen in Europa ein Ostsee-, ein Donau- und ein Mittelmeerstaat? Oder diese Räume entwickeln sich zu einem gemeinsamen Solidarraum, einer europäischen Nation? Vielleicht sind sie dafür, wie Dirk Jörke – auch plausibel – argumentiert, zu groß und kulturell zu unterschiedlich?[175] Die Antwort ist nicht ausgemacht. Es sieht so aus, als würde die Frage, ob sich der europäische Raum zu einer unitarischen Einigungsbewegung aufraffen kann, gerade von der Zeitgenossenschaft verhandelt. Der Ausgang der Kontingenz der europäischen Geschichte ist offen; mithin wird hier auf diejenigen Definitionen von Nation verwiesen, die auf Nation als *Willensakt* abzielen.[176]

Kurz gesagt, durchläuft der gesamte europäische Raum derzeit eine doppelte Bewegung: Die eine ist ein sozialer und damit auch, was die Lebensgewohnheiten anbelangt, *kultureller* Spaltungsprozess[177] quer durch Europa, der, heute wie in vorausgehenden Jahrhunderten, maßgeblich mit Urbanisierungsunterschieden zu tun hat. Der kleine Bauer in Rumänien hat mehr mit dem Bauern in Andalusien oder in Bayern zu tun, als mit einem städtischen Landsmann, zumal sie alle schon die gleichen Formulare für die europäischen Agrarsubventionen ausfüllen. Die Bauern werden durch die EU gleichsam *ent*-nationalisiert, so wie etwa die französischen Bauern im Zuge der Nationenbildung zum Zeitpunkt der Französischen Revolution zuvor *nationalisiert* wurden.[178] Ebenso hat der Banker aus Frankfurt sozial wie kulturell mehr mit einem Banker aus Mailand als mit einem Klempner aus Anklam gemein.

Der andere, parallele Prozess ist der einer *europäischen Vergemeinschaftung*: Je mehr der Binnenmarkt und der Euro die sozioökonomischen Bedingungen in ganz Europa strukturieren, desto mehr findet jene *soziale Formation* einer *europäischen Gesellschaft* statt, auf die vor allem Marcel Mauss abstellt, die aber auch Stein Rokkan immer wieder prominent als Etappe auf dem Weg einer Nationenwerdung anführt: Die neuen Spaltungen bedingen neue Vereinigungen. Die Vergesellschaftung führt zu eben jenem Prozess, in dem das *Soziale* und die *Nation* in ein dialektisches Verhältnis zueinander treten und sich die zuvor sozial Gespaltenen einer Nation transnational ihrer neuen sozioökonomischen Abhängigkeiten bewusst werden. Dabei entsteht das Begehren nach gleichen bürgerlichen und politischen Rechten sowie der Wunsch nach einer gemeinsamen Staatsbürgerschaft und zunehmend auch nach politischer Partizipation:[179] Der gleiche Pass für jemanden aus Rostock und Malmö also, um im Bild des Ostseeraumes zu bleiben.

Der große Wunsch der europäischen Bürger nach gemeinsamer politischer Repräsentanz und politscher Partizipation, ist das nicht genau das, was bei den Europawahlen 2019 erstmalig zu beobachten war? Territoriale, soziokulturelle und schließlich politische Identität werden in diesem Prozess zunehmend kongruent. Es ließe sich also konstatieren, dass wir in Europa, forciert durch den Prozess der europäischen Integration der letzten sechzig Jahre, de facto zu einem semimittelalterlichen Zustand zurückkehren, in dem es in den europäischen Gesellschaften zwar viele soziale, kulturelle oder auch religiöse Unterschiede und Spaltungen gibt, die aber mit *nationalen* Grenzen kaum noch etwas zu tun haben. Wenn aber Binnenmarkt und Euro, und nicht mehr die heutigen Nationalstaaten die soziale Formation in Europa immer mehr prägen, wäre es dann nicht an der Zeit, dies auch politisch, eben durch eine europäische Staatsgründung abzubilden?

Die heutige Stadt-Land-Spaltung, z.B. in Deutschland, Frankreich oder Italien, ist auch eine digitale Spaltung der Gesellschaft, weil die digitale Infrastruktur nicht mehr staatlich und mithin nicht mehr *national homogen* ausgebaut, sondern weitgehend Unternehmen bei gleichzeitiger europäischer Deregulierung und Liberalisierung überlassen wurde. Das war vor einhundert Jahren noch anders, als staatliche Infrastrukturbetriebe dafür Sorge trugen, dass Telegrafenmasten und Postfilialen ins letzte Fleckchen des Kaiserreichs drangen. Der schon erwähnte Zusammenhang von Kapitalismus, Nationalstaat und Demokratie ist hier wieder immanent: Es waren letztlich die großen Industriebetriebe, die vor rund einhundertfünfzig Jahren die Nationalstaatsbildung in Europa beförderten, denn die letzten in Europa gebildeten Nationalstaaten sorgten für den Aufbau der Infrastruktur (Post, Eisenbahn), vergaben lukrative Staatsaufträge und stärkten die Rechte von Kartellen, um der internationalen Konkurrenz gewachsen zu sein. Kohle, Chemie, Stahl, Elektroindustrie entwickelten sich damals: Die Besteuerung dieser Großbetriebe gab dem Nationalstaat wiederum die Ressourcen für soziale Umverteilung, die notwendig war, um die Arbeiterschaft zu befrieden, damit die neuen Belastungen und Abhängigkeiten der Arbeitskräfte nicht zum Umsturz des Systems führten.[180]

Diese Zeiten, in denen die europäischen Nationalstaaten mit mehr oder weniger ausdifferenzierten sozialstaatlichen Modellen[181] industrieller Förderung und Gesetzgebung über die letzten rund 150 Jahre versucht haben, »nivellierte Mittelstandsgesellschaften«[182] hervorzubringen, gerade weil sie im *nationalen* Rahmen *sozialen* Gestaltungsspielraum hatten, sind aber ein für alle Male vorbei. Die analoge Frage wäre, ob sich heute europäische Industrien für eine europäische Nationenbildung interessieren, um daraus einen Vorteil zu ziehen. Was Europa wiederum die Ressource gäbe, die soziale Frage europäisch zu gestalten. Schließlich hat der Beginn der Europäischen Union viel mit der Vergemeinschaftung von europäischen Schlüsselindustrien zu tun.

Nation und industrielle Gestaltung

> »Wie weit war die nationale Revolution vorangeschritten, als der industrielle *take-off* begann, und wie beeinflussten sich die beiden Prozesse der kulturellen und ökonomischen Mobilisierung gegenseitig, sei es positiv durch die Ausbildung gemeinsamer Frontlinien oder negativ durch Aufrechterhaltung von Trennlinien?« *Stein Rokkan*

»Im Ganzen haben die Nationalstaaten in der Zeit zwischen 1870 und etwa 1930, also bis zum Beginn der großen Wirtschaftskrise den sich vollziehenden sozialen Wandel aufgefangen und die gesellschaftlichen Prozesse in einem so starken Maße nationalgeschichtlich geprägt, dass wir lange gewöhnt waren, sie überhaupt nur vom Standpunkt der Nationalgeschichte anzusehen«, schreibt der Historiker Theodor Schieder.[183] Er beschreibt den prägenden Charakter der Nationalstaaten und ihrer Industrien für den gesellschaftlichen Transformationsprozess der damaligen Zeit. Damit ist für das heutige Europa die Frage aufgeworfen: Was machen wir eigentlich, wenn wir keinen Nationalstaat und im Kern auch keine nationalen Industrien mehr haben, die die heutigen gesellschaftlichen Transformationsprozesse – Klimawandel, Energiewende, digitale Revolution, postindustrielle Gesellschaft – politisch abfedern und sozial begleiten? Die großen Industriebetriebe sind stark globalisiert, die heutigen Nationalstaaten in ihrem sozialen Gefüge längst entkernt, Produktion wurde vielfach ausgelagert. Zurück blieben die lukrativsten – die Finanzzentren – und zugleich die am wenigsten lukrativen Dienstleistungen, nämlich die lokal gebundenen Dienstleister und Handwerke, die unter dieser Auslagerung am meisten leiden. Europa ist eben noch nicht in die Rolle eines Nationalstaates als Solidarverband geschlüpft, der diesen Prozess angemessen begleitet.

Und vollziehen wir die heutigen Transformationsprozesse in Europa eigentlich mit- oder gegeneinander? Die Tatsache, dass die Europäer die damalige Modernisierung (den Einzug von Elektroenergie, Telefon, Chemie, Eisenbahn- und Flottenbau, Stahlproduktion) und den damit in Zusammenhang stehenden Kampf um Ressourcen zu Beginn des 20. Jahrhunderts *gegeneinander* geführt haben, hat die europäischen Nationalstaaten in einen einunddreißig Jahre währenden Krieg von 1914 bis 1945 getrieben.[184] Die Europäische Gemeinschaft für Kohle und Stahl, EGKS, jene Ursprungsinstitution der damaligen EWG und heutigen EU nahm genau deswegen die nationalen Stahlindustrien unter eine *vergemeinschaftete* Aufsicht.[185] Es ging den Gründungsvätern nicht um die ›Überwindung der Nationalstaaten‹, wohl aber um die europäische Kontrolle ihrer Industrien,[186] um einen Ressourcenwettlauf und die Fähigkeit zur Kriegsführung zu unterbinden.

In Analogie dazu – vor allem, wenn Lehren aus dem letzten Jahrhundert gezogen werden wollen – müsste die Frage erlaubt sein, was heute vergemeinschaftet werden müsste, um den laufenden Modernisierungsprozess in ganz Europa zu bewerkstelligen, und zwar *miteinander* und nicht *gegeneinander*? Und um international wettbewerbsfähig zu bleiben? Die Frage ist nicht ganz einfach zu beantworten in einer Zeit, in der die Europäer ihre Produktionsstätten längst außerhalb Europas, vor allem nach Asien, verlagert haben, also gar nicht mehr über das Rückgrat von europäischen Industrien verfügen, die gesellschaftliche Modernisierungsprozesse angemessen begleiten könnten.

Und doch führen wir diese Debatten indirekt schon längst, z.B. als es zu Jahresbeginn 2019 um die geplante Fusion von Siemens und Alstom ging.[187] Geplant war ein europäisches

Konsortium für die Entwicklung eines europäischen Schnellzuges, ähnlich wie Airbus. Noch sind diese Debatten tabu, weil vor allem in Deutschland der Begriff »Industriepolitik« offiziell einen schlechten Beigeschmack hat und immer noch etatistisch klingt. Dabei tun die Chinesen oder die Amerikaner letztlich genau das,[188] nämlich Industriepolitik und geostrategische Fragen *zusammen* zu betrachten. Heute heißt das »Geoökonomie«,[189] wovon Europa indes weit entfernt ist. Der Nationalstaat, seine Industrien, seine Wirtschaft und seine geostrategischen Fähigkeiten gehörten von jeher zusammen. Nur bei der EU sind sie absolut nicht kongruent, gerade weil Markt und Staat, Handel und Geostrategie, politische Interessen und wirtschaftliche Abhängigkeiten nicht zusammengedacht werden und private Akteure permanent Dinge unterlaufen können, die für Europa als politische Einheit gut wären. Verlierer sind dabei die europäischen Bürger.

Die tagesaktuelle Frage, nämlich ob wir die europäischen Wettbewerbsregeln *gegeneinander* auslegen – so wie es bei der Siemens-Alstom-Entscheidung noch geschehen ist, um im Sinne des Verbraucherschutzes eine europäische Industriekonzentration zu vermeiden – oder aber, ob Europa international wettbewerbsfähige *European Champions* fördern möchte, also innereuropäische *Fusion statt Wettbewerb*, ist im Kern eine Frage der Nationenbildung. *Solidarisierung nach innen* bei gleichzeitiger *Abgrenzung nach außen* ist ein klassisches Charakteristikum auf dem Weg zu einer Nation! Indem wir diese Debatte in Europa führen, sind wir eigentlich schon mittendrin.

Wo also, so lautet die Frage, sind die heutigen europäischen Schlüsselindustrien, jene *European Champions,* die Interesse hätten, eine europäische Nationenbildung zu befördern, weil der zukünftige europäische Staat ihnen dann optimale industriepolitische Bedingungen einräumen könnte? Gibt es sie, wollen wir sie haben, könnten wir sie schaffen? Wo sind die heutigen industriellen und wirtschaftlichen

Treiber einer europäischen Nationenbildung, jene Schlüsselindustrien von morgen, die an einer europäischen Nation und ihrem Modernisierungsprozess *verdienen* würden? Dadurch dass sie das europäische Schienennetz und jene europäischen Schnellzüge entwickeln, die Europa braucht, um das Klima zu retten und um perspektivisch z.B. ein innereuropäisches Flugverbot durchzusetzen; dadurch dass sie den gesamt-europäischen Breitbandausbau bewerkstelligen, den Europa braucht, einerseits um die ländlichen Regionen nicht mehr abzuhängen; andererseits um ein europäisches GAFA (Google, Apple, Facebook, Amazon)[190] zu ermöglichen; dadurch dass sie die europäischen Energienetze und Stromkorridore bauen, die Europa braucht, um die Energiewende von der Ostsee bis ans Mittelmeer umzusetzen. Europa kann das alles nicht schaffen, solange es nur einer Binnenmarkt-Logik folgt, die oftmals zu abstrusesten Ergebnissen führt und die eher den Effekt der Erosion öffentlicher Güter in Europa statt deren Stabilisierung zugunsten einer gemeinsamen europäischen Infrastruktur hat. Die gemeinsame Entwicklung und Steuerung *europäischer öffentlicher Güter*[191] dürfte für eine europäische Nationenbildung und das *Heraustreiben* einer europäischen Staatlichkeit zentral sein. Wenn jetzt aber öffentliche Bauvorhaben europaweit ausgeschrieben werden und z.B. ein britischer Billiganbieter die Busse einer deutschen Kleinstadt übernimmt und herunterwirtschaftet oder ein chinesischer Dumpinganbieter mit europäischen Subventionen im Kosovo Brücken baut,[192] dann mögen Arbeitskräfte und einige lokale Kleinunternehmen (meist schlecht bezahlte) Beschäftigung finden. Den europäischen Bürgerinnen und Bürgern aber in ihrer Gänze schadet es. Dies alles verweist auf das Kernproblem fehlender europäischer Staatlichkeit.[193] Darin zeigt sich die Diskrepanz zwischen individuellem Nutzen (vor allem von nichtlokalen Investoren) und öffentlichem Schaden, wenn Europa nur in einer Binnenmarktlogik verbleibt.

Von der Energiewende bis hin zum bedingungslosen Grundeinkommen ist es schwer vorstellbar, dass sich ein europäischer Nationalstaat allein und *ohne*, geschweige denn *gegen* die anderen mit einer bestimmten Politik wird durchsetzen können, zu stark sozioökonomisch ist der europäische Raum längst verwoben. Europa muss nicht nur zusammen entscheiden, wie *sozial* Europa sein soll, sondern auch, wie *ökologisch*: *Die Nation oder der Sinn fürs Ökosoziale*, müsste Marcel Mauss heute schreiben. Finnland allein kann kein Grundeinkommen durchsetzen, Tschechien allein die Kernenergie nicht entwickeln, Deutschland keine nachhaltige Energiewende durchsetzen, Frankreich kein europäisches GAFA, denn all diese Dinge verweisen auf europaweite Verflechtungen. Die ökosoziale Wende, der *Green New Deal for Europe*, war das Schlagwort schlechthin im Europawahlkampf 2019. Wer diese Wende aber will, muss den europäischen Raum *insgesamt* sozioökonomisch und technologisch gestalten und modernisieren, damit dieser mehr wird als die Endstation der chinesischen Seidenstraße im Westen. Was fehlt, ist eine Art europäische Raumordnung,[194] die indes nur ein europäischer Staat leisten könnte.[195]

Wäre es vor diesem Hintergrund nicht wünschenswert, wir würden einen europäischen Nationalstaat *hervortreiben*, um diesen gesellschaftlichen Prozess konsequent europäisch zu bewältigen? In diesem Zusammenhang ist auch erwähnenswert, dass die europäische Kohäsions- und Strukturpolitik zunehmend mit öffentlich-privaten Partnerschaftsprojekten arbeitet, also damit, dass private Investitionen in strukturschwache Regionen gelenkt und öffentliche Kreditvergabe z.B. durch die Europäische Investitionsbank (EIB) mit einem Faktor von 1:10 oder 1:15 gehebelt wird.[196] Man mag bestreiten, dass das funktioniert.[197] Aber dafür braucht man wahrlich die heutigen Nationalstaaten als Steuerungsebene nicht mehr, sondern eher die regionale Ebene, zumal die europäische Mittelvergabe in den strukturschwachen Regionen einen messbaren ökonomischen Effekt hat, der bei Wahlen der EU aber nicht zugutekommt. Im Klartext: Die EU tut im Grunde viel Gutes für jene Regionen, die stark populistisch wählen,[198] bekommt dafür aber keinen politischen Zuspruch. Vor allem Betriebe in Grenzregionen leiden an nichts mehr als an nationalen Bürokratien, und vor allem mittelständische Unternehmer stöhnen darüber. Auch darum macht es wenig Sinn, wenn Deutschland jetzt ein *nationales* Programm zur Förderung der Infrastruktur im ländlichen Raum auflegt, das an den Landesgrenzen halt macht. Die direkte politische Verknüpfung der europäischen Bürgern in ihren Regionen und Städten mit einer *staatlichen europäischen* Entscheidungsebenen wäre auch vor diesem Hintergrund wünschenswert.

Nation, ihre sozialen Schichtungen und Klassen

> »Die Vorstellung einer im nationalen Container enthaltenen Klassengesellschaft könnte durch das Bild eines Flickenteppichs globaler Zugehörigkeiten in einer transnationalen Ordnung überlagert oder sogar ersetzt werden.« *Cornelia Koppetsch*

Europa, ähnlich wie im Mittelalter, als *einen* sozialen und kulturellen Raum zu betrachten, macht auch mit Blick auf die aktuelle europäische Soziologie Sinn. Die europäische Sozialforschung hat inzwischen untersucht, dass man heute mit Blick auf soziale Gruppen mindestens von *europäischen* Klassen sprechen kann, ja muss! Grosso modo ist die nationale Klassengesellschaft *perdu*. Der europäische Binnenmarkt und der Euro haben eine hochgradig arbeitsteilige europäische Gesellschaft produziert. Was sich abzeichnet, ist eine *europäische* Unter-, Mittel- und Oberschicht, die in nationalen Grenzen kaum noch abgebildet werden kann.

Wo im Zeitalter mehr oder weniger geschlossener Volkswirtschaften jeder europäische Nationalstaat seine eigenen sozialen Unter-, Mittel- und Oberschichten hatte, so sind heute cum grano salis, gemessen an Pro-Kopf-Einkommen, der europäische Osten und Teile des europäischen Südens eine Art »gesamteuropäische Unterschicht«.[199] Diese ökonomische Deklassierung des europäischen Ostens im europäischen Gesamttableau ist für die Osteuropäer indes umso ungerechter, als dass sie mit Blick auf z.B. die Arbeitslosigkeit (durchschnittlich 3 bis 4 Prozent, Eurozone hingegen durchschnittlich 7 Prozent) im Grunde die Fleißigsten, also eigentlich die europäischen Musterschüler sind.

Dort gibt es den größten Anteil an Arbeitnehmern, die unter dem Mittelwert des europäischen Durchschnittseinkommens liegen, während sich die ›europäische Mittelschicht‹ auf die Mitte Europas inklusive Norditalien und Frankreich verteilt, während die ›europäische Oberschicht‹ sich wiederum auf Nordeuropa erstreckt.[200] Vor diesem Hintergrund ist es fast bedenklich, innerhalb Europas noch von ›nationalen Gesellschaften‹ mit intaktem sozialen Gefüge zu sprechen. Vor allem innerhalb des Euroraums von ›nationalen Volkswirtschaften‹ oder auch ›nationalen Arbeitsmarktstatistiken‹ zu sprechen, macht faktisch keinen Sinn mehr, zumal gerne übersehen wird, dass die einzelnen Volkswirtschaften innerhalb der EU nicht auf dieselbe Art und Weise ›souverän‹ sind: Slowenien ist nicht Deutschland, *size matters!*[201]

Im Gegensatz dazu gibt es europäische Volkswirtschaften, vor allem in Osteuropa, die komplett von anderen abhängig sind, vor allem von Deutschland. Und andere Volkswirtschaften – allen voran Deutschland – die durch ihre privaten und staatlichen Investitionen und ihre Wirtschaftspolitik das gesellschaftliche und soziale Gefüge in den benachbarten europäischen Ländern extrem beeinflussen. Schon 2012 sagte der deutsche Soziologe Ulrich Beck in einem Interview: »Vor dem Hintergrund, dass die sozialen, rechtlichen und ökonomischen Beziehungen in Europa vernetzt sind und nicht mehr nationalstaatlich differenziert werden können, kann man (...) gerade auch die nationalen Ungleichheitskonflikte, etwa in Deutschland, gar nicht mehr erfassen, wenn man die europäische Dimension ausschließt. Es ist also unabdingbar, die Untersuchungseinheit des Nationalstaates auf Europa zu beziehen.«[202]

Europa ist längst die Ebene, auf der sich heute Ungleichheitsprozesse und Klassendynamiken vollziehen, die früher nur nationalstaatlich wahrgenommen wurden. Klassendynamiken sind aber immer noch der Schlüssel, um politische Prozesse zu verstehen. So hatte z.B. Südeuropa – Spanien, Italien, Griechenland – während der Eurokrise mit jugendlichem *Braindrain* und der Abwanderung qualifizierter Alterskohorten zu kämpfen: Des einen Leid war des anderen Freud: Viele spanische Ingenieure arbeiten jetzt in Süddeutschland, viele spanische, griechische und italienische Nerds in Berlin und München. Es wäre daher sinnvoll, wenn in Zukunft z.B. eine europäische Bundesagentur für Arbeit jeden Monat über die *europäischen* Arbeitslosenzahlen berichten würde, die den jeweils nationalen Aderlass aufschlüsselt, damit ein Gesamtbild für Europa entsteht, und vor allem die negativen Effekte für Süd- und Osteuropa sichtbar würden. Eine europäische Arbeitsmarktstatistik würde die europäischen Abhängigkeiten und Wechselwirkungen von *europäischer* Industrie und *europäischer* Arbeitnehmerschaft illustrieren helfen, bei der derzeit die unteren Klassen verlieren,[203] was zu einem politischen Kollateralschaden in Europa führt: Wer den europäischen Populismus bekämpfen möchte, muss darum die *gesamteuropäischen Ungleichheitsdynamiken* aufzeigen, die ins Nationale durchschlagen. »Alle haben die politische Sprengkraft sozialer Ungleichheit für die EU unterschätzt«, so Ulrich Beck weiter.[204] Der rumänische Arzt, der spanische Ingenieur, die polnische Altenpflegerin, sie alle nutzen und genießen die europäische Freizügigkeit. Aber wenn das Gros der qualifizierten Osteuropäer in mittleren Jahren in besser bezahlten Jobs im europäischen Westen arbeitet, entstehen in Osteuropa soziale, gesellschaftliche und politische Probleme, die sich wahlweise in Populismus oder Korruption niederschlagen. Rumänien finanziert mit staatlichen Geldern gute Medizinfakultäten, doch wenn die Ärzte ausgebildet sind, bleiben sie nicht im Lande. 3,4 Millionen Rumänen von rund 20 Millionen haben in der letzten Dekade Rumänien verlassen, davon 20.000 Ärzte. In Osteuropa ist nicht Wirtschaftsmigration aus Nordafrika das große gesellschaftliche Problem, sondern die Emigration der Besten und Fleißigsten in den europäischen Westen.[205] Das ist wohlgemerkt nicht nur der Vorzug einer »europäischen Elite«: Auch das rumänische Kindermädchen und der polnische Spargelstecher fehlen im eigenen Land. Die rumänischen Alten und Kinder versorgt niemand mehr. Es geht in Europa um mobile Ober- *und* Unterschichten, wobei die Arbeitsmigration der europäischen *Unter*schichten schon heute riesengroß ist und vor allem Deutschland von ihr enorm profitiert.Auch der europäische Gemüseanbau in Südeuropa, der die nordeuropäischen Supermärkte beliefert, wäre ohne die große Arbeitsmigration z.B. der Rumänen nach Italien oder Spanien und die – teilweise illegale – Arbeit von Flüchtlingen nicht möglich. Ohne eine staatliche Einbettung dieser europäischen Vergesellschaftung und ohne eine gesamteuropäische Flankierung der gesellschaftlichen Modernisierungsprozesse fallen die individuell oft positiven Aspekte der Freizügigkeit für Personen, Güter und Kapital und die gesamtgesellschaftlich negativen Aspekte zunehmend auseinander, abgesehen davon, dass viele – z.B. Alte, Kranke und Kinder in Rumänien – die *negativen individuellen* Aspekte der europäischen Freizügigkeit erfahren, die in Westeuropa selten diskutiert werden.[206] Der osteuropäische Populismus ist zu guten Teilen osteuropäische *Ent*-Täuschung von Europa.

Zu jenen Dynamiken, mit denen der europäische Binnenmarkt seit nunmehr dreißig Jahren die europäischen Gesellschaften umpflügt wie einen Acker, gesellten sich in der letzten Dekade jene Dynamiken hinzu, die durch die europäische Banken-, Schulden- und Eurokrise ausgelöst wurden. Diese haben einerseits eine hochgradig zementierte Frontstellung zwischen europäischen Schuldner- und Gläubigerstaaten geschaffen; andererseits quer durch Europa gesellschaftliche Verwerfungen produziert. Denn die Verlierer und Gewinner europäischer Politik folgen nur noch scheinbar einer nationalen Zuordnung. Die Eurokrise war nicht gut für *die* Deutschen und schlecht für *die* Griechen oder gut für *den* Norden und schlecht für *den* Süden. Die Niedrigzinspolitik der EZB, so wichtig sie für die Desinflationierung des europäischen Südens und die Restrukturierung der hochverschuldeten deutschen und französischen Banken war, hat die transnationale Teilung der europäischen Gesellschaft insofern befördert, als dass quer durch Europa Kleinsparer benachteiligt und Kapitalinvestoren bevorteilt wurden.

Öffentliche Haushalte – also Bund, Länder und Kommunen – konnten sich allein in Deutschland um rund 245 Milliarden entschulden. Sparer hingegen, die zumeist im Mittelstand zu verorten sind, wurden in diesem Prozess benachteiligt.[207] Die europäische Leitzinshöhe kann man halt weder länderspezifisch noch funktional danach unterteilen, ob sie öffentlichem Schuldenabbau, dem privaten Sparbuch oder der günstigen Kreditfinanzierung des Privatinvestors dient oder eben schadet. Das seit der Eurokrise in ganz Europa zu beobachtende Auseinanderklaffen von Arbeitseinkünften und Immobilieneinkünften, das wiederum die soziale Wohnungsnot in fast allen europäischen Städten verschärft hat, hängt auch mit dieser Politik zusammen: Mithin ist auch Wohnungsbaupolitik europäisch geworden.[208]

Die Gewinner-Verlierer-Effekte der europäischen Politik in Folge der Eurokrise sind mit Blick auf die europäische Gesellschaft nach *nationalen* Gesichtspunkten nicht mehr aufzulösen. Die *gesellschaftlichen* Spaltungslinien laufen quer durch ganz Europa und haben den Nährboden für die heutigen *politischen* Spaltungslinien und den europäischen Populismus gelegt. Sie lauten: »öffentlich vs. privat«, »arm vs. reich«, »Gläubiger vs. Schuldner«. Wer Geld hatte, konnte weiteres Geld billig leihen und beispielsweise mehr Immobilien dazukaufen. Wer nichts hatte, konnte nichts sparen. Egal ob Deutscher oder Grieche, Franzose oder Portugiese. Und doch wurden die Folgen der »Eurorettungspolitik« im Zuge einer grenzüberschreitenden Großheuchelei als *nationale* »Sünden« bzw. Stärken markiert, weil durch die erzwungene Übernahme der Bankschulden durch die einzelnen europäischen Staaten plötzlich die Nationalstaaten Schuldner bzw. die Gläubiger waren, und nicht mehr die Banken.[209] Europa wurde dadurch geteilt wie mit einer Axt. Dieselben Banken, die also in den 1990er Jahren zentrale Akteure bei der Schaffung des Euros und mithin Treiber einer europäischen Vergesellschaftung waren, haben sich im Zuge der Eurokrise re-nationalisiert und entflochten und die inzwischen entstandene europäische Gesellschaft sich selbst überlassen. »Vom organisierten Geld regiert zu werden, ist so schlimm wie vom organisierten Verbrechen regiert zu werden«, dieser Satz stammt von Franklin D. Roosevelt.[210] Das alles passierte lange bevor die europäische Flüchtlingskrise ins öffentliche Bewusstsein rückte, die gemeinhin als Auslöser für den europäischen Populismus gilt, und es bestätigt die Theorie von Marcel Mauss, dass das Nationale dann in den Nationalismus kippt, wenn das soziale Gefüge wegbricht.

Die *nationale* Zugehörigkeit der europäischen Bürger hat die eigentlichen gesellschaftlichen Konfliktlinien der Banken- und Eurokrise nicht wirklich strukturiert, war aber die maßgebliche Konfliktlinie in den öffentlichen Debatten darüber. Das erfolgreiche Weiterbestehen der Währungsunion erfordert *politisch* also die Überwindung einer Haltung, in der sich die heutigen Gläubigerstaaten für unschuldig an den Krisenursachen halten, anders formuliert: »Die Voraussetzung für eine Kontrolle ist ein europäischer Staat, der nicht nur die Aufgabe von Autonomie verlangt, sondern auch Schutz vor sozialen Einbrüchen bieten muss.«[211] Hier sind wir wieder beim Grundübel des Fehlens einer europäischen Staatlichkeit!

Durch die Zementierung von Schuldner- und Gläubigerpositionen kann die EU jetzt *strukturell* nicht mehr zu europäischen Lösungen kommen, die für alle europäischen Staaten akzeptabel wären, darauf hat die TDEM-Gruppe um den französischen Ökonomen Thomas Piketty mit ihren Vorschlägen zur Neuausrichtung des europäischen Budgets ausdrücklich hingewiesen.[212] Die *intergouvernementale* Verhandlungsmethode führt Europa durch diese Zementierung – die Gläubiger haben die machtvollere Position – nur noch sehenden Auges in ein populistisches Desaster.

Sollten wir uns angesichts derlei gesellschaftlicher Verflechtung nicht entschließen, wirklich eine europäische Gesellschaft zu werden und dies auch politisch abbilden, indem wir einen europäischen Staat *hervortreiben?* In dem wir Europa als *einen Raum* betrachten, den es ökologisch zu modernisieren gilt, gesamteuropäisch gleiche Lebensgrundlagen befördern und europäische Industrien aufbauen, die den laufenden Transformationsprozess sowohl begleiten als auch daran *verdienen*? Indem wir endlich den europäischen Rütli-Schwur aufs Geld machen, eine europäische Finanzverfassung entwickeln, die soziale Frage europäisch verhandeln und gleiche Rechte für europäische Bürger verlangen? Kurz: Indem wir Nation werden – weil wir es eigentlich schon längst sind?

Die heutige EU hat insofern ihr Ziel erreicht, als dass sie Krieg zwischen den europäischen Nationen unmöglich gemacht hat. In vielen Europadiskussionen, wenn das europäische ›Friedensnarrativ‹ beschworen wird, geht es immer wieder darum, die Fehler der Vergangenheit auf keinen Fall zu wiederholen. Vielleicht aber übersehen wir dabei die eigentlichen Risiken der Zukunft? Wo der Krieg zwischen europäischen Staaten unmöglich geworden ist – wer kann sich angesichts gespaltener Gesellschaften und vor allem durchweg professionalisierter Armeen noch eine Generalmobilmachung vorstellen? – mag die eigentliche Gefahr ein latenter europäischer *Bürger*krieg sein,[213] der nicht mehr entlang nationaler Grenzen ausgefochten wird. Sondern entlang der neuen politischen Spaltungslinien: zwischen sozialen Klassen, Klimaflüchtlingen und Klimabegünstigten, zwischen Modernisierungsgewinnern und -verlierern, zwischen den sogenannten strukturschwachen Regionen (die sich möglicherweise als nachhaltiger und zukunftsträchtiger erweisen können angesichts des Klimawandels) und Metropolen (die die größten Verlierer beim Klimawandel sein könnten), zwischen jung und alt, arm und reich, Zentrum und Peripherie, Europäern und Migranten oder zwischen diversen religiösen Gruppen, und das quer durch ganz Europa. Die Stadt, die ihre Stadtmauern wieder schließt oder die mit Drohnen bewachte Villa sind als Zukunftsszenario plausibler als die Maginot-Linie.[214]

Wer Europa heute befrieden will, muss Europa als *einen* Raum denken, auf die neuen politischen Spaltungslinien schauen und diese befrieden,[215] wobei die Rechtsgleichheit der europäischen Bürger ein wesentliches Element und nicht nur eine probate, sondern perspektivisch auch eine machbare Lösung wäre. Die Diskussion hierüber hat jedenfalls bereits begonnen,[216] auch wenn sich das Gros der Politik und Medien und auch das Gros der überzeugten Europäerinnen und Europäer dieser Debatte gerne entzieht bzw.

diese Forderung für radikal hält. Im Grunde aber fängt ›Europäer sein‹ genau da erst an, nämlich keine wirtschaftliche Besserstellung für das eigene Land bzw. die eigenen Bürger zu erstreben. Nicht umsonst sind große historische Momente von Nationenbildung immer genau jene gewesen, zu denen sich Bürgerkriegsparteien auf eine Vergemeinschaftung ihrer Schulden eingelassen haben. So war es z.B. in der Schweiz, die 1848 bei der Annahme ihrer Bundesverfassung den Gründungsmythos ihres mittelalterlichen Rütlischwur wieder hervorgeholt hat; und in den USA 1866, als die Nordstaaten und die Südstaaten ihre Kriegskosten vergemeinschaftet haben. Das war der Moment, in dem aus »The United States *are*« ein »The United States *is*« geworden ist.

Die Nation als Wille und Vorstellung

> »Wir sind stolz darauf, uns nicht in die Mauern einer einzigen Stadt einschließen zu lassen; wir dehnen unsere Gesellschaft auf das ganze Universum aus; und wir erklären die Welt zu unserem Vaterland.« *Seneca*

Fakt ist, dass sich die EU und die nationalen politischen Systeme ihrer Mitgliedsstaaten gleichsam aneinander kaputt gerieben haben wie auf einem Reibeisen: Die EU ist noch kein Nationalstaat, die heutigen Nationalstaaten sind es realiter nur noch begrenzt. Dies entspricht dem Empfinden großer Teile der europäischen Bevölkerung.[217] Rund 62 Prozent der europäischen Bürgerinnen und Bürger sind der Überzeugung, dass weder das europäische noch ihr eigenes nationales Politiksystem noch funktioniert. Rumänien und Griechenland stehen dabei überkreuz: Für 64 Prozent der Rumänen funktioniert die nationale Ebene nicht, für 61 Prozent der Griechen hingegen die europäische Ebene nicht. Aber in beiden Ländern kommen die Zweifel an beiden Politikebenen, Nationalstaat und Europa, zusammen auf stattliche 91 Prozent respektive 90 Prozent, in Frankreich (!) immerhin auf 83 Prozent.[218]

Im Gegenzug ist nur ein knappes Viertel (24 Prozent) der Europäer – von den Metadaten her im Wesentlichen Männer über 50 Jahren, vorwiegend aus Mittel- und Nordeuropa, mit guter Ausbildung und in überdurchschnittlich guter sozialer Situation – der Überzeugung, dass es sowohl ihrem Nationalstaat als auch der EU gut geht, obgleich man ziemlich viel intellektuelle Verdrängungsarbeit leisten muss, um das heute noch zu glauben. Und es gibt in Europa nur 14 Prozent Hardcore-Nationalisten, die davon überzeugt sind, dass ihr Nationalstaat funktioniert, nur die EU eben nicht. Insgesamt sind – EU-systemgläubig oder nicht – 86 Prozent aller europäischen Bürgerinnen und Bürger, also die überwältigende Mehrheit, *irgendwie* für Europa. Das Problem heutiger Europadiskussionen ist es, dass die davon größte Gruppe, jene 62 Prozent *(Europa, ja, aber anders),* von den 14 Prozent Nationalisten medial in die Enge getrieben wird, während die 24 Prozent der EU-Systemgläubigen noch nicht verstanden hat, dass die Mehrheit der europäischen Bürgerinnen und Bürger mit der EU ein reales Problem hat, ohne deswegen notwendigerweise antieuropäisch zu sein.

Die Zahlen decken sich mit dem, was die europäische Sozial- und Politikwissenschaft empirisch erhärten kann: Die Frage »Wie hältst du's mit Europa?« hat ganze Nationen, Parteien und Gesellschaften gespalten, und zwar bis zu einem Punkt, an dem nationale Regierungsbildungen fast überall in Europa schwierig geworden sind,[219] selbst in Deutschland. Es scheint mit Blick auf die EU keinen Mittelweg mehr zu geben, das ist das Problem. In einer gemeinsamen Untersuchung von sechs europäischen Think Tanks wird das gut visualisiert: Auf dem Flipchart sind unter der Frage »Europe – is the System Broken?«[220] etwa gleichviele Klebepunkte bei »Ja« und »Nein«. Es gibt fast kein »Dazwischen« mehr. Das deutet an, wie polarisiert die europäische Debatte inzwischen geworden ist. Mit »Ja« oder »Nein« muss man sich zur bestehenden EU positionieren, ist sie *kaputt* oder nicht? Das Problem ist, dass jene 62 Prozent, die sich zwar Europa wünschen, aber ein anderes als die EU, diese Frage schlichtweg nicht mit »Ja« oder »Nein« beantworten können. Anders formuliert: Die Wünsche der großen Mehrheit der europäischen Bürgerinnen und Bürger werden in aktuellen Europadebatten nicht repräsentiert! Diese Wünsche mit Blick auf eine *europäische* Politikgestaltung – Löhne, Bildung, Renten – gehen beachtlich über das hinaus, was die Politik im Angebot bereithält. Offensichtlich haben viele Europäer schon die Vorstellung von einer europäischen Solidargemeinschaft, also einer europäischen Nation, und können sich in den Zustand der allgemeinen bürgerlichen Gleichheit durchaus hineindenken. Was fehlt, ist aber mehr denn je ein konsequent europäisches Politikangebot. Vorsichtig formuliert könnte man sagen: Diese 62 Prozent Europäer hätten wahrscheinlich nichts dagegen, in Richtung europäische Staatlichkeit zu gehen. Immerhin fast zwei Drittel!

Alle Daten zeigen, dass sich immer mehr Europäer als solche fühlen und die europäische Identität tendenziell sogar über die nationale stellen. Die soziale Formation durch den Binnenmarkt hat dazu geführt, dass die Anzahl derer, die sich »europäisch« fühlen, in ganz Europa zugenommen hat – trotz (oder vielleicht wegen?) wegen der Populismus-Krise.

Wenn laut Benedict Anderson eine Nation also in erster Linie eine vorgestellte Gemeinschaft ist, dann gäbe es einigen Grund zu argumentieren, dass es um die europäische Nationen-Werdung ganz gut bestellt ist. In den ›alten‹, westeuropäischen EU-Staaten gibt es – mit leichten Schwankungen über die letzten zwanzig Jahre – stabile Zweidrittelmehrheiten, die sich europäisch fühlen: 1995 waren dies z.B. 71 Prozent der

Franzosen und 62 Prozent der Deutschen. 2015 waren es 75 Prozent der Deutschen und 64 Prozent der Franzosen. In Portugal z.B. hat sich das »Europäisch-Fühlen« von 62 Prozent für das Jahr 1995 auf 72 Prozent 2015 trotz der Eurokrise gesteigert. Interessanterweise liegen die Durchschnittswerte, wer sich eher europäisch fühlt, auch in den osteuropäischen Staaten – vor allem Ungarn, Polen und Rumänien – bei um die 60 Prozent, also viel höher als allgemein vermutet wird. Populistisch sind dort vielleicht die politischen Rädelsführer, nicht aber die Bürger, die sich, vielleicht auch in Reaktion auf den Populismus im eigenen Land, »eher europäisch« fühlen. Die signifikante Ausnahme beim Europäisch-Fühlen sind die Briten. Wahrscheinlich hat die Insellage große Auswirkung auf den Rückstand bei der sozialen Formation mit Blick auf Europa.

Legt man diese Zahlen zugrunde, müsste man in Europadebatten zu anderen Aussagen kommen, wer nationalistisch ist und wer sich europäisch fühlt, als gemeinhin angenommen wird. Trotz Orban ist für über 60 Prozent der Ungarn »europäisch sein« wichtiger als die eigene Nationalität, aber nur für knapp 30 Prozent der Schweden. In zehn von vierzehn EU-Staaten, also in mehr als zwei Drittel aller Staaten, in denen diese Daten erhoben wurden, ist »europäisch sein« wichtiger als die eigene Nationalität, zum Teil deutlich wichtiger. In Deutschland liegt der europäische Wert bei knapp 43 Prozent, nur 25 Prozent bevorzugen »deutsch zu sein«. Nur in Frankreich, den Niederlanden, Schweden und Dänemark ist der nationale Wert gleichauf mit dem europäischen oder höher. Die größten »Nationalisten« in Europa sind hier die Dänen, die als einzige ihre eigene Nationalität mit rund zwölf Prozentpunkten deutlich über »europäisch« stellen.[221] Wer hätte das gedacht! Von dänischem Nationalismus ist nicht oft die Rede.

Nation als Staatsbürgergemeinschaft

»La Citoyennté européen est du construit.«
Dominique Schnapper

Aber was heißt es, sich europäisch zu fühlen? Reicht das europäische Gefühl, um eine Gruppe von Menschen zu sein, die *einen Staat hervortreiben*? Ein Staat ist mehr als ein Gefühl. Für die hier diskutierte Hypothese einer zwar unbewussten, aber in der Latenz liegenden europäischen Nationenwerdung sind diese Zahlen nichtsdestotrotz interessant. Denn wenn eine Nationenwerdung, wie wir in vielen Definitionen gesehen haben, letztlich ein Willensakt ist, nämlich der, gemeinsam einen Staat zu bauen, wäre es wichtig, das Gefühl aus seiner Latenz zu heben und ihm eine symbolische Materialisierung zu geben: Ein *richtiger* europäischer Pass böte sich an.

Letztens im ICE von Wien nach München tippte einer aus einer großen amerikanischen Reisegruppe auf seinen Pass und fragte den anderen: »Where do you come from?« Und bekam zur Antwort: »California«. »Good for you«, sagte der eine, zeigte auf sich und meinte: »I am from Texas.« Worauf beide Amerikaner die Hände zusammenschlugen, wie man es nach einem Sieg tut. Würden das zwei Europäer, sagen wir, der eine aus Spanien, der andere aus Finnland, die sich im Rahmen einer europäischen Reisegruppe z.B. in China begegnen, auch machen?

Jedenfalls gewinnt das Thema Staatsbürgerschaft und Pass in Europa an Bedeutung, u.a. wegen des Brexit, der dazu führt, dass sich jetzt viele Briten um einen irischen oder kontinentaleuropäischen Pass bemühen. Ebenso regressiv mutet es an, dass sich die österreichische Regierung derzeit mit der italienischen darüber zankt, ob den italienischen Bewohnern von Südtirol österreichische Pässe ausgehändigt werden sollen. *Zeig mir deinen Pass und ich sag dir, wer du bist.* Europäische Pässe waren während des EU-Wahlkampfes ein popkultureller Ausdruck des Wunsches einer europäischen Staatsbürgerschaft.[222] Die Schaffung einer *europäischen ID-Card* könnte ein erster, sehr konkreter Schritt auf dem Weg in eine europäische Staatsbürgerschaft sein. Würde eine solche europäische ID-Card den Spanier und den Finnen zu einem gemeinsamen Handschlag in China bringen wie oben erwähnte Amerikaner im Zug? Die Geste entsprang einem Anflug von Stolz und zugleich Gemeinsamkeit: einer Staatsbürgergemeinsamkeit! Denn abseits vom Pass dürften Texaner und Kalifornier aktuell wenig gemeinsam haben ...

Der Historiker Theodor Schieder definiert in einer kleinen Schrift Nation folgendermaßen: »Nation ist Staatsbürgergemeinschaft, nicht in erster Linie Sprach- oder Volksgemeinschaft.«[223] Nicht die Identität, sondern der Pass bestimmt die nationale Zugehörigkeit. Seinen Vortrag schloss Theodor Schieder mit dem Satz: »Aber in dem Augenblick, in dem für uns der Nationalstaat ein historisches Phänomen geworden ist, sind wir für die Gegenwart und für die Zukunft im Grunde schon darüber hinausgewachsen.«[224] In dem Moment also, wo die Erinnerung an die eigene Nation sich ändert und das Nachdenken über eine andere Zukunft einsetzt, ist man schon in der Gestaltung von etwas Neuem. Man ist sozusagen über sich selbst hinausgewachsen. Dies passiert laut Schieder in historischen Momenten, in denen es keine nationalen Entscheidungen im herkömmlichen Sinn mehr gibt, und wo eine »nächste, unmittelbare Behausung der Menschen«[225] notwendig ist. Könnte es nicht sein, dass sich Europa in genau so einem Moment befindet? Die nach neuen Linien gespaltenen und re-gruppierten europäischen Bürger brauchen einen neuen Nationalstaat als Behausung. Könnte es Europa sein, das seinen Bürgern eine *veritable* europäische Staatsbürgerschaft anbietet? Und nicht nur eine bordeauxrote Pass*hülle*? Kaum etwas bringt mit stärkerem Symbolgehalt den Betrug am europäischen Bürger zum Ausdruck.

Diese Ideen sind nicht neu. Europa als Staat,[226] eine europäische Staatsbürgerschaft, das alles wurde vor rund fünfzehn Jahren schon einmal heftig diskutiert. Im Vorfeld des Europäischen Verfassungsvertrags von 2003 war diese Diskussion in akademischen wie politischen Kreisen hochaktuell;[227] sie sind nur nach dem Scheitern der europäischen Verfassung gleichsam eingeschlafen. Vielleicht sollten wir die Schriften und Ergebnisse dieser Diskussionen aus ihrem Dornröschenschlaf wachküssen? Vielleicht ist Europa für diese Diskussion, diesen Schritt heute im Gegensatz zu 2003 reif und bereit?

Als eine der ersten griff die französische Soziologin Dominique Schnapper in ihren umfangreichen Untersuchungen zur Genese, Definition und Verwendung von Nation den Begriff der »Staatsbürgergemeinschaft« auf und setzte ihn in Bezug zu Europa, als sie 1994 ihre Schrift *La Communauté des Citoyens*[228] verfasste. Sie entkoppelte Partikularidentitäten von dem Begriff der Nation und band die moderne Nation zentral an den Begriff der Staatsbürgerschaft: »La nation se définit par son ambition de transcender par la citoyenneté des appartenances particulières, biologiques [...] historiques, économiques, sociales, religieuses ou culturelles, de définir le citoyen comme un individu abstrait, sans identification et sans qualification particulières, en deçà et au-delà de touts ses déterminations concrètes.« Schnapper sprach von der »zivilen Nation«, eine Bezeichnung, die für Europa heute hilfreich sein könnte. Die Transzendenz der Nation als identitärer Kategorie vollziehe sich im modernen Staat über die Staatsbürgerschaft.[229] Auch Schnapper beruft sich dabei auf Max Weber, von dessen Betrachtungen über Nation und Staat hier schon vielfach die Rede war.[230] Den

Gedanken, dass sich eine Nation zentral in Staatlichkeit und Staatsbürgerschaft ausdrückt, findet man rund fünfzig Jahre nach Weber auch in den Theorien zur Nationenbildung bei Karl Deutsch,[231] er erstreckt sich also über die gesamte Nationenforschung im 20. Jahrhundert. Für Europa wäre die Gründung eines Nationalstaates also die Möglichkeit, der europäischen »Zivilität« in einer staatlichen Einheit Ausdruck zu verleihen.

2003 verfasste der französische Philosoph Étienne Balibar dann ein kleines Büchlein mit dem Titel: *Sind wir Bürger Europas?*[232] In diesem Buch geht es zentral um die Frage, ob das Erleben einer gemeinsamen Währung die europäischen Bürger jetzt eigentlich schon zu *Staatsbürgern* Europas gemacht hat oder nicht, ist doch eine Währung – neben einem Territorium und einer Regierung – eins der Charakteristika eines Staates. Eine Währung schaffe, wie Balibar unter Rückgriff auf eine umfangreiche akademische Debatte darlegt,[233] gemeinsame öffentliche Güter, z.B. eine gemeinsame Zentralbank oder eine gemeinsame Geldschöpfung. Beides strukturiere das Gemeinschaftsleben, womit die Frage nach einer »Gemeinschaft der Staatsbürger« unmittelbar aufgeworfen sei.[234] Schon damals stellte Balibar zentral auf den binnenmarkt- und euroinduzierten Prozess der sozialen Formation in Europa ab und folgerte, dass diese eine europäische Staatsbürgerschaft nach sich ziehen müsse.

Spätestens seit 2003 lagen damit alle Fragen bzw. alle Probleme auf dem Tisch, die das heutige post-Krisen-Europa immer noch quälen, und zwar mehr denn je. Denn eine Staatsbürgerschaft ist natürlich unteilbar. Das ›Gemeinwohl der Staatsangehörigen‹ lässt sich nicht aufteilen in eine politische Bürgerschaft als Wählerin, eine soziale Bürgerschaft als Arbeitnehmer usw., sosehr Juristen versuchen, die Überlappung der europäischen Unionsbürgerschaft mit den nationalen Staatsbürgerschaften als komplementär darzustellen und zu rechtfertigen,[235] worüber es in akademischen

Kreisen im Übrigen eine heftige Diskussion gibt.[236] Europa ist spätestens seit der Verfassungsdiskussion von 2000, die mit der Erklärung von Laeken 2001 begonnen wurde, inmitten einer Diskussion, ob sich politische Bürgerschaft von den Formen der Verteilung und Umverteilung in einer Gesellschaft, also letztlich von sozialen Rechten, trennen lässt.[237] Und ob man ein politisches Gemeinwesen ohne soziale Rechte überhaupt konstituieren kann.

Grob formuliert, tut die bestehende europäische Unionsbürgerschaft nämlich genau das: Sie gewährt gleiche bürgerliche Rechte, verwehrt aber gleiche soziale und politische Rechte für alle europäischen Bürger. Ein Rumäne kann z.B. konsularischen Beistand auf dem französischen Konsulat in Daressalam in Tansania beanspruchen, aber noch lange kein französisches Arbeitslosengeld. Ein in Essen wohnender Italiener hat zwar kommunales und europäisches Wahlrecht, wählt aber nicht bei Bundestagswahlen. Und überhaupt wählen die Europäer bei Europawahlen nicht nach dem Prinzip »eine Person – eine Stimme«, sind also beim Wahlrecht und mithin der Machtfrage nicht gleich. Kurz: Die Unionsbürgerschaft ist eine »unvollkommene Staatsbürgerschaft«[238] und immer mehr Europäer leiden darunter.

Egal, ob es die in Österreich diskutierte Frage ist, ob Nicht-Österreicher Anspruch auf Kindergeld für ihre nicht in Österreich lebenden Kinder haben;[239] ob es die Frage der Flüchtlingsverteilung ist und welcher EU-Staat für deren soziale Anspruchsrechte aufzukommen hat; oder die Frage der in Deutschland in bestimmten Medien und Kreisen gerne diffamierten ›Sozialschmarotzer‹ aus Bulgarien oder Rumänien, denen oft Sozialansprüche verwehrt werden, obgleich sie mehr in die sozialen Sicherungssysteme einzahlen als sie herausbekommen: Immer geht es um den Nexus zwischen Aufenthaltsort, Herkunftsland, Nationalität und Beschäftigungsverhältnis in Europa; mit einer europäischen Staatsbürgerschaft bzw. ID wäre das Problem erledigt.

Aber selbst die in der europäischen Unionsbürgerschaft akkordierten *bürgerlichen* Rechte reichen nicht für zentrale Belange des europäischen *Bürgerseins*: Es gibt ebenso wenig ein europäisches Vereinsrecht wie ein europäisches Parteienstatut oder ein europäisches Stiftungsrecht. Europäische Firmen wiederum können z.B. mit einer englischen Firmenkonstruktion die deutschen betrieblichen Mitbestimmungsrechte, also gleiche soziale Organisationsrechte umgehen. Alles also, was europäische Bürger bräuchten, um sich europaweit politisch oder sozial zu engagieren, gibt es nicht, und auch nichts, was sich die europäischen Bürgerinnen und Bürger in zentralen Belangen ihres bürgerlichen Daseins *gleich* fühlen ließe, z.B. ein einheitliches europäisches Steuerrecht.

Gerade die Frage eines europäischen Vereinsrechts ist besonders pikant, ist doch ein Verein – e.V., Loi 1901, British Charity – jeweils eine Körperschaft öffentlichen Rechts. Einen europäischen Verein kann es also allein schon darum nicht geben, weil nicht klar ist, welcher *Staat* dem Verein seine Gemeinnützigkeit anerkennen würde, weil es den europäischen Staat ja noch nicht gibt. Bis hinauf zum EuGH sind Gerichtsurteile anhängig zu Fällen, in denen ein EU-Bürger einen Verein in einem anderen EU-Land finanziell unterstützen will und das natürlich auch kann, dann aber die gemeinnützige Spendenabzugsfähigkeit nicht funktioniert und er lange auf die steuerliche Anrechnung im eigenen Land warten muss. Wenn uns die EU als »European citizens« 2024 wieder an die Wahlurne für die Europawahlen bringen möchte, sollten wir eigentlich die Stimmabgabe konditionieren und nur zur Wahl gehen, wenn es vorher mindestens ein europäisches Vereinsrecht, ein europäisches Parteienstatut und ein europäisches Steuerrecht gibt. Eine Art europäischer Bürger*streik* also. Oder ein europäischer Schildbürger*streich* …

Teil III
Bauen wir einen europäischen Staat!

Vier Linien einer Renovatio Europae

> »Der europäische Einigungsprozess ist an einem kritischen Punkt seiner Entwicklung gelangt.
> Wenn es nicht gelingt, in den nächsten zwei bis vier Jahren eine Lösung für die Ursachen dieser gefährlichen Entwicklung zu finden, dann wird die Union sich entgegen der im Maastrichter Vertrag beschworenen Zielsetzung eines immer engeren Zusammenwachsens unaufhaltsam zu einer lockeren,
> auf einige wirtschaftliche Aspekte beschränkten Formation entwickeln.« *Schäuble-Lamers Papier, 1994*

Wer in Lissabon vom Flughafen in die Stadt fährt, dem mag der Atem stocken angesichts der unfassbaren Schönheit des Aquädukts, mit dem die Römer die Wasserversorgung von Lissabon sichergestellt haben. Die Römer müssen – ganz ohne moderne Messgeräte und Kräne – einen guten Blick für Raumordnung, also für das große Ganze gehabt haben. In großen, geschwungenen Linien durchziehen die Brückenpfeiler des Aquädukts das hügelige Gelände, erhaben ruht die Wasserrinne darauf, durchzieht in einem großen Bogen Lissabon und schlängelt sich an beiden Enden weiter durch die Landschaft. Der ganze Bau solide, leicht und schön, in einem Wort: genau so, wie man sich Europa wünscht!

Die EU dieser Tage erscheint indes eher brüchig, schwerfällig und vergleichsweise unansehnlich, ganz so wie das moderne Autobahn- und Zubringerstraßengewimmel, das inzwischen unter das Aquädukt in Lissabon gebaut wurde: wirr, kleinteilig, unübersichtlich. »Anstatt sich selbst in die Kontinuität eines ganzen Jahrtausends komplexer Geschichte zu stellen und ihre Existenz in der positiven Auseinandersetzung mit diesem uralten Erbe zu verwurzeln, wie es etwa die mittelalterlichen Denker taten, wenn sie sich bescheiden als ›Zwerge auf den Schultern von Riesen‹ betrachteten, bevorzugen es die intellektuellen und politischen Eliten der Europäischen Union, die ›eigentliche Geschichte‹ mit der Französischen Revolution, ja manchmal sogar erst mit dem Zweiten Weltkrieg beginnen zu lassen, und tun in flagranter Unbildung die Vorgeschichte als belanglose Zusammenstellung von Krieg, Ungleichheit und Unterdrückung ab, wie es etwa in der hoch-ideologisierten Geschichtsdarstellung des sogenannten ›Hauses der europäischen Geschichte‹ in Brüssel allzu deutlich wird«, schreibt der Historiker David Engels dazu in seinem sehr umstrittenen Buch *Renovatio Europae*, der den gegenwärtigen Zustand Europas im Übrigen mit dem Zerfallsmoment des Römischen Reiches vergleicht.[240] In der Tat versucht ein kleinteilig angelegtes »Haus der Geschichte« in Brüssel die EU und mithin die letzten sechzig Jahre als modernste und fortschrittlichste aller europäischen Errungenschaften darzustellen. Dabei spräche vieles dafür, dass eben jene EU, wie David Engels in seinem großen historischen Bogen andeutet, die eigentlichen geistigen Ursprünge des Kontinentes tendenziell verrät, zumindest weitgehend beschneidet. Darunter allem voran die Idee der Republik, die *res publica* der alten Römer, also die Rechtsgleichheit der Bürger, die mündige Partizipation und die Selbstbestimmung der Bürger in ihren jeweiligen Räumen und Städten über das Gemeinwohl sowie die berühmte Triade der Französischen Revolution: *Liberté, Égalite, Fraternité*. Die politische Ideengeschichte Europas hat allein semantisch wenig mit dem heutigen Vokabular der EU – Effizienz, *Governance, Best Practice,* Liberalisierung oder Deregulierung – zu tun, dafür aber einiges mit der Suche nach der besten Ordnung und Gestaltung von politischem Gemeinwesen, also mit Formen von Staatlichkeit und Souveränität, wobei soziale Kontrolle über Märkte stets das Hauptmotiv ist. Von den alten Römern über Kant und Rousseau bis hin zu Hannah Arendt würden wahrscheinlich alle Granden der europäischen Geistesgeschichte angesichts der aktuellen *Lenkungs*strukturen der EU befremdet den Kopf schütteln. »Die Aufklärung zu beerben, dürfe nicht heißen, nur die Idee der universellen Menschenrechte politisch umzusetzen. Die Französische Revolution habe ebenso die Tradition der *droits du citoyen,* der Staatsbürgerrechte, hervorgebracht, und dies beides müsse heute politisch verwoben werden: Universalismus und Republikanismus,«[241] so die erst kürzlich verstorbene ungarische Philosophin Agnès Heller. Wer diesen Widerspruch nicht überwinde, lasse Europa untergehen. Die Solidarität aller Menschen und die nationalen Interessen der Bürger eines Landes liegen laut Heller heute miteinander in einem explosivem Wertekonflikt.

Um Europa vor dem Zerfall zu bewahren, im Sinne einer *Renovatia Europae,* die eben nicht den Rechtspopulisten überlassen werden sollte, sind vier große historische Linien hilfreich, die als Leitlinien betrachtet werden können. Mit dem Ziel, dass Europa erkennt, dass es längst eine *Nation im Sinne einer Solidarunion* ist, die dringend einen souveränen europäischen Staat hervortreiben sollte, der sich in einem globalen Kontext dann verpflichtet fühlen müsste, dass im Sinne von Hermann Heller *Universalismus und europäischer Republikanismus* wieder zusammenzufinden.

Die erste historische Linie ist jene zum Römischen Reich und zum ersten Versuch, auf dem europäischen Kontinent *Rechtsgleichheit* herzustellen. Diese wurde allzu oft, wie Julien Benda beschreibt, von Justinian über Karl den Großen und Karl V. bis zu Napoleon teilweise mit militärischen Mitteln versucht, die europäische Großreiche schaffen wollten. Noch heute dringt das Römische Recht aus jeder Pore des modernen europäischen Rechtssystems, und zwar in *allen* kontinentaleuropäischen Mitgliedsstaaten.[242] Vielleicht wäre darum heute in Europa der geeignete Moment gekommen, um mit Hilfe einer großen, friedlichen zivilgesellschaftlichen Bewegung den allgemeinen politischen Gleichheitsgrundsatz für alle Bürger Europas endlich *von unten* durchzusetzen, die unvollkommene »Unionsbürgerschaft« zu komplementieren, jene Rechtstriade aus sozialen, bürgerlichen und politischen Rechten zu verschmelzen, das »Sacre du citoyen« zu europäisieren und damit den Sockel für eine veritable Demokratie in Europa überhaupt erst zu legen. Viel wäre schon gewonnen, wenn progressive Kräfte sich dieser basalen Forderung annehmen würden, nämlich ein europäisches BGB zu schaffen. Es ist schön, dass anlässlich des 55. Jahrestag des Elysee-Vertrages zu Jahresbeginn 2019 beschlossen wurde, ein deutsch-französisches Wirtschaftsgesetzbuch zu entwickeln.[243] Aber das Bemühen gehört dringend *europäisiert* (gilt dieses Wirtschaftsgesetzbuch dann nicht für die Spanier oder Polen und wie soll es dann innerhalb desselben Binnenmarktes funktionieren?) und auf die *Bürger* als politische Subjekte Europas ausgeweitet. Normative Einheit, also Rechtsgleichheit, nur im Bereich des Binnenmarktes und des Geldes, also der Währung, ist des europäischen Gedankens unwürdig.[244] Aus Rechtsgleichheit für Markt, Währung *und für Bürger* aber könnte ein europäischer Schuh werden. Denn dann erst könnten ein europäischer Markt und eine europäische Währung in *eine* europäische Demokratie gebettet werden. Rechtsgleichheit, die im Übrigen keinen Zentralismus bedeutet – in der Bundesrepublik Deutschland herrscht Rechtsgleichheit für Bürger, dennoch ist der Staat föderal organisiert – wäre darum die erste Voraussetzung für eine *Renovatio Europae*.

Die zweite große Linie ist die vom Mittelalter zu heute: ein Mittelalter, in dem Europa – wie beschrieben – in vielerlei Hinsicht schon einmal andere Ordnungsprinzipien als den Nationalstaat kannte. Das heutige Erasmus-Programm der EU kann bestenfalls als ein postmoderner Ausläufer der damaligen *République des Lettres* bezeichnet werden kann. Der beschriebene Prozess einer europäischen Vergesellschaftung hat inzwischen einen Raum geschaffen, der mindestens in zweierlei Hinsicht Analogien zum Mittelalter hat.[245] Zum einen ist Europa sozial wie im Mittelalter in ein *Oben* und *Unten* gespalten, aber diese Spaltung hat mit nationalen Grenzen nichts mehr zu tun, sie ist ein europaweites (Klassen-)Phänomen. Der eigentliche Unterschied scheint zu sein, dass das einstige *Oben*, also der ›blaublütige‹ Adel, durch Parvenüs ersetzt wurde, Europa in der aktuellen Phase der Re-Feudalisierung seiner Gesellschaft zunehmend vom einem *Geld*adel regiert wird, der sich längst kulturelle Disktinktionspraktiken angeeignet hat, die mit der Mehrheitsgesellschaft wenig Kontakt haben, indem sie sie konsequent ausgrenzen. Jürgen Habermas sprach in der »post-nationalen Konstellation« übrigens schon 1998 (!) von »obszönen Gewinnspannen und drastischen Einkommensdisparitäten«[246] (obgleich es ja eher um Vermögen geht) als die Welt aus heutiger Sicht noch ziemlich in Ordnung war. Die Frage, die in der Wissenschaft auch zunehmend gestellt wird, lautet, ob Europa unter diesen Bedingungen *demokratisch* bleiben kann[247] oder ob in dieser sozialen Spaltung, u.a. als Folge eines *schwachen Staates,* der eigentliche Grund für den europäischen Populismus gesucht werden muss. Ein Populismus, der dann eben mit der Schaffung einer *sozialstaatlichen* Verankerung in Europa aufzulösen wäre, und nicht (nur) mit *rechtsstaatlichen* und teilweise auch seitens der EU recht*haberischen* Verfahren, vor allem gegenüber Osteuropa.[248]

Außerdem sortiert sich der europäische Raum derzeit neu, ebenfalls jenseits heutiger nationaler Grenzen, und zwar zum einen durch Regionalisierungsprozesse (Schottland, Katalonien, Tirol etc.), zum anderen durch Städtekooperationen oder grenzüberschreitende Zusammenarbeit, die transnational strukturierenden Charakter hat, wie etwa im Ostseeraum. Diese sich neu herausbildende Raumordnung hat – sofern sie nicht geographisch, also etwa durch Meeresküsten oder Gebirge bedingt ist – viel mit mittelalterlichen Strukturen zu tun, bevor nationale Grenzen bzw. Nationalstaaten im heutigen Sinn entstanden, z.B. mit alten Königreichen oder Städtebünden wie etwa der Hanse. Ein Grund mehr, sich von den festgefahrenen europäischen Landkarten und ihren derzeitigen Grenzen zu lösen und an Konzepten für eine europäische Raumordnung zu arbeiten, die die derzeitigen Trends widerspiegeln.

Wenn z. B. das Stadt-Land-Gefälle einer der zentralen Gründe des heutigen Populismus ist wegen des »Abgehängt-Seins« großer Bevölkerungskreise,[249] dann könnten europäische Raumkonzepte, die diesem Problem Rechnung tragen, hilfreich für ein Neudenken Europas sein. Die eine in der Buchmitte abgebildete Karte z.B. hat mittels eines Algorithmus gleiche Anteile der Bevölkerung wichtigen europäischen Städten zugeteilt und kommt so zu einer ebenmäßigen Raumaufteilung. Die zweite Karte orientiert sich z.B. an europäischen Flüssen bzw. historischen Konsteallationen. Kein großes Deutschland mehr neben einem winzigen Luxemburg. Jede europäische Stadt hätte gleichsam eine Art politische Verantwortung für die sie umsiedelnde Landbevölkerung. Diese Städte haben verschiedene kulturelle oder wirtschaftliche Funktionen für ihre Region, etwa Lyon, Mailand, Leipzig oder Barcelona. Ein Forschungsprojekt[250] hat entlang verschiedener Koeffizienten rund 52 solcher »Funktionsstädte« für Europa benannt, deren Umgebung man die gleiche Bevölkerungszahl und diesen Einheiten wiederum eine ebenbürtige politische Repräsentation für ganz Europa zuordnen könnte, gleichsam als Gestaltungsgrundlage für eine europäische Demokratie. Die Identität wäre weder an die heutige Nation noch an eine Kulturregion – Elsass, Böhmen oder Andalusien – gekoppelt, sondern an die von einem ländlichen Wohnort aus gesehen nächste große Stadt, da Städte ohnehin zunehmend maßgebliche Identitätsträger werden. Jüngere Forschungsarbeiten gehen davon aus, dass – perspektivisch – ein globales Netzwerk aus Städten die heutigen Nationen ablösen und eine zentrale, strukturierende Funktion für eine neue Raumordnung haben wird, nicht nur in Europa.

Saskia Sassen z.B. sieht solche Netzwerke entlang bestimmter Handelsgüter entstehen. São Paulo, New York und Amsterdam etwa seien intrinsisch über den Kaffeehandel verbunden: In Brasilien wird der Kaffee geerntet, in New York gehandelt, nach Amsterdam verschifft. Die drei Städte seien einander näher als jede von ihnen zu ihren restlichen Landesteilen.[251] Europa könnte, indem es sich über eine neue Raumordnung in einen solchen Prozess begäbe, diesem Trend gleichsam vorarbeiten. Zum Beispiel bindet schon heute die sogenannte »Blaue Banane« die europäische Industrie-Agglomeration und damit ihre Städte vom Rhein bis Oberitalien zusammen.

Auch die beiliegende Metropa-Karte, eine künstlerische Metro-Karte Europas, die die europäischen Städte in fiktiven europäischen U-Bahn-Linien miteinander verbindet, macht auf witzige Weise anschaulich, wie klein und verwoben Europa jenseits von nationalen Grenzen schon ist – und wie strukturierend die Städteverbindungen sind, auch wenn man noch nicht in Hamburg in eine U-Bahn steigen und in Barcelona herauskommen kann.

Das führt zur dritten Linie, jenem verpassten Moment der französischen Revolution 1789, in dem es (noch) nicht gelungen ist, *Liberté, Égalite und Fraternité* für den ganzen europäischen Kontinent einheitlich in Recht zu gießen, ist doch der Begriff der Republik gleichsam synonym mit dem Zustand der Rechtsgleichheit und der Volkssouveränität, wobei das eine mit dem anderen intrinsisch verbunden ist.[252] Kurz, jener Moment, in dem in den Worten von Victor Hugo nicht eine einzige »République Européenne« das Licht der Welt erblickt hat. Sondern in dem der in den revolutionären

Unruhen durchgesetzte, emanzipatorisch-republikanische Akt der Volkssouveränität sich erst peu à peu in einzelnen europäischen Nationalstaaten durchgesetzt hat, von denen sich dann die meisten im Verlauf der nächsten rund einhundert Jahre *jeweils* als Republik verfasst haben. Die eigentlich recht kurze Periode von rund 150 Jahren – zwischen etwa 1880 und heute –, in der letztlich die soziale Frage in eine nationalstaatliche Formation überging, von einem industriellen Gestaltungsprozess begleitet wurde und ebendieser dann z.B. Dinge wie eine allgemeine Krankenversicherung für die Bevölkerung verlangte, ist letztlich dafür verantwortlich, dass die damaligen Vergesellschaftungsprozesse (sei es zwischen Korsen und Bretonen, zwischen Badenerinnen und Sächsinnen oder Apuliern und Genuesen) gleichsam »national kontingentiert« und eben nicht europaweit stattfanden. Deswegen haben sich die phänotypischen kulturellen Ausprägungen in der Sozial- und Wirtschaftspolitik, wie wir sie heute kennen und wie sie als »methodologischer Nationalismus« (Ulrich Beck) vor allem die Eurozone beschäftigen über die Jahrzehnte überhaupt erst herausschälen können.[253] Von der agrarischen Herkunft über die punktuell konzentrierten Handelsnetze des Mittelalters und die zeitlich stark verschobenen Anfänge der Industrialisierung bis zu den staatlichen Formen der Besteuerung und der Wohlfahrt entstanden historisch-spezifische Erfahrungen und Wirtschaftsmentalitäten (z.B. die Drei-Kind-Politik in Frankreich, Ehegattensplitting in Deutschland, unterschiedlicher Hang zum Sparen, Stabilitätsneigung oder Inflationsabneigung).[254] Gerade die europäischen Sozialisten der ersten Stunde wussten das und wehrten sich deswegen so sehr gegen das *Nationale*. Nicht umsonst begründeten sie damals die *Erste Internationale*,[255] damit die soziale Frage nicht in der Konkurrenz zwischen Nationen zerrieben wird, letztlich also, um einer *nationalen sozialen* Formation zu entgehen. Wie die internationale Kooperation friedlich bleiben und (sozialer) Wettbewerb zwischen Nationen vermieden werden kann, ist daher eine der Hauptfragen bzw. -sorgen im Werk von Marcel Mauss. In die Postmoderne projiziert, sind die augenblicklichen Handelsstreitigkeiten zwischen den Nationen – USA, China und Europa – im Grunde nichts anderes und führen tendenziell zu Krieg, dessen erste Stufe in der Geschichte stets der *Handels*krieg war: Jeder Krieg ist ein Handelskrieg![256]

Erst die historische Bedeutung des Sozialen in Europa macht die Mauss'sche Definition der Nation als »institutionalisierte Solidarität«, die der rote Faden dieses Essays ist, so wichtig für den zeitgenössischen europäischen Kontext. Die Institutionalisierung von Sozialsystemen als Folge von Liberalismus und Industrialisierung ist *schlechthin* das Alleinstellungsmerkmal Europas, also ein *europäischer Wert per se*, der die europäische politische Kultur von anderen Teilen der Erde unterscheidet. Nicht nur vom nordamerikanischen Liberalismus, sondern auch von Gesellschaften, die das Sozialleben eher über familiäre oder religiöse Strukturen regeln.[257] Arabische Kulturen z.B. verfügen über festgefügte Familienbande, die die Solidaritätsleistungen im Wesentlichen erbringen. Das Soziale zu verlieren, hieße also, das postindustrielle Europa selbst zu verlieren.[258] Nicht umsonst weist Hannah Arendt in ihrem großartigen Buch *Über die Revolution* darauf hin, dass die Revolution in den USA 1776 gelingen konnte, weil sich die Vereinigten Staaten durch die *Federalist Papers* eine liberale Verfassung gegeben haben, die sich in der sozialen Frage *enthält*, während die Französische Revolution gerade an der *sozialen* Frage *gescheitert* ist. *Liberté, Egalité, Fraternité* war der Schlachtruf der französischen Revolution, nicht der amerikanischen, weswegen *nur* in Europa Freiheit *ohne* Gleichheit und Solidarität nicht vorstellbar ist. In Amerika, so Arendt, konnte die Revolution aus zwei Gründen gelingen: Es gab freies Land zuhauf und damit für die Siedler aus Europäer keine klassische soziale Frage. Und es gab Sklaverei. Sklaven durften keine bürgerlichen Freiheitsrechte, Repräsentation oder gar sozialen Schutz für sich beanspruchen.[295] Die sozioökonomischen und demographischen Unterschiede Frankreichs und der USA bedingten also den unterschiedlichen Ausgang der beiden Revolutionen und begründeten die fortan getrennten Wege eines amerikanischen Liberalismus und einer nur in Europa denkbaren Form sozialer Demokratie.[259]

Europa kann darum nicht nur von der Freiheit (und Freizügigkeit) hergedacht werden. Viele heutige Akteure in Europa, so schreibt Bruno Karsenti, die sich ein gerechteres und solidarischeres Europa wünschen – was auch dem Wunsch einer großen Mehrheit der deutschen Bürger entspricht[260] –, hegen im Grunde »une aspiration au socislisme«, eine Sehnsucht nach Sozialismus.[261] Der deutsche Philosoph Axel Honneth wiederum hat in jüngerer Zeit den Versuch unternommen, die historische Bewegung nachzuzeichnen, die seit der Französischen Revolution dazu geführt hat, dass die Idee des Sozialismus, die ja auch ein Grundtenor der Französischen Revolution gewesen ist, als politische Idee im politischen *Mainstream* Europas in den letzten 200 Jahren quasi verschüttgegangen ist,[262] und fordert dazu auf, im 21. Jahrhundert nach einer neuartigen, modernen Verknüpfung von Demokratie und Sozialismus zu suchen, die die leidvollen Erfahrungen des 20. Jahrhunderts im real existierenden Sozialismus der UdSSR transzendieren würde.

Die Geschichte der Kriege, jener *Geißel der Menschheit*, ist für Marcel Mauss, bekennender Sozialist der 1920er Jahre, letztlich immer eine Folge der Tatsache, dass die europäischen Nationen immer in die Konkurrenz mit anderen Nationen getrieben wurden und die *soziale Frage* im *Innern* dann zugunsten des Wettbewerbs mit anderen Nationen nach *außen* gewendet wurde.[263] Bis die Ausschaltung dieser Konkurrenz in Europa durch die ersten europäischen Verträge ab 1950 schließlich institutionalisiert wurde. Allerdings scheint Europa heute mit anderen, außereuropäischen Nationen in genau diesem Konkurrenzverhalten zu stecken, in welchem nämlich zu entscheiden ist, wie *sozial* man eigentlich im eigenen Land – in diesem Fall Europa – angesichts der Globalisierung und eines Wettbewerbes z.B. mit China überhaupt noch sein kann?

Es ist in diesem Zusammenhang nützlich daran zu erinnern, dass genau diese Frage – wie sozial ist Europa? – vor nicht einmal vierzig Jahren in der Mitte Europas ausgefochten wurde, und zwar vor allem zwischen Deutschland und Frankreich. Der europäische Gründungsvater und Sozialist François Mitterrand nämlich sprach, heute fast unvorstellbar, noch bei seiner ersten Wahl 1981 von einem »*Socialisme dans un seul pays*«, bevor er unter europäischem Druck 1983 beidrehen musste und die Politik der Desinflation und des *Franc Fort* de facto die liberalste Wirtschaftspolitik veranlasste, die Frankeich je hatte.[264] Sozialismus oder Europa, war damals (noch oder schon?) die Frage. Fortan gab es ein (neo-)liberales Europa statt französischen Sozialismus. Interessanterweise hatte der Front National justamente bei den Regionalwahlen in Frankreich 1983 seinen ersten Durchbruch. Vieles, was heute an politischen Kollateralschäden in Frankeich zu beklagen ist, sind Spätfolgen dieses Moments,[265] in dem die soziale und die europäische Frage aufeinanderprallten und sich Europa für Liberalismus pur entschieden hat.

Wie schon bemerkt, liegt laut Marcel Mauss in der *gemeinsamen* Entscheidung darüber, wie *sozial* oder *liberal* eine politische Einheit sein will, die Essenz einer Nationenbildung schlechthin. Es ist diese Frage, die sich auch heute wieder dem europäischen Kontinent stellt, wenn sich ein europäischer Populismus nicht wirklich gegen Europa, aber gegen den Liberalismus stellt.[266] Anders formuliert: Europa wird sozial, oder die EU wird nicht (mehr lange) existieren. Dann gibt es in Europa zunehmend nationalen Sozialismus oder sozialen Nationalismus, egal, wie man es wendet.

Und schließlich die vierte Linie: nämlich die Frage, ob in Europa – parallel zum Sprung in die industrielle Neuzeit – der große Modernisierungssprung in die digitale Demokratie, in die *Internet Economy*, in die Wirtschaft 4.0 und die Welt der Algorithmen und Robotik, in den Green New Deal oder die ökosoziale Wende sowie die anstehende Revolution der Mobilität[267] gemeinsam oder, wie vor einhundert Jahren, gegeneinander gemacht wird. Heute finden Wettbewerb und Konkurrenz nicht mehr im Bereich der (alten) Industrien oder im Kampf um Kolonien statt, sondern bei der Förderung von Forschung, Start-Ups, Innovationen und neuen Technologien. Ebenso stellt sich die Frage, welcher *Arbeitsbegriff* für das 21. Jahrhundert entwickelt wird[268] und ob ein »europäisches Grundeinkommen« die soziale Lösung für die Robotik sein könnte, die Arbeitsplätze kosten wird. Kurz: ob wir die augenblickliche gesellschaftliche Stockung – *stasis*[269] – erleiden oder gestalten, und ob wir die zeitgenössische technologische Revolution und die damit einhergehende gesellschaftliche Modernisierung *in und für ganz* Europa gemeinsam managen. Der Kontinent ist klein genug. Vor allem muss klar sein, ob Europa bereit ist, dafür *gemeinsam* viel Geld in die Hand zu nehmen.

Man muss kein Pessimist sein, um Europa jenseits von ein paar bescheidenen Anläufen ein schlagkräftiges Bemühen um eine gemeinsame Anstrengung abzusprechen, trotz der Bekenntnisse europäischer Wirtschaftsakteure zu europäischen Innovationen und ihrem unerschütterlichen Glauben an die Kräfte des europäischen Binnenmarktes.[270] Die Zeiten sind vorbei, in denen ein Helmut Kohl und ein Franz-Josef Strauß mit François Mitterrand noch ein Airbus-Konsortium, einen Eurocopter und einen Eurofighter durchdrücken konnten. Das Galileo-Satellitenprogramm ist hier vielleicht der letzte schlagkräftige gemeinsame Akt. In vielerlei Hinsicht scheint es so, also zöge Europa die dauerhafte Abhängigkeit von den USA und China und mithin seine konsequente politische Entmündigung vor. Oder als habe man still und heimlich beschlossen, dass es für eine unabhängige europäische »Geo-Ökonomie« eh zu spät oder diese schlechterdings unmöglich sei – und Europa daher nolens volens bereit ist, den gesellschaftlichen Preis dafür zu bezahlen, der darin bestehen dürfte, dass die gesellschaftliche Modernisierung nicht nach eigenem Ermessen gestaltet werden kann. Viele Daten und Fakten deuten zumindest darauf hin: Wer schon einmal versucht hat, sich von seinem Google-Konto loszueisen, bekommt eine Idee von dem grotesken Ausmaß dieser Abhängigkeit.

Fast alle europäischen Daten liegen auf Servern in den USA; es ist billiger (und schneller) für europäische Banken, Datensätze von AWS, der Amazon-Tochter für Cloud-Computing, durchrechnen zu lassen. Wiederum z.B. hat Alipay, das chinesische Äquivalent von PayPal, mit 600 Millionen Nutzern beinahe mehr Kunden als Europa Einwohner. Wenn die Chinesinnen und Chinesen demnächst als Touristen in Massen nach Europa reisen und mit ihren Handys bezahlen wollen oder wenn Facebook seine Entscheidung wahrmacht, Libra als sein Zahlungsmittel durchzusetzen, dürfte die Frage, ob die Europäer kulturell mehrheitlich an Bargeld hängen, schnell erledigt sein.[271] Dass schon Platon meinte, der Zufluss von Geld zur Stadt müsse beschränkt werden, denn ein Überfluss an Geld schade der Polis, also dem Gemeinwesen, wird man vielleicht nicht nur als eine ideengeschichtliche europäische Posse sehen dürfen. Mehrere chinesische Städte haben ein größeres Bruttoinlandsprodukt als viele europäische Staaten. Europa hat kaum Zugang zu Lithium, um Batterien zu produzieren, und den Solarenergiemarkt hat es ohnehin schon an China verloren. Ohne

Batterien ist aber bisher keine öko-soziale Wende in Europa in Sicht, die Wasserstofftechnik lässt noch auf sich warten. Ein europäisches GAFA – Google, Amazon, Facebook, Apple – ist auch nicht in Sicht, so sehr Emmanuel Macron auch danach ruft. Unter den größten Banken weltweit sind nur (noch) fünf europäische, darunter keine deutsche. Ähnlich verhält es sich mit den Universitäten. Europa ist abgehängt, wohin man schaut: wehrlos, abhängig, handlungsunfähig, nicht souverän und nicht strategiefähig. Könnte es vielleicht ein plausibles europäisches Ansinnen sein, sich einem bestimmten Trend der globalen Entwicklung zu entziehen und zu versuchen, in einem neugegründeten europäischen Staat weitestgehend autark zu sein? Zumindest aber zu bestimmen, wer in Europa was kaufen, was importieren, was finanzieren, was investieren darf? Und wie sollte das technisch und ökonomisch gelingen? Davor steht die Frage: Ist Europa überhaupt bereit, solche Diskussionen zuzulassen? Sind europäische Autonomie oder Emanzipation noch ein gesellschaftliches Ziel?

Das Problem scheint heute nicht so sehr der Wettbewerb Europas (oder einzelner europäischer Staaten) mit anderen Nationen zu sein, sondern eher ein hilfloses Ausgeliefertsein, ein langsames Verschlungenwerden am *Loose End* der Seidenstraße, wobei eine Art »nationaler Ausverkauf zu Höchstpreisen« – Deutschland an China oder Saudi-Arabien, Frankreich an Katar – als einzig plausible Strategie erscheint. Die Aktiengesellschaften der europäischen Nationen, also ihr Tafelsilber, werden verscherbelt wie Apfelsinen bzw. verscherbeln sich selber: Es gibt eine Art Prostitution europäischer Firmen, die stille Anleger suchen.[272] Auch Matteo Salvini hatte sich im Gegenzug für den Hafen von Triest gerne die Rekapitalisierung der italienischen Banken mit chinesischem Kapital finanzieren lassen. Wäre es nicht besser gewesen, er hätte das Geld aus Europa bekommen? Häfen

(Piräus, Triest, Duisburg), Stromnetze, 5G-Netze (Huawei), Firmen wie die Augsburger Roboter-Fabrik Kuka: Europa hat viele Filetstückchen ins Ausland verkauft, nach denen andere sich sehnen, wohingegen sein eigenes Droh- und Reaktionspotenzial offenbar so gesunken ist, dass bereits das Steuern-Eintreiben von internationalen Konzernen in Europa wie eine Unverschämtheit aufgefasst wird. Oder die Beträge sind so gering sind, dass die amerikanischen GAFA-Riesen sie längst eingepreist haben und aus der Portokasse bezahlen können.[273] Ganz abgesehen davon, dass die europäischen Bemühungen, US-Konzernen europäische Standards bei der Einhaltung von Datenschutzrichtlinien oder Hate-Speech-Regulierungen aufzuzwingen, zwar auch von Mühe gekennzeichnet sind, aber letztlich keine eindeutige Wirkung zeigen. War das alles jemals eine bewusste europäische Entscheidung? Wer hat sie getroffen? Und wenn ja, ist sie reversibel? Und was müsste Europa dann tun?

Wollte man das anders haben, dann hätte man die schon erwähnte Siemens-Alstom-Entscheidung im Schnellzug-Bereich zugunsten europäischer Champions und nicht zugunsten des innereuropäischen Wettbewerbsrechts fällen müssen; dann müsste Huawei der Zugang zum europäischen Kontinent und zur Installation seiner 5G-Netze konsequent untersagt und Nokia oder Ericsson als europäischer Gegenspieler aufgebaut werden; dann müssten Macrons Pläne eines europäischen GAFA ernst genommen und mit viel Geld unterstützt werden und mehr sein als eine »JEDI-Initiative«;[274] dann müssten die deutschen Ingenieure, die als Team im Hyperloop-Experiment von Elon Musk in den USA arbeiten und dort die Entwicklung vorantreiben, aussteigen und einem europäischen Konsortium angehören, in das die EU ebenso viel Geld steckt wie die Chinesen derzeit in ihr Konkurrenzprojekt zum Hyperloop, dem *Flytrain*. Und, und, und. Man müsste dann vor allem die deutsche und europäische Industrie dafür gewinnen, genau dies zu fordern und durchzusetzen, nämlich eine europäische *Staatlichkeit*. Dieselbe europäische Industrie und ihre Banken, die sich in den neunziger Jahren mit Verve für den Binnenmerkt und den Euro eingesetzt haben, sie müsste sich jetzt zum Fürsprecher einer *europäischen Staatlichkeit* und *Geo-Ökonomie* machen und diese von ihren Regierungen ebenso einklagen, wie sie damals den Markt und den Euro eingeklagt haben. Dann müsste – fast ist es lächerlich, dies angesichts der vielen indes zahnlosen Versuche noch einmal aufzuschreiben – in Europa eine einheitliche Unternehmensbesteuerung und Finanztransaktionssteuer durchgesetzt werden. Und im Zuge einer ohnehin notwendigen europäischen Haftungsgemeinschaft zur Konsolidierung des Euro eine *echte* europäische Bankenunion mit gemeinsamer Einlagensicherung gemacht werden, damit ein europäischer Finanzmarkt geschaffen werden könnte, der auch eine größere politische Souveränität für Europa beanspruchen könnte. Sowieso müsste es ein europäisches Budget geben, das eine gesamteuropäische Innovationsstrategie und europäische »Geo-Ökonomie« unterstützt und so auslegt, dass *Europa* davon profitiert und nicht vor allem außereuropäische Investoren. Es bräuchte eine Geo-Ökonomie, die mit den geostrategischen Interessen Europas rückgekoppelt wird, z.B. in Afrika, damit Afrika nicht eine europäische Müllhalde, Terrain für *Landgrabbing* von Nestlé und andere, Absatzmarkt für billige Agrarprodukte oder teure Waffen der EU wird. Weder die Bekämpfung von Fluchtursachen noch der Klimawandel – zwei der größten Sorgen aller Europäer – können perspektivisch und dauerhaft angegangen werden, wenn sie nicht als gesamteuropäische Politik in ein strategisches Gesamtkonzept fließen, staatlich begleitet und mit europäischer Macht abgesichert werden. Kurz: Europa müsste endlich *Strategie und Wirtschaft* zusammenführen, was nur im Rahmen *staatlicher Strukturen* geschehen kann. Dafür müsste Europa ein rigoroses Interesse an Autonomie, Souveränität, strategischer Entscheidungsfähigkeit und vor allem ein Gestaltungsinteresse im Sinne einer globalen Verteilungsgerechtigkeit – eben der Zusammenführung von Universalismus und Republikanismus – haben.

Es gibt einige Experten, die der Auffassung sind, dass wenn Europa konsequent das Ruder herumrisse, also einen rigorosen europäischen Schulterschluss wagte, es jetzt noch eine Möglichkeit hätte, sich zu emanzipieren.

Ein Staat braucht eine Verfassung, denn ohne Verfassung ist alles nichts, wie einst Alexander Hamilton bemerkte. Europa dürfte um diese Erkenntnis nicht herumkommen, wenn es nicht nur nicht untergehen, sondern noch Welt gestalten, sich seines Erbes aus Universalismus und Republikanismus ernsthaft und nicht nur heuchlerisch annehmen will. Es ist also an der Zeit, dass Europa jene Frage von Max Weber nach dem »legitimen Gewaltmonopol« beantwortet, die da lautet: Wer ist der Souverän? Wer entscheidet in Europa? Der US-Senat, der den Europäern die Möglichkeiten vorgibt, wo und mit wem sie Handel treiben dürfen? Die Lega, die bis vor kurzem in Italien ein Gesetz verabschieden ließ, laut dem private Seenotrettung mit einer Maximalstrafe von bis zu einer Million Euro inkriminiert wird? Oder in letzter Konsequenz ein gesamteuropäisches Parlament, das zu anderen Entscheidungen kommt? Die Liste der Beispiele, in denen einzelne europäische Staaten mangels europäischer Solidarität (oft mit knapper Mehrheit) Dinge entscheiden, die ganz Europa in wirklicher Kontemplation seiner eigenen politischen Ideengeschichte und seiner Werte nicht wollen kann, ließe sich beliebig ausweiten. Das konsequente Hervortreiben eines europäischen Staates ist mithin die europäische Aufgabe – um nicht zu sagen: Pflicht! – der Stunde. Europa wird an dieser Aufgabe reüssieren oder scheitern. Der Spielraum dazwischen jedenfalls wird immer kleiner.

Nation in Latenz: Von vorpolitischer Substanz zum Willensakt?

»Wer nicht will, findet Gründe.
Wer will, findet Wege.« *Sprichwort*

Die Zukunft der EU ist unsicherer denn je. Eine Mehrheit der Europäer ist schon heute davon überzeugt, dass die EU um das Jahr 2040 herum nicht mehr existieren wird. Das entspricht fast punktgenau jenem Datum von 2042, das die Zielgröße wäre, wenn Julien Bendas Rede an die europäische Nation zum Ausgangspunkt für eine europäische Nationenbildung genommen würde. Ob 2042 ein anderes Europa, gar ein europäischer Staat existiert, ist die große Frage. Höchste Zeit also, sich mit dieser Frage zu befassen. Es spricht einiges dafür zu argumentieren,[275] dass eine gemeinsame europäische Staatsgründung nicht gelingen kann, wenn die Regierungen keine Gelegenheit auslassen, sich gegenseitig schlecht zu reden. Wer möchte schon jetzt mit »faulen« Griechen oder »reformunfähigen« Franzosen einen gemeinsamen europäischen Staat gründen? Und ob sich viele der anderen Europäer nach einer Dekade mehr oder weniger sublimer deutscher Hegemonie gerne mit den »hässlichen Deutschen« einlassen wollen, ist ebenfalls fraglich. Es bleibt festzuhalten, dass wir in Europa, kaum dass wir den letzten »Schuldzusammenhang« des Zweiten Weltkriegs durch das »Friedensnarrativ« überwunden geglaubt haben, immer tiefer in neuen Anschuldigungen und mithin in einem neuen, gegenseitigen »Abneigungszusammenhang« versinken: Wer war Schuld an der Eurokrise? Wer an der Flüchtlingskrise? Darüber wird aktuell immer häufiger gegenseitig Anklage erhoben und eine *Rette-sich-wer-kann!*-Haltung evoziert. Die Alternative wäre eine gesamteuropäische Katharsis, die Einsicht in die Tatsache, dass wir mindestens seit der letzten Dekade in einem *neuen* europäischen Währungs- und Krisenzusammenhang stehen und dass die beiden Topthemen aller europäischen Gesellschaften, nämlich das *Soziale* und die *Sicherheit*, dauerhaft nur gemeinsam durch die Schaffung einer *europäischen Staatlichkeit* gelöst werden können, wobei eine gemeinsame Staatsgründung genau jene Erinnerungskultur begründen würde, die eine Nation zusammenschweißt. Vom gemeinsamen Frieden in den gemeinsamen Staat? Wir haben die Wahl.

Es ist nicht einfach, die paar letzten Meter auf dem Weg einer europäischen Demokratie zu gehen, einen »Europäischen Staatenbau« in Angriff zu nehmen. Nicht weil wir es heute, 2019, schwerer hätten als jene europäischen Gründungsväter, als Jean Monnet, Robert Schuman, Alcide De Gaspari, Konrad Adenauer oder Charles De Gaulle und die vielen, vielen anderen Frauen und Männer, die die letzten sechzig Jahre europäische Integration buchstäblich aus einer europäischen Trümmerlandschaft hervorgezaubert haben. Sondern weil sich bestimmte innereuropäische Machtstrukturen und Ungleichheitsgefälle eingestellt und verfestigt haben, die kein Politiker aufzudröseln wagt. Jedes EU-Mitgliedsland hat gleichsam aus seiner spezifischen Rolle in der EU sein *Geschäftsmodell* gemacht: die Iren mit der niedrigen Unternehmensbesteuerung, die kleinen Länder als Steuerschlupflöcher, die Osteuropäer als Anbieter von Billiglöhnern etc. Was aber, wenn die europäischen Bürgerinnen und Bürger einen solchen europäischen Staatenbau immer lauter einklagen würden? Die Zeit ist reif dafür und wir haben eine einmalige historische, vielleicht sogar die letzte Chance, den großen historischen Bogen von den Römern über die Französische Revolution zu spannen, um den europäischen Kontinent demokratisch unter gleichem Recht zu einen, eine *Res Publica Europae*, also europäische öffentliche Güter zu organisieren[276] und den Binnenmarkt und den Euro weich in einem souveränen, europäischen Staat zu betten, der sich, kühn und anmutig zugleich, über Europa spannen würde, ähnlich jenem Aquädukt in Lissabon.

Wie dargelegt, bekennt sich eine Mehrheit der Europäer zu Europa und hegt den Wunsch nach mehr Partizipation, was einem »plébiscite de tous les jours« (Ernest Renan) oder einem gemeinsamen Blick auf die Zukunft entspricht. Diese Mehrheit fühlt sich europäisch und imaginiert sich konsequenterweise als »vorgestellte Gemeinschaft« (Benedict Anderson). Diskussionen über die »Institutionalisierung von Solidarität« (Marcel Mauss) werden allerorten in Europa geführt, ein ›selbstreflexiver Moment‹ der Europäer: über die Flüchtlinge ebenso wie über Geld (Transferunion, Seenotrettung). Jüngere empirische Untersuchungen erhärten jedenfalls eindeutig, dass die Solidarität unter europäischen Bürgern deutlich höher ist als gemeinhin erwartet,[277] was indes in einer oft aufgepeitschten nationalen Presse, ganz gleich ob in Polen, Deutschland oder Italien, leider keine entsprechende Abbildung erfährt. Die »unvollständige« europäische Unionsbürgerschaft (Étienne Balibar) schafft immer mehr Probleme für mobile Europäerinnen und Europäer, und zwar nicht für die Elite, sondern vor allem für diejenigen am unteren Rand der Gesellschaft, weswegen der Druck auf die Fusion bzw. Europäisierung der Rechtstriade steigt, also die Forderung der Durchsetzung des allgemeinen politischen Gleichheitsgrundsatzes für alle. Die Nominierung Ursula von der Leyens am Spitzenkandidaten-Prinzip vorbei, das zwar *nur*, aber immerhin seit 2014 europäisches Gewohnheitsrecht ist, hat viele europäische Bürger enttäuscht, die sich in Europa auf dem Weg wähnten, perspektivisch das »Sacre du citoyen« (Pierre Rosanvallon) zu erobern, also Wahlrechtsgleichheit und die Fähigkeit, gemeinsam eine europäische Regierung zu bilden oder zu stürzen. Und schließlich die popkulturelle Forderung nach einem europäischen Pass während der Europawahlen 2019, die dem Wunsch einer europäischen »Staatsbürgergemeinschaft« (Dominique Schnapper) Ausdruck verleiht. Bei allen funktionalen Definitionen von Nation hat Europa also den Fuß in der Tür in Richtung europäischer Staat. Reicht das nicht, um diese Tür konsequent aufzustoßen? Anders formuliert: Soll das alles aufs Spiel gesetzt werden, weil niemand den Mut hat, der schleichenden Erosion des europäischen Projektes konsequent etwas entgegenzusetzen, vor allem *ein klares Ziel?*

Der deutsche Soziologe Heinrich Popitz beschreibt in *Phänomene der Macht*[278] jenen Moment auf dem Deck eines Kreuzfahrtschiffes, in dem sich einige anschicken, die bestehende Ordnung mit Blick auf die Besetzung der Liegestühle zu ändern. Diejenigen, die lediglich die alte Ordnung verteidigen wollen, haben keine Chance, sie zu bewahren. Sie sind fassungslos, kriegen sich nicht sortiert und bekommen ihre strukturelle Mehrheit nicht in Macht über die Minderheit umgesetzt. Am Ende setzen sich die durch, die eine neue Ordnung der Liegestuhlvergabe wollen. Nicht etwa, weil sie besser wäre. Aber weil *einige* das *konsequent* wollen. Die Kurzübersetzung der Szene ist: Zielgerichtete Selbstermächtigung siegt. Anders formuliert: Ohne klares Ziel keine Politik![279] Nichts könnte den heutigen Zustand Europas besser beschreiben: Eine (noch) verhältnismäßig kleine Pluralität von Populisten und Nationalisten möchte Europa eine neue nationale »Ordnung« aufzwingen, während eine ungefähre Zweidrittelmehrheit europäischer Bürger klare, fortschrittliche und weitreichende europäische Wünsche hegt, auf die die Politik sich aber bisher nicht einigen, die sie nicht zu einem *Ziel bündeln* kann.[280]

Die europäischen Bürgerinnen und Bürger leben bereits reale Vergesellschaftung, die national gar nicht mehr auseinanderzudividieren wäre: Mehrere Alterskohorten von Erasmus-Studenteninnen und -Studenten haben inzwischen vermutlich das millionste internationale Kind gezeugt; eine aufgrund europäisch angelegter Rahmenprogramme durch und durch europäische Forschungslandschaft, eine *Université européenne*, die an die mittelalterliche *République des Lettres* erinnert; neben London zwei starke europäische Börsen in Frankfurt und Paris; europäische Börsenindices wie EuroNext und EuroStoxx; eine im europäischen Maßstab produzierende Automobil- und Flugzeugindustrie (Airbus) und die europäische Raumfahrt der ESA; ein europäisches Firmenstatut der *Société européenne* (leider *ohne* gemeinsame europäische Mitbestimmungsstatuten!); Abschaffung der Roaming-Gebühren – weswegen de facto jede Handynummer europaweit nur einmal vergeben werden kann; Euronews und Euractiv, also klassische Fernseh- und neue Online-Formate als europäische Medien. Dazu einen europäischen Song-Contest. Und sogar – oder vielleicht ist es das Wichtigste? – eine europäische Poesie-Anthologie:[281] Europa, ein Gedicht? Die ersten europäischen Soaps für den amerikanischen Anbieter Netflix sind geplant,[282] die – ähnlich dem »Tatort« aus Deutschland – zu (pop-)kultureller Formierung und einem europäischen Boulevard beitragen dürften. Es gab schon lange und gibt wieder Vorschläge für ein öffentlich-rechtliches Internet in Europa. Es gibt hunderte europäische Kulturhauptstädte, einen europäischen Städtetag und ungezählte Städtepartnerschaften, und eigentlich überhaupt fast nichts, was nicht schon eine mehr oder weniger starke institutionalisierte, europäische Struktur hätte, von den Kirchen über die Gewerkschaften bis hin zu den Arbeitgebern. Auch die European Champions League gehört dazu, die nicht mehr auf Nationalmannschaften basiert, sondern in der die europäischen Fußballklubs gegeneinander antreten. Eigentlich eilt der Fußball dankenswerterweise als Treiber der Dekonstruktion der heutigen Nationalstaaten und Nationalmannschaften voraus, zumal die Fußballer von den Vereinen kreuz und quer durch Europa ge- und verkauft werden. Jan Böhmermann hat nach dem Ausscheiden Deutschlands aus dem Achtelfinale beim letzten Worldcup 2018 einen Tweet abgesetzt, in dem es hieß: »Nicht traurig sein, demnächst treten wir als europäische Mannschaft gemeinsam an, Italiener, Niederländer, Deutsche, Briten, Spanier etc., alle gemeinsam, dann verlieren wir nie mehr«.[283] Wenn Jogi Löw das mal so vorschlagen würde, wären sicher die meisten Deutschen schon dabei ...

Eigentlich wartet diese latente europäische Gesellschaft, die längst alle möglichen *Features* einer Nation entlang der diversen strukturellen Definitionen aufweist, nur noch auf das schützende Dach eines europäischen Staates. Nicht umsonst war im letzten Europawahlkampf im Mai 2019 der Slogan »L'Europe, qui protège«, »ein Europa, das schützt«, der wohl meistzitierte Wahlkampfspruch, von rechts wie von links gleichermaßen übrigens. Das ergibt insofern Sinn, als sich das *Schützen* auf zwei Dinge bezieht: von *links* auf den sozialen Schutz, von *rechts* auf den Schutz der Grenzen. Eine europäische *Staatlichkeit* müsste also diese Komponenten auf einer neuen Ebene zusammenführen. Ein europäischer Staat ist das Einzige, was der europäischen Gesellschaft noch fehlt, nicht nur, um sich als Nation zu materialisieren, sondern um der zunehmenden Polarisierung zwischen rechts und linksnational in *allen* europäischen Staaten zu entgehen. Indem man Europa zur Ebene der Demokratiegestaltung macht, würden rechts und links auf europäischer Ebene in einem neuen, erweiterten Raum politisch wieder zusammengeführt. Die liberal-konservative Mitte müsste sich einen Ruck mit Blick auf das soziale Europa und alle benachbarten Politikdossiers (Bankenunion, Arbeitslosenversicherung etc.) geben, die europäische Linke einen Ruck mit Blick auf die Schließung (Grenzkontrolle und militärische Verteidigung) Europas. Nicht um eine »Festung Europa« zu machen. Sondern um überhaupt eine politikfähige Einheit begründen: »In Gesellschaften mit offenen Grenzen multiplizieren sich die Möglichkeiten des Trittbrettfahrens auf der Seite der Einzahler (Beitragsflucht für Reiche und mobiles Kapital) sowie der potenziellen Nutznießer (vermeintlich Flüchtlinge) bei niedrigen Eintrittsschwellen.«[284] Ergo: Mit immer weniger Mitteln muss eine immer größere Solidarleistung erbracht werden. Ein Jo-Jo, das an der Schnur nur nach unten läuft. Wenn Europa mit anderen Regionen der Erde, vor allem Afrika, solidarisch sein und kooperieren will, muss es zunächst sich selbst helfen. Europäische Schließung und Öffnung bedingen einander wie bei einer Herzmuskelbewegung. Die innere Schließung Europas durch einen Staat ist die notwendige – wenn auch nicht hinreichende – Bedingung für ein handlungsfähiges, souveränes und offenes Europa, das seinem universalistisch-republikanischem Erbe überhaupt erst wieder gerecht werden könnte. Und seinen eigenen Gesellschaften dazu. Wenn ein *sozialliberales* Europa wieder genau das bieten würde, was die Populisten anstreben, nämlich wahre *Solidargemeinschaft* und *Souveränität*, dann könnte so den populistischen Umtrieben in Europa vielleicht der Boden entzogen werden.[285] Nicht umsonst ist *Souveränität* durchgängig eine Forderung populistischer Parteien und – nüchtern betrachtet – ist an dieser Forderung nichts Falsches. Kurz: Wer Europa vor Populismus schützen will, muss »*Europa richtig machen*«,[286] nicht mit dem Finger auf die Populisten zeigen.

Das Schlimmste, was Europa passieren kann, ist, dass es den »rechten Arm« eines europäischen Staates *ohne* den »linken Arm« der Solidarität hervortreibt. Hier liegt derzeit das Potenzial für den wirtschaftlichen und politischen Schulterschluss rechtskonservativer, bürgerlicher Milieus mit Populisten. Für den »rechten Arm des Staates« gibt es große ökonomische und politische Treiber. Mit dem Schlagwort »Sicherheit« lässt sich sowohl viel Geld verdienen als auch lassen sich viele Menschen mit einem Sicherheitsbedürfnis politisch mobilisieren, mit einem sozialen Europa dagegen nicht. Diese potenzielle Schlagseite für die europäische Entwicklung sollte nicht unterschätzt werden: Frontex ist bereits eine Art *staatliches* Gewaltmonopol *ohne* ausreichende parlamentarische Legitimität.[287]

Sowohl mit Blick auf die *vorpolitische Substanz* als auch mit Blick auf einen möglichen *Willensakt* steht Europa im Grunde nicht schlecht da. Beide Bedingungen der Nationenbildung stehen natürlich in einem dialektischen Verhältnis zueinander. Die »Willens-Nation«, die zentral an die drei Elemente des gemeinsamen *Erinnerns, Erlebens* und an eine gemeinsame *Projektion* geknüpft ist, liegt für Europa in der Latenz eigentlich zum Greifen nahe, zumal wenn man, wie Aleida Assmann, Erinnerungskultur als eine Form politischer Bildung begreift: »Das Wort Erinnerungskultur ist im Grunde nur ein anderer Begriff für eine politische Bildung, die die gesellschaftliche Teilhabe stärkt und in der sich Institutionen (...) mit der eigenen Geschichte auseinandersetzen.«[288] Anders formuliert: Wir könnten beginnen, eine europäische Staatengründung auszu*bilden*, indem wir anfangen, nicht mehr *ziellos* über die europäische Zukunft, sondern *konkret* über einen europäischen Staat zu reden.

Gemeinsames Erleben und Erinnern

> »Eine solche Änderung des politischen Systems kann aber auch durch einen Regierungswechsel, eine friedliche Revolution oder durch eine innere Entscheidung angestoßen werden. Ohne die Markierung eines Bruchs kann ein wirklicher Wandel nicht vollzogen werden.« *Aleida Assmann*

Eine gemeinsame Staatengründung wäre der nationale Erinnerungsort Europas per se. Es geht bei Erinnerungsorten um Ereignisse oder Symbole, die die gemeinsame Geschichte prägen, das Werden der eigenen Nation markieren. Für Frankreich gelten z.B. Jeanne d'Arc, Napoleon, der gallische Hahn, die Französische Revolution oder auch der Eiffelturm als nationale Wahrzeichen. Britische oder eher englische Erinnerungsorte sind z.B. das Königshaus, Lady Di, die Magna Carta, die deutschen Luftangriffe im Zweiten Weltkrieg (der sogenannte »Blitzkrieg«), William Shakespeare und in Zukunft bestimmt Joanne K. Rowling mit ihren *Harry-Potter*-Bänden. Für Deutschland sind solche Erinnerungsorte etwa die erste Verfassung der Paulskirche von 1848, der deutsche Michel oder die deutsche Eiche, Bismarck, der Tannenbaum und der Weihnachtsmarkt (vielleicht auch das Oktoberfest?), *Grimms Märchen*, die Weimarer Republik oder eben der Fall der Berliner Mauer 1989. Doch es gibt nicht nur über die Jahrhunderte angehäufte »europäische Erinnerungsorte« von der Nymphe Europa bis zu den Hexenverbrennungen.[289] Inzwischen gibt es auch zuhauf Symbole jüngeren Datums, an die wir uns gemeinsam als Europäerinnen und Europäer erinnern und zunehmend *transnational* diskutieren und die weit über die Kriegserfahrungen und den Holocaust des letzten Jahrhunderts und das nicht mehr wirklich zugkräftige Friedensnarrativ der EU hinausgehen: Sage und schreibe neun Direktwahlen zum Europäischen Parlament seit 1979; die ›friedliche Revolution‹ von 1989; der Vertrag von Maastricht über die »Ever closer union« von 1992; die Euroeinführung 2002; die Initiative zur europäischen Verfassung 2003 und ihr Scheitern 2005; die EU-Osterweiterung von 2004. Dazu die gemeinsam durchlebte Eurokrise, die »Indignacios«, die Feierlichkeiten zum zehnjährigen Jubiläum der EZB 2012 und die Demonstrationen dagegen; das griechische *Oxi* vom 17. Februar 2015, Letzteres alles eher traumatische Ereignisse. Aber eben auch den Friedensnobelpreis für die Europäische Union 2012 und die Feierlichkeiten zu 60 Jahren Römische Verträge in Rom 2017, als Momente des gemeinsamen Stolzes? Interessant ist auch, dass es inzwischen verschiedene Initiativen gibt, den 9. Mai offiziell zum europäischen (National-)Feiertag zu erklären.[290] Auch der *Brexit* ist ein wirkmächtiger europäischer Erinnerungsort; ebenso wie die Wahl von Ursula von der Leyen zur EU-Kommissionspräsidenten im Juli 2019 und die von vielen empfundene Enttäuschung über die fehlenden Elemente europäischer Demokratie.

Diese neuen Erinnerungsorte, die den Weg in eine europäische Nation weisen könnten, überlappen sich oder konkurrieren gar mit nationalen *Zerfalls*erzählungen der heutigen europäischen Nationalstaaten, sei es Spanien, das mit dem katalanischen Unabhängigkeitswunsch ringt, sei es Belgien, das in Wallonien und Flandern zu zerfallen droht oder sei es das Vereinigte Königreich, das so gar nicht mehr vereinigt ist und gleich doppelt zerfällt, einmal in das Lager der Brexiteers und der Remainers, zum anderen, denkt man an Schottland, in regionale Blöcke. Auch Italien ist doppelt gespalten, einmal in Norden und Süden, aber auch in Lega und Cinque Stelle; und Frankreich erfährt einen wieder anders gelagerten Zerfallsprozess durch die Gelbwesten (»La France périphérique«).[291] Von der Idee einer gemeinsamen Zukunft ist in all diesen Staaten nicht unbedingt viel zu merken, solange sich Europa nicht erhebt und zum ersehnten Nexus der Überwindung dieser Spaltungen macht. Auch Osteuropa zerfällt – in Ungarn oder Polen, aber auch in Rumänien und Bulgarien – in populistische Regierungen und diejenigen, die dagegen demonstrieren. Und in Deutschland diskutiert man seit geraumer Zeit über nationale Spaltungsprozesse, die beispielsweise plakativ bei den Demonstrationen in Chemnitz zu beobachten waren, als Nationalismus und Willkommenskultur aufeinanderprallten. Wer mit wem eine gemeinsame Zukunft hat, ist in Europa offensichtlich nicht mehr so ganz klar. Zweifellos wird auf dem europäischen Kontinent derzeit der politische Überbau neu verhandelt, also genau die Frage, wer demnächst mit wem in einem Staat zusammenleben will.

Wir sind nicht am Ende der Geschichte. Deutschland hatte in den letzten 200 Jahren sieben Verfassungswechsel und immense Grenzverschiebungen: 1815 gab es zunächst den Deutschen Bund, der Österreich, Preußen, Dänemark und die Niederlande vereinigte und bereits bundesstaatliche Züge hatte. 1871 trat das (klein-)Deutsche Reich in die Weltgeschichte ein, 1918 beerbt von der Weimarer Republik, die 1933 durch Hitler ab- und aufgelöst wurde. 1945 entstand die kleine Bundesrepublik und seit 1990 gibt es das wiedervereinigte Deutschland. Die seit der wiedervereinigten Bundesrepublik verfasste deutsche Nation muss also nicht ihre letzte und nicht mehr veränderliche Formgestalt angenommen haben. Frankreich hat allein im letzten Jahrhundert drei Republiken gesehen, die III. bis 1944, eine instabile, kurze IV. bis 1958, ist jetzt in der V., diskutiert aber seit Jahren schon über eine VI. Republik, die die französische Demokratie erneuern soll.[292] Die Spanier diskutieren über die Abschaffung der Monarchie und die zweite spanische Republik nach jener, die 1936 dem spanischen Bürgerkrieg zum Opfer fiel. Tirol diskutiert über Separatismus, die Katalanen und die Schotten über eine eigenständige Republik, Belgien ist de facto in Wallonien und Flandern zerfallen, auch dort sieht es nicht so aus, als hätten die heutigen Nationen noch viel beschauliche Zeit vor sich. Das alles spräche dafür, all diese unterschiedlichen Bewegungen orchestriert in ein europäisches Ganzes fließen zu lassen.

Rousseau schrieb bereits 1783: »Il n'y a plus aujourd'hui de Français, d'Allemands, d'Espagnols, d'Anglais même, quoi qu'on en dise; il n'y a plus que des Européens. Tous ont les mêmes goûts, les mêmes passions, les mêmes moeurs, parce qu'aucun n'a reçu de forme nationale par une institution particulière.«[293] Kurz, es gibt kulturell nur Europäer. Keiner habe eine *besondere* Form bei der institutionellen Herausbildung seiner Nation entwickelt. Spräche nicht allein das dafür, das politisch-kulturelle Großprojekt der Moderne, an der seit nunmehr mindestens 250 Jahren gearbeitet wird, nämlich den parallelen Prozess eines europäischen *Nation-* und *State-Building* jetzt abzuschließen, der gleichsam das Ziel des *gemeinsamen Demokratisierungsprozesses* darstellen müsste, in dem Europa sich aktuell befindet?

Neue europäische und alte nationale Erinnerungskulturen ringen derzeit miteinander auf dem europäischen Kontinent, wobei die *Dauer der Zugehörigkeit* zum modernen europäischen Einigungsprojekt ein wichtiger Faktor ist. Dafür spricht, dass inzwischen in fast allen osteuropäischen Staaten an der europäischen Erinnerungskultur gerüttelt und die nationale wieder hervorgeholt wird. In Polen wird derzeit die eigene Geschichte konsequent von der PiS umgeschrieben, z.B. auf die Eindeutigkeit polnischer Nichtbeteiligung am Holocaust.[294] Orban separiert die ethnischen Minderheiten von den Ungarn und lässt an einer monoethnischen, ungarischen Geschichte schreiben. Auch in Deutschland melden sich die Holocaust-Leugner lauthals zu Wort und beanstanden Monumente wie etwa die Stelen in Berlin.[295] Alles zielt darauf ab, die europäische »Schuldgemeinschaft«, aus der sich nach dem Zweiten Weltkrieg das Friedensnarrativ als tragender Pfeiler der europäischen Integration herausbilden konnte, aufzulösen. Dies spricht dafür, dass Europa dringend ein in die *Zukunft* gerichtetes Motiv für seine Einigung braucht. Das größte Problem des Friedensnarrativs, auf dem die EU beruht, ist, dass es auf *Erhalt* gerichtet ist, in einer Zeit, die Umbruch geradezu verlangt.

Osteuropa, das erst 2004 zur EU hinzugestoßen ist, verbindet sich nach langen Jahren der sozialistischen Sozialisation weniger mit der (west-)europäischen Gründungserzählung einer europäischen Föderation bzw. der Ambition einer politischen Union. Gerade weil diese Frage – ausgesprochen oder latent – so umstritten ist, ist längst ein Kulturkampf darüber ausgebrochen, woran derzeit erinnert wird, an die gemeinsamen *europäischen* oder an die *nationalen* Momente der eigenen Geschichte, an nationale Momente vor und im Zweiten Weltkrieg bzw. im Widerstand gegen den sowjetischen Sozialismus. Vieles spricht dafür, dass die nur knapp zehnjährige *europäische Sozialisierung* in den Strukturen der EU von 2004 bis zum Ausbruch der Euro-Krise 2010/11 im Verhältnis zu den sechzig Jahren für Westeuropa einfach nicht *lang* genug war, um Osteuropa gefühlsmäßig in derselben Art und Weise an Europa zu binden, zumal die sozioökonomische Vergesellschaftung durch den Euro vor allem in den beiden großen Staaten Osteuropas Ungarn und Polen ausgeblieben ist. Beide Länder hatten ursprünglich 2008 bzw. 2011 geplant, dem Euro beizutreten, was dann aufgrund der Bankenkrise aufgeschoben wurde. Der Euro hat Ost- und West-Europa inzwischen ökonomisch mehr gespalten als geeint.[296] Dabei sind die osteuropäischen Staaten ökonomisch nicht unbedingt schlecht gefahren. Doch ist dies vielleicht ein Grund, dass viele Osteuropäer sich heute als Europäer zweiter Klasse fühlen und, wie die Zahlen belegen, trotzdem, – fast möchte man sagen: glücklicherweise – Sehnsucht nach Europa hegen.

Bei fast allen gesellschaftlichen Fragestellungen – Flüchtlinge, gleichgeschlechtliche Ehe, aber auch Ölpipelines und Erdgasleitungen – ist eine Ost-West-Spaltung auf der Europakarte tatsächlich nicht zu übersehen.[297] Fraglich ist aber, ob die Abwendung von Europa in Teilen der osteuropäischen Gesellschaften als »Anti-Europäismus« oder als Enttäuschung von Europa interpretiert werden muss, was in einem tendenziell rechthaberischen und maßregelnden Diskurs des europäischen Westens mit Blick auf Rechtstaatlichkeitsverfahren meist zu kurz kommt. Vor allem weil Osteuropäern heute gerne die Demokratiefähigkeit abgesprochen wird, sei hier kurz daran erinnert, dass es Alexander Dubček, die tschechoslowakische Charta 77, die polnische Solidarność und die ostdeutsche Bürgerbewegung gewesen sind, die 1989 zu »Europe whole and free« geführt haben, bis die Ungarn, selten wird daran erinnert, genau vor dreißig Jahren die Mauer geöffnet haben!

Für den Willensakt einer europäischen Staatsgründung spräche hier, dass das Versprechen auf rechtliche Gleichstellung der europäischen Bürgerinnen und Bürger de facto die einzig wirksame und verbindliche Zusage wäre, den Zustand von »Zwei-Klassen-Europäern« perspektivisch zu überwinden. Eine europäische Staatsgründung wäre dann in etwa das, was der deutsche Einigungsvertrag von 1990 für die Bundesrepublik und die DDR war: das Versprechen auf bürgerliche, soziale und politische Gleichheit, die sich im übrigen auch in dem volkswirtschaftlich irrationalen 1:1-Umtausch der Währungen ausdrückte. Was zu einer Nation wird, kann (und sollte) man darum nicht auf Heller und Pfennig *berechnen*. Deutsche und europäische Einigung sind zwei Seiten derselben Medaille, das war lange Jahre ein geflügelter Satz in Deutschland ...

Europa *einen* inzwischen so viele gemeinsame Bilder, wenn auch die Diskussion über manche dieser Bilder spaltet – so z.B. in der Flüchtlingskrise oder bei Nord Stream. Die entscheidende Frage wird sein, ob die unterschiedlich durchlebten Ereignisse der jüngeren Vergangenheit Europa zusammenschweißen oder auseinandertreiben, ob wir uns an das Gleiche erinnern oder ob wir die Widersprüche in unseren Erinnerungen gegeneinander ausspielen. Das Ergebnis ist bei Weitem nicht ausgemacht, aber die Kontingenz der Geschichte, in welche Richtung wir diese Erinnerungen auslegen wollen, hat Europa in der Hand: Was waren die gemeinsam gefundenen Lösungen in den historischen Konflikten? Was wollen wir feiern? Wer wollen wir sein? Wen wir morgen auf die Podeste in Europa stellen, ist die Frage, und genau darum ringen wir derzeit. Das *per se* ist die klassische, identitätsbildende Frage für Nationen, auch für eine potenziell europäische.

In der Nationenbildung geht es immer um doppelte Bewegungen, die einen schmerzhaften Druck auf die vornationalen Formationen ausüben – ähnlich wie sich Gesteinsformationen durch geologischen Druck und Klimaeinflüsse bilden. Diese doppelte Bewegung befördert die Solidarisierung nach innen, die mit einem Schwur auf gemeinsames Geld und gleiches Recht besiegelt wird, bei gleichzeitiger Abgrenzung nach außen. Ein dialektisches Spiel des Erinnerns an die *eigene Herkunft* bei gleichzeitiger Projektion einer *gemeinsamen Zukunft*, die durch immer mehr gemeinsames Erleben entsteht. Was dabei zählt, ist die Bewusstwerdung dieses Prozesses: Europa steckt offensichtlich wie bei der Gesteinsbildung in der Geologie inmitten eines solchen Vorgangs, in dem nach innen Trennendes und nach außen Verbindendes parallel gesteigert wird: Der äußere Druck ermöglicht die Aussöhnung nach innen. Dies ist Teil der Nationenbildung!

Eine europäische Paulskirche?

> »Wer heute die Chancen eines europäischen Bundesstaates abschätzt, also einer echten völkerrechtlichen Souveränität der EU, sollte die Deutschen als positives Momentum auf seine Rechnung nehmen (...).
> Nur Kleingartenvereine und Afd-Sympathisanten hissen noch Schwarz-Rot-Gold. Elite und Mitte der Gesellschaft tragen blau mit goldenen Sternen.« *Udo di Fabio*

Mitten in Budapest fand sich neulich eine Tafel mit der Frage: »Should Europe become a country?« Die Passanten wurden von Anhängern der ungarischen Föderalisten aufgefordert, Punkte hinter »Yes« und »No« zu kleben. Zum Zeitpunkt des Fotos gibt es fünf Punkte bei »Yes« und sieben bei »No«: Es ist also knapp! Fast überraschender ist die Schlichtheit, mit der diese recht weitreichende Frage gestellt ist, mitten in Budapest, als ginge es um etwas Triviales – aber hinter dem Trivialen versteckt sich oft das Grundlegende. Wäre es möglich, *nur diese eine Frage* einem europäischen Referendum zu unterziehen? Die Chancen stünden wahrscheinlich gar nicht schlecht, dass es europaweit eine große Mehrheit für einen europäischen Staat gibt. Man könnte sie auch einfach in den Fragenkatalog des Eurobarometers aufnehmen ...

Wem diese Zeilen unrealistisch vorkommen, der sei daran erinnert, dass Europa 2003 schon einmal einen Anlauf für eine europäische Verfassung unternommen hat, und was ist eine Verfassung anderes als das Gründungsdokument eines Staates? Das ist weniger als zwanzig Jahre her, aber fast in Vergessenheit geraten. Es ging um die post-nationale Konstellation Europas, als »post-national« noch kein politischer Kampfbegriff war.[298] An dieser Tatsache kann man die Regression vermessen, die Europa seit der Jahrtausendwende durchlaufen hat. Denn in den zehn Jahren von etwa 1995 bis 2005 wurde in allen europäischen Wissenschaften – Politik-Sozial- und Wirtschafts- und Rechtswissenschaften – über kaum etwas so intensiv diskutiert wie über eine Europäische Verfassung, und wie diese institutionell-politisch und mit Blick auf einen fiskalischen Föderalismus aussehen müsste: Es gab ein europäisches *Ziel*, einen *Plan,* und die gesellschaftlichen Anstrengungen wurden *gebündelt*.[299] Von Joschka Fischer[300] über Jürgen Habermas meldeten sich in Deutschland und anderswo in Europa Menschen von Rang und Namen zu diesem Thema.[301] Die damalige »Erklärung von Laeken« von 2001 war in etwa vergleichbar mit den Bürgerdialogen der jüngeren Zeit. Es gab Anhörungen in Brüssel, auf denen die organisierte Zivilgesellschaft von der Assoziation der arabischen Frauen in Europa bis hin zum Deutschen Städtetag ihre Vorschläge für eine europäische Verfassung unterbreiten durften. Dazu spezielle Internetseiten, auf denen Bürger ihre Anregungen formulieren konnten. Europa hat also Erfahrungswerte und könnte noch einmal in seinen eigenen Archiven und Bibliotheken kramen: Wenig ist so erforscht und aufbereitet wie eine europäische Verfassung und was in sie hineingehört.

Was fehlt, ist allein ein neuer Anlauf, Mut und politischer Wille, und das Bewusstsein, dass ein neuer Anlauf für eine europäische Verfassung heute den *verkannten europäischen Bürger* – und konsequenterweise den allgemeinen politischen Gleichheitsgrundsatz – in den Mittelpunkt der Bemühungen rücken müsste.

Der – letztlich halbherzige – europäische Verfassungsentwurf 2005 scheiterte erst an einem niederländischen, dann an einem französischen »Nein«, was auf dem europäischen Kontinent eine Art Schockstarre auslöste. Seither hat sich niemand mehr an das Thema herangetraut. Aus der gescheiterten Verfassung wurde einige Jahre später – unter großen politischen Qualen – 2010 der Vertrag von Lissabon, ein Kauderwelsch von europäischem Vertragsgeflecht, den eine breitere Öffentlichkeit nicht ernsthaft als europäische Verfassung wahrnimmt. Damals gehörte es zum amerikanischen Standard-Scherz, auf die 276 Seiten Konvolut zu verweisen und stolz, mit süffisantem Lächeln auf den Lippen, die schlanke amerikanische Verfassung aus der Westentasche zu ziehen.

Nimmt die Idee einer Europäischen Verfassung jetzt wieder Fahrt auf? Wie gezeigt, gab es tatsächlich im Vorfeld der letzten Europawahlen mannigfaltige Verfassungsentwürfe von europäischen Organisationen, Parteien und Initiativen. In das Nachdenken über die Ausgestaltung einer europäischen Demokratie ist durch die letzte Krise eindeutig Bewegung gekommen. Die Stellungnahmen werden wieder mutiger: Am 31. März 2019 erst hat z.B. die Europa-Union Deutschland einen Beschluss zur Zukunft Europas verfasst, der den Titel trägt: *Europas Zukunft ist der Bundestaat.* Das

Bildteil

Foto aufgenommen bei einer Demonstration im Mai 2019 in Berlin.

Die ideale EU

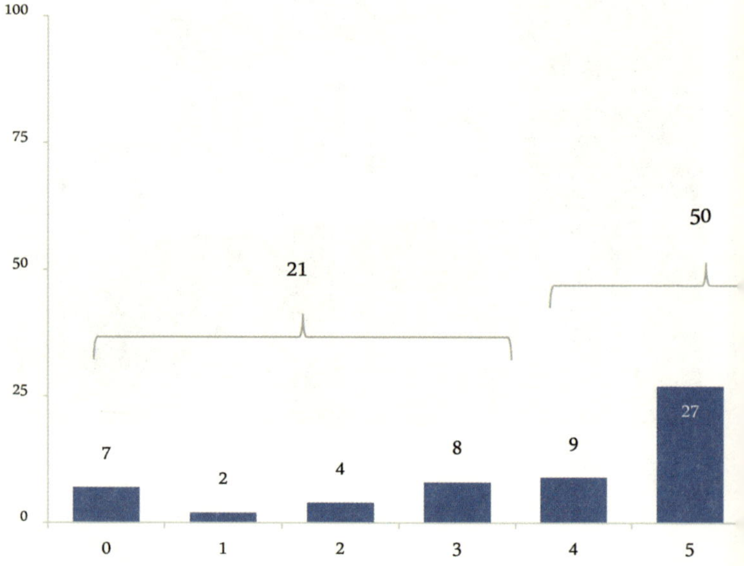

Jeder hat wahrscheinlich eine ungefähre Vorstellung, wie für sie oder ihn ein ideales Europa aussehen würde. Auf einer Skala von 0 bis 10, inwieweit entspricht die jetzige EU Ihrer Idealvorstellung? 0 bedeutet sie entspricht Ihrer Vorstellung gar nicht, und 10 bedeutet, sie entspricht ihrer Vorstellung vollkommen.

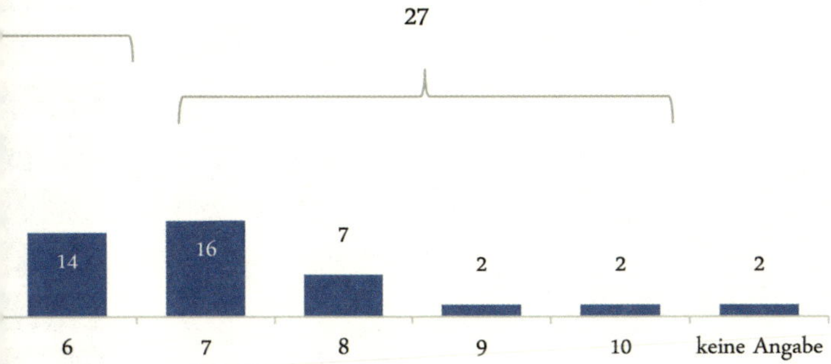

Angaben in Prozent, n=4510, max. Schwankungsbreite +/- 1,5
Rest auf 100 = Rundungsfehler

Harmonisation in different fields

ENVIRONMENTAL STANDARDS

WAGES

FOOD SAFETY

EDUCATION

PENSIONS

CONSUMER PROTECTION

QUALITY OF AGRICULTURAL GOODS

MINIMUM SOCIAL BENEFITS

QUALITY OF GOODS AND SERVICES

ANIMAL WELFARE

PRIVACY AND DATA PROTECTION

TAXATION

To improve each of the following areas, would you prefer to have more harmonisation between European Union countries, less harmonisation between European Union countries, or would you prefer to keep the current situation? (% – EU)

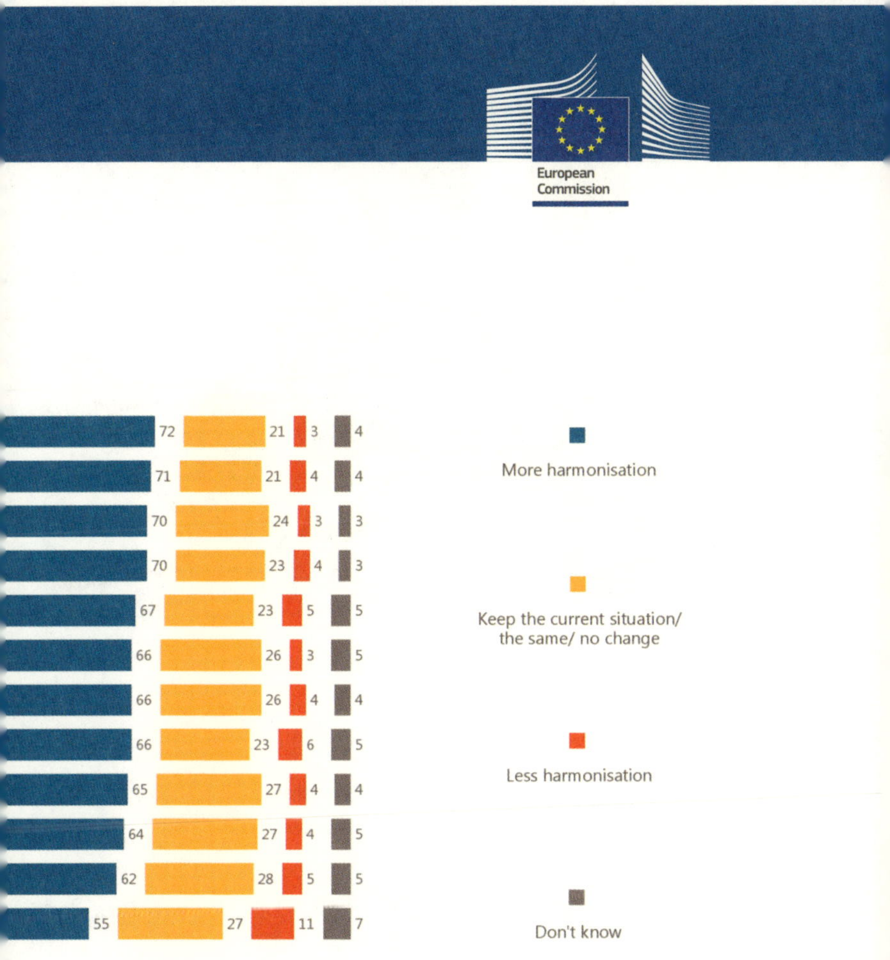

Zustimmung zu Harmonisierung in bestimmten Politikbereichen (Eurobarometer-Umfrage).

Europa-Regionen nach Volker Thurm-Nemeth

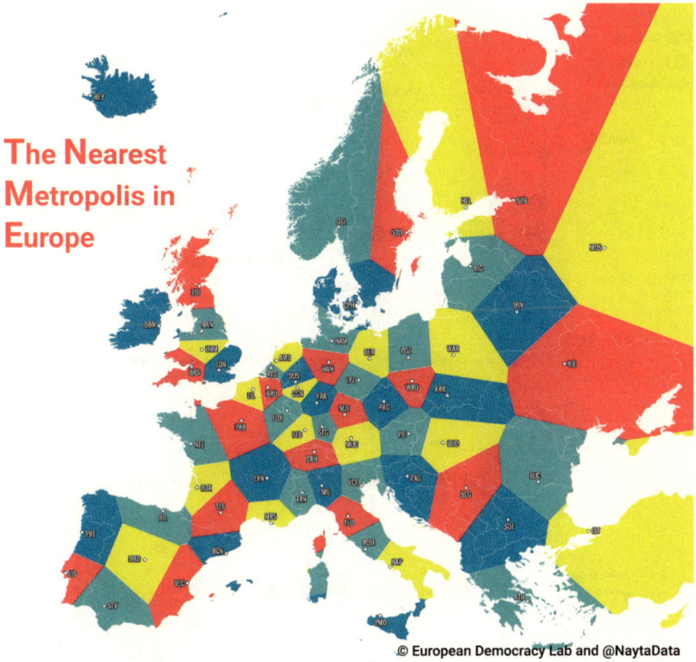

Karte der europäischen Metropolregionen (European Democracy Lab)

metropa *the european supermetro network*
le réseau européen supermétro
das europäische superschnellbahnnetz

METROPA wurde 2008 vom Musiker und Künstler Stefan Frankenberger als ein Projekt ins Leben gerufen, das auf mehreren Ebenen möglichst viele Menschen für die Idee der communauté européenne im Wortsinn begeistern und sie von ihren unbestreitbaren Vorteilen überzeugen will. Es ist das Symbol der Zukunft Europas als Stadt und Metropole – für jeden benutzbar, raumgreifend, universell (mehr dazu auf www.metropa.eu).

A majority of Europeans fear that the EU will fall apart by 2040

Percentage who think EU collapse is very likely or fairly likely in the next 10-20 years

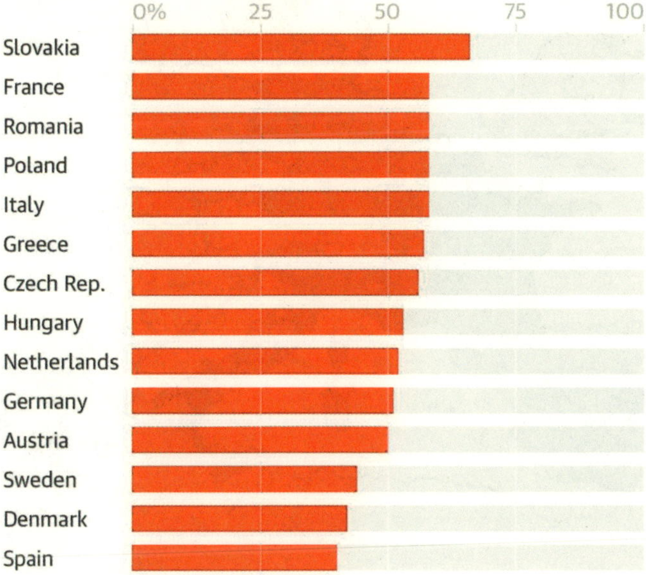

Guardian graphic | Source: ECFR-YouGov survey

Anteil der Befragten, die der Meinung sind, dass die EU bis 2040 auseinanderfallen wird.

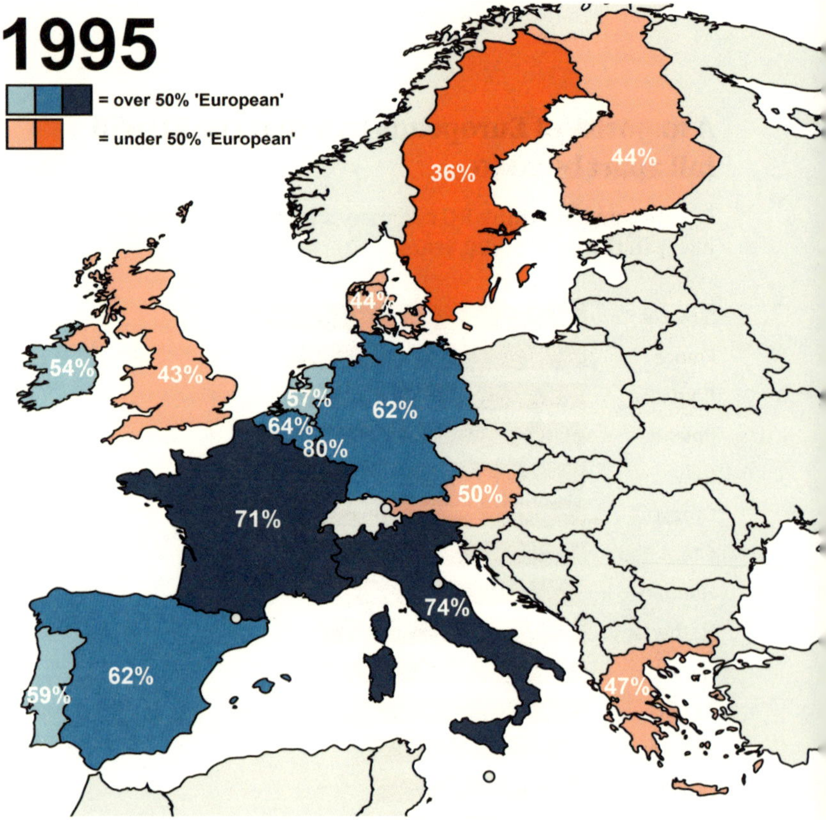

Anteil der Befragten, die sich als Europäer fühlen im Vergleich 1995–2015.

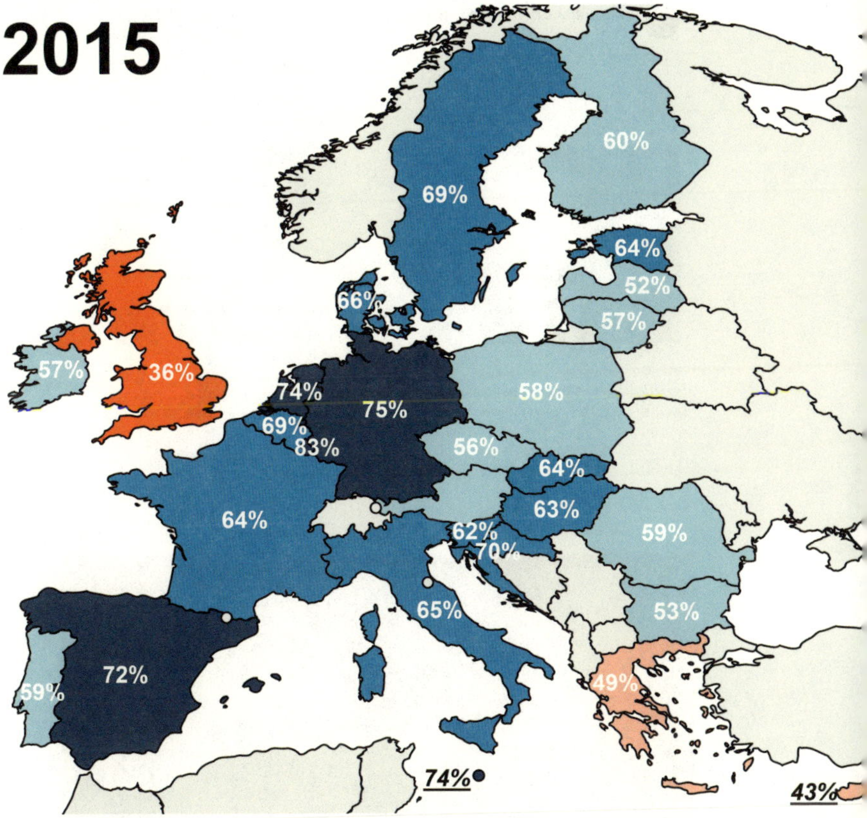
2015
60%
69%
64%
52%
66%
57%
57%
36%
74%
75%
58%
69%
83%
56%
64%
64%
63%
59%
62%
70%
65%
53%
72%
59%
49%
74%
43%

EU-Reisepass von Jan Böhmermann

Passhülle »Europäische Republik«

Dokument fordert ausdrücklich eine supranationale, europäische Demokratie und kritisiert die starke Stellung des Europäischen Rates im politischen System der EU, der »statt einer europäischen Regierung, die durch eine Opposition kontrolliert wird, (...) keiner parlamentarischen Kontrolle durch ein Organ der EU unterliegt.«[302] Der Begriff des »Europäischen Bundesstaates« war fast zwanzig Jahre lang aus den europapolitischen Debatten verschwunden bzw. fast tabuisiert. Wer trotzdem an ihm festhielt, galt als Spinner. Das Papier der Europa-Union Deutschland von 2019 geht jedenfalls weit über jene fünf eher zaghaften Szenarien hinaus, die die EU-Kommission erst 2017 in ihrem Weißbuch zur Zukunft der Europäischen Union vorgeschlagen hatte. Die europäische Verfassungsdebatte erfährt also derzeit neuen Aufwind. Auch Prominente melden sich wieder mutig zu Wort, in Deutschland jüngst der ehemalige Verfassungsrichter Udo di Fabio.[303] Vor allem junge Leute bringen das Thema immer wieder in die Debatte. Immer deutlicher wird in diesen Wortbeiträgen ein Europäisches Parlament als veritabler Gesetzgeber mit Initiativrecht gefordert und ein »Einmischungsverbot« der Nationalstaaten, damit Europa endlich in den großen Fragen handlungsfähig wird.[304] Auch setzt sich die Auffassung durch, dass über eine solche Verfassung am Ende mit einem europaweiten Referendum entschieden werden müsste, das nicht mehr national ausgezählt wird, sondern in dem die europäischen Bürger als neuer *electoral body*, als europäischer Wahlkörper *gemeinsam* entscheiden: Das wäre der Durchbruch zu einem europäischen »Sacre du citoyen«.

Europa steht massiv unter Druck. Es muss etwas passieren. Die Frage der Zukunft der europäischen Solidarität nach innen liegt in der Luft. Die Gefahr eines Scheiterns des europäischen Projektes auch, jeder kann es spüren (und diese Zeilen werden getippt, bevor die Flurschäden des Brexit ab Herbst 2019 den europäischen Kontinent erreichen werden). Gleichzeitig ist der Wunsch nach äußerer Abgrenzung Europas immanent. Vor allem im Verhältnis Europas zu den drei Großmächten USA, Russland und China geht es derzeit um nichts Geringeres als um eine Umstellung von einem Partnerschafts- zu einem Konkurrenzverhältnis, oder anders formuliert: um Emanzipation. Ist die europäische Verfassung 2003 zu Teilen auch daran gescheitert, dass die USA dieses Bemühen, vor allem jenes um eine eigenständige Sicherheits-und Verteidigungspolitik und die Schaffung eines veritablen europäischen Außenministers, subtil torpediert haben,[305] so wird heute hinter das transatlantische Verhältnis in vielerlei Hinsicht ein Fragezeichen gesetzt. Und auch hinter das Verhältnis zu China, seitdem immer mehr klar wird, dass unfaire Handels- und Geschäftspraktiken seitens Chinas mittel- und langfristig nur einen Verlierer kennen: Europa bzw. seine Staaten. Seitdem die bange Frage durch Europa geistert, ob sich die chinesischen Praktiken der gesellschaftlichen Überwachung (»moral scrutiny«) parallel zu den Handelsbeziehungen auch auf Europa ausdehnen werden, ist die Ernüchterung darüber, dass Marktwirtschaft und Demokratie eben nicht unbedingt Hand in Hand gehen, wie es Francis Fukuyama noch 1991 in seinem Besteller vom *Ende der Geschichte* verkündete. Sondern dass der Markt, Autoritarismus und Überwachung ganz gute Kumpel sein können.[306] Mit einem Mal ist die Sorge groß, dass der Handel mit China für Europa unschöne geostrategische und politische Konsequenzen haben könnte. Anders formuliert: Eine Emanzipation von den USA und China scheint heute eher denkbar, zumindest *wünschbarer* als vor 15 Jahren oder zu Zeiten des Maastrichter Vertrages.[307] Die Notwendigkeit einer europäischen geoökonomischen Strategie könnte also, im Gegensatz zu 2003, zu einem entscheidenden Treiber für einen neuen europäischen Verfassungsprozess werden.

Die *europäischen Bürger* aber sind die historischen Subjekte der Stunde. Sie wollen gehört werden, und zwar egal, ob sie der EU den Rücken zuwenden, sich abwenden und damit zum ›populistischen Problem‹ werden, oder ob sie zu denjenigen gehören, die momentan mit Verve die europäische Einigung weiterführen wollen. Zu beiden wird sich die EU positionieren müssen. Wenn, wie die Theorien über Nationen-Bildung nahelegen, Demokratisierungs-, Staats- *und* Nationenbildungsprozesse intrinsisch miteinander verwoben sind, dann steckt Europa inmitten eines solchen Prozesses, der aber noch nicht entschieden ist. Wahrscheinlich auch deswegen hat die neue EU-Kommissionspräsidentin, Ursula von der Leyen, schon in ihrer ersten Rede angekündigt, sich in ihrer Amtszeit den Themen der transnationalen Wahllisten und Parteien – also den Grundfragen der europäischen Demokratie – anzunehmen. Die Dringlichkeit eines europäischen Fortschritts bzw. die Fragilität der EU scheint ihr bewusst zu sein.

Constituante Européenne statt europäischer Konvent?

> »Einigkeit und *Recht* und Freiheit sind des Glückes Unterpfand.« *August Heinrich Hoffmann von Fallersleben*

Eine große Bürgerbefragung bzw. Konferenzserie zur Zukunft Europas hat Ursula von der Leyen schon angekündigt. Doch Konferenz ist nicht mehr der Begriff der Stunde. Eher eine Art geschickte Moderation und Zusammenführung dessen, was alles an Daten über die Wünsche der europäischen Bürger schon auf dem Tisch liegt. Es ist Eile geboten!

Befragt wurden die europäischen Bürgerinnen und Bürger wie nie zuvor. Das Problem der Befragungen war letztlich die politische Ziellosigkeit der europäischen Dialoge: Denn worüber wird geredet, wenn über Europa geredet wird? Über die EZB und Niedrigzinsen, die deutsch-französischen Beziehungen, die Terrorangriffe auf Europa? Über Frontex, das europäische Trinkhalmverbot, die Zeitumstellung, die Geflüchteten oder die europäische Sparpolitik? Oder Europas Beitrag zum Klimaschutz oder seine Rolle im Syrienkrieg? Bezieht sich die Kritik an *der* EU auf die Kommission, das Parlament, den Rat, und werden diese Gremien in öffentlichen Debatten überhaupt unterschieden? Zwar gab es eine Art Leitfaden für die Bürgerdialoge. Aber eher fungierten sie wie ein Pappkamerad, an dem interessierte Bürger ihre geballte Wut auf Europa ablassen konnten.

Zweitens blieben die Bürgerdialoge methodisch wieder *national* kontingentiert. Deutsche haben mit Deutschen diskutiert, aber nicht mit Italienern oder Polen. Dabei wäre doch gerade das Absetzen der ›nationalen Brille‹, das Wechseln des Standpunktes im Blick auf Europa eine sinnvolle Übung gewesen. Italiener und Deutsche beispielsweise, die ihre Sicht auf die europäische Schuldenbremse oder über Niedrigzinsen austauschen. Polen und Finnen, die sich darüber unterhalten, ob das deutsch-französische Tandem wichtig ist usw. Die *horizontale* Vernetzung der europäischen Bürgerinnen und Bürger jenseits nationaler Grenzen ist der Missing Link. Öffentliche Diskussion über Europa erinnern darum oft an das Mismatch des Arbeitsmarkts zwischen Angebot und Nachfrage, zwischen gesuchten Fachkräften und unqualifizierten Arbeitslosen: Das, worüber geredet wird, ist von dem, was viele Bürgerinnen und Bürger sich mit Blick auf Europa wünschen, ähnlich weit entfernt!

Der an die Oberfläche der politischen Diskussion gespülte Begriff des europäischen Bürgers verweist darauf, dass der nächste europäische Verfassungsprozess wahrscheinlich in andere Hände gelegt werden muss als in die der europäischen Staaten und ihrer Vertreter, wie das 2003 im europäischen Konvent noch der Fall war. Welcher Regierungsvertreter könnte heute schon beanspruchen, in zunehmend gespaltenen Gesellschaften *die* Deutschen, *die* Franzosen, *die* Polen oder *die* Ungarn in einem solchen Gremium zu repräsentieren?

Nach Art. 48 können der Vertrag über die Europäische Union und der Vertrag über die Arbeitsweise der Europäischen Union gemäß eines ordentlichen und vereinfachten Verfahrens geändert werden. Das ordentliche Verfahren sieht die Einberufung eines europäischen *Konvents* durch den Präsidenten des Europäischen Rates vor. Weitgehend vergessen ist, dass Guido Westerwelle im November 2011, auf dem Höhepunkt der Eurokrise, die Einberufung eines solchen Konvents zur Durchsetzung einer politischen Union gefordert hat.[308] Sogar EU-Kommissionspräsident José Mario Barroso hat im September 2012 in seiner »Rede zur Lage der Union« eine umfassende Vertragsänderung vorgeschlagen. Alle diese Vorschläge wurden zu Jahresende 2012, unter anderem aufgrund massiver deutscher Unwilligkeit, begraben. Das deutsch-französische Tandem war zu diesem Zeitpunkt auf einem Tiefpunkt.[309] Aber in der zweiten Jahreshälfte 2020 führt Deutschland die EU-Ratspräsidentschaft. Ursula von der Leyen könnte jetzt zu jenem verpassten Moment von 2012 zurückkehren, in dem die krisengeplagte europäische Nation in der Latenz, in dem eine wundgescheuerte europäische Gesellschaft ihren schützenden Staat schon einmal händeringend gesucht hat, und das Projekt vollenden. Zumal Deutschland nicht nur ein großes Machtpotenzial in Europa besitzt, sondern auch eine europäische Bringschuld hat. Die Voraussetzung wäre, dass – wieder einmal in der Geschichte – eine Wende von einem deutschen Europa zu einem europäischen Deutschland gelänge, anders formuliert: von deutscher Dominanz *in* Europa hin zu deutscher Führung *für* Europa. Dann könnte Deutschland seine leidige Zahlmeisterdiskussion hinter sich lassen und sich zum Zukunftsmeister Europas aufschwingen.[310]

Mitterrand, Delors und Kohl, ein deutsch-französisches Trio, das hat die EU vor rund dreißig Jahren schon einmal sehr weit vorangebracht. 2020 wäre es ein Trio aus Macron, von der Leyen und Merkel? Es geht hier nicht darum, den französischen »Jung-Macchiavellisten« und Europa-Apologeten Emmanuel Macron in den Himmel zu loben, der unterm Strich sehr smart französische Interessen (und im übrigen auch Personalien) in Europa durchsetzt.[311] Aber unter Kohl, Mitterrand und Delors war es einmal kluge deutsche Politik, französische Vorschläge anzunehmen, wie ein Omelette in der Pfanne zu wenden und ein gemeinsames europäisches Mahl daraus zu machen.[312] Nicht aber, französische Europa-Vorschläge dauerhaft, brüsk und unbegründet abzulehnen, ohne selbst bessere zu machen, mit dem fast kindischen Hinweis darauf, dass dies nur Geld kosten würde. Auch Europa ist kein *free lunch* …

Aber wäre ein Konvent, in den Regierungsvertreter entsandt werden, überhaupt noch das zeitgemäße Format? Europa ist derart im Umbruch, warum nicht auch hier Neuland betreten? Es müsste eine klügere repräsentative Abbildung der europäischen *Gesellschaften* gefunden werden, im Sinne einer »Constituante européenne«, einer konstituierenden europäischen Versammlung: Bürgermeister und Repräsentanten von europäischen Regionen, aus Stadt und Land, aus allen Teilen Nord- und Süd-, Ost- und Westeuropas, religiöse Gruppen, Berufsgruppen, Wissenschaftler, Minderheiten … Wie viele Personen es auch seien, es ließe sich organisieren.[313] Wie aber könnte die Auswahl getroffen werden, die legitimiert ist, die Teilhabe für ein Maximum an Bürgern sichert, wie wird der Prozess moderiert?[314] Eine Art moderne ›europäische Paulskirche‹ müsste es werden, die über drei oder vier Jahre mit mehreren europäischen Regionalkonferenzen dezentral, bürgernah und themengebunden (europäische Finanzverfassung, europäische Sozialpolitik, europäische Geo-Ökonomie etc.) jenseits der Hauptstädte organisiert wird. Von der *Bürgerbefragung* zum konkreten Entwurf einer europäischen *Bürgerverfassung*, das müsste das Projekt bis zu den nächsten Europawahlen 2024 werden. Die Europawahlen selbst könnten zum Testlauf einer Abstimmung darüber genommen werden: Welche Parteien sind dafür, welche dagegen? Das Problem des Verfassungsvertrages »von oben« aus dem Jahre 2003 bestand nicht zuletzt darin, dass er als »unlesbar« galt: Sowohl in Frankreich als auch in Dänemark wurde er damals vor den jeweiligen Referenden an alle Haushalte verschickt und die »Technokratie« bzw. die europäische Bürokratensprache in den »Nein«-Kampagnen vielfach gerügt. Es gäbe eine Chance, das heute besser zu machen.

Inzwischen gibt es eine Vielzahl computergestützter Verfahren, die solche Diskussionsprozesse moderieren können.[315] Dass eine »europäische Paulskirche« europaweit dezentral durchgeführt und die Ergebnisse zusammengeführt könnten, wäre keine Frage. Partizipative, diskursive Methoden und Formen haben längst einen hohen Standard erreicht – bei aller Gefahr, die diese Erosion der repräsentativ-parlamentarischen Demokratie in sich birgt. Die Kritik an der repräsentativen parlamentarischen Demokratie ist in der vergangenen Dekade jedenfalls deutlich gewachsen und sehr laut geworden,[316] seit verschiedene Bevölkerungsgruppen sich durch ihre Parlamente, vor allem in europäischen Fragen, nicht mehr angemessen vertreten fühlen, und zwar auf beiden Seiten des politischen Spektrums: in pro-europäischen, zivilgesellschaftlichen Gruppen und Bürgerinitiativen ebenso wie in populistischen oder identitären Kreisen.[317] Viele Kritiker beklagen vor allem, dass die *soziale* Repräsentation der Parlamente nicht mehr funktioniert, anders formuliert: dass vor allem Nichtakademiker und untere Lohngruppen in den Parlamenten nicht mehr repräsentiert werden.[318] Die politische Auseinandersetzung über Europa hat sich damit de facto vom Parlament schon sichtbar auf die Straße verlagert.

Deshalb zielen viele zivilgesellschaftliche Initiativen inzwischen darauf ab, in kleinen, überschaubaren, lokalen oder städtischen Zirkeln wieder gesellschaftliche Repräsentationsstrukturen – z.B. über Losverfahren[319] – zu schaffen, die verschiedene gesellschaftliche Gruppen anders abbilden als derzeit die Parlamente und die, legt man diesen Gruppen verschiedene politische Fragestellungen oder Gesetzesentwürfe vor, zu anderen Lösungen oder Priorisierungen kommen als die jeweiligen parlamentarischen Vertretungen. Ließe sich das auf einen europäischen Verfassungsprozess übertragen? Letztlich betreffen viele Fragen einer europäischen *Staatlichkeit* die Bürger direkt, wenn z.B. zunehmend das Gefühl entsteht, dass europäische Binnenmarktdirektiven – z.B. die Notwendigkeit von europaweiten Ausschreibungen – das Gemeinwohl oder die Daseinsvorsorge im eigenen Nahbereich bedrängen. Podemos in Spanien ebenso wie Cinque Stelle in Italien sind Ausdruck bürgerlicher Selbstorganisation, vor allem mit Blick auf das (Miss-)Management öffentlicher Güter in Europa. Das zeigt, wie wichtig es wäre, lokale bürgerliche Belange direkt mit europäischen Strukturen zu verknüpfen, auf eine bessere soziale Repräsentation bei der europäischen Entscheidungsfindung zu drängen und die Schaffung öffentlicher Güter – einer »Res Publica Europaea« – in Europa zu forcieren.

Stellen wir uns eine Sekunde vor, eine solche »Constituante européenne« käme zustande: Was könnte *eine* plausible und machbare Forderung sein, um die herum dieser Verfassungsprozess strukturiert wird?

Die Aussöhnung von europäischer Föderation und Republik

»Républicains, n'ayons plus peur!« *Régis Debray*

Eine solche »Constituante européenne«, eine »europäische Paulskirche«, wäre für *jeden* Bürger in Europa interessant, denn es ginge dort eben nicht nur um die großen, meist abstrakten Themen (Strategie, Verteidigung, Umwelt, Cyber) oder um die »trockenen« institutionellen Belange, sondern um die *bürgerlichen Belange,* die jene Politisierung Europas *in der Breite* erleichtern und die Legitimität einer »europäischen Paulskirche« absichern würden. Was nämlich im Bemühen um die europäische Einigung bisher immer gefehlt hat oder doch entscheidend zu kurz gekommen ist, ist die *republikanische* Seite der europäischen Integration, die mit der *föderalen* Komponente, auf die bisher das Augenmerk gelegt wurde, zusammengeführt werden muss. So begründet der Vertrag von Maastricht 1992 eine »Union der Staaten« und eine »Union der Bürger«, laut Jürgen Habermas eine »heterarchische Struktur«,[320] die eben keine gleichberechtigte ist: In der EU bestimmen die Staaten deutlich stärker über den Europäischen Rat als die europäischen Bürgerinnen und Bürger über das Europäische Parlament. Zielt der Begriff der Föderation auf die »Union der Staaten«, so zielt der Begriff der Republik auf die »Union der Bürger«. Eine Föderation europäischer Staaten würde einen europäischen Bundestaat begründen, jene »Vereinigten Staaten von Europa«, die lange Jahrzehnte als Ziel der europäischen Integration galten.[321] Eine »Union der Bürger« aber, die auf Rechtsgleichheit in zentralen Bereichen des bürgerlichen Daseins – Wahlen, das Soziale, bürgerliche Freiheiten – beruht, beruhen muss, ist in letzter Konsequenz eine Republik, in diesem Fall eine Europäische Republik. Keine Föderation kann (rechts-)ungleiche Bürger in einem demokratischen System tolerieren.

Europäischer Föderalismus und europäischer Republikanismus müssen darum miteinander verschränkt werden, anders formuliert: Europäischer Republikanismus – die Union der Bürger auf der Grundlage von Rechtsgleichheit – ist die *Voraussetzung* für eine föderale, bundesstaatliche Organisation Europas. Auch die Bundesrepublik Deutschland ist föderal organisiert, die Bundesländer genießen föderalen Gestaltungsspielraum. Für die dezentrale Struktur aus Bund, Ländern und Gemeinden gilt das Subsidiaritätsprinzip. Aber die Bürger der Bundesrepublik selbst genießen von Anklam bis zum Bodensee Rechtsgleichheit, sie bekommen prinzipiell in der gesamten Republik die gleichen sozialen Leistungen und wählen nach gleichem Recht. Erst die Rechtsgleichheit der Bürger ermöglicht die Subsidiarität der föderalen Einheiten und führt dazu, dass Bürger zueinander eben nicht in Konkurrenz gestellt werden – so wie es in der EU über die Landesgrenzen hinweg der Fall ist.

Wo der Föderalismus sowohl Wettbewerb als auch Kooperation zwischen den Regionen organisiert, garantiert die Rechtsgleichheit die politische Einheit der Bürgerinnen und Bürger. Föderalismus und Republikanismus stehen daher in einem notwendigen Spannungsverhältnis. Die Verknüpfung von europäischem Föderalismus und Republikanismus wäre darum das Gebot der Stunde, die republikanische Rechtsgleichheit für europäische Bürger ist Europas Missing Link zum Erfolg. Auch das ist ein alter Schuh! Schon 1998 hatten französische Intellektuelle eine Aufruf mit dem Titel »Républicains, n'ayons pas peur« publiziert,[322] ein neorepublikanischer Blick auf die europäische Bürgerschaftsfrage, seit dem mit dem Maastrichter Vertrag die Perspektiven der europäischen Einigung nicht mehr nur von einer Abstraktion ausgingen.[323] Die Erkenntnis, dass in der gegenwärtigen Epoche der europäischen Einigungsbemühungen nach jahrzehntelangem Fokus auf die europäische *Föderation* nun der europäische *Republikanismus* im Vordergrund stehen muss, scheint inzwischen die Runde zu machen: Vor Kurzem erst hat beispielsweise das Movimento Italiano di Europa, die föderale europäische Bewegung Italiens, die untrennbar mit dem Namen von Altiero Spinelli verbunden ist, ihre Satzungsdokumente auf das Ziel einer »europäischen Republik« (Repubblica d'Europa) statt eines Konventes geändert.[324]

Die Verknüpfung von europäischer Föderation und Republik ist auch ideengeschichtlich nicht trivial, betrifft sie doch vor allem die zentralen Akteure des europäischen Einigungsprozesses, nämlich Deutschland und Frankreich. Im deutsch-französischen Tandem treffen föderale (Deutschland) und republikanische Tradition (Frankreich) geradezu prototypisch aufeinander. Gelänge die Verknüpfung beider Traditionen, wäre für eine europäische Verfassung wahrscheinlich viel gewonnen. Es ist interessant zu sehen, dass die intellektuelle deutsch-französische Auseinandersetzung im Vorfeld der letzten europäischen Verfassungsberatungen von 2003 genau dies zum Thema hatte. Wo die deutsche Europadebatte der 1990er Jahre, geführt meist von Juristen, stets um die Frage »Bundestaat« oder »Staatenbund« kreiste und sich damit immer auf die politischen Einheiten bezog, die diesen europäischen »Bundestaat oder Staatenbund« begründen würden, sowie um die *Kompetenzverteilung* zwischen der bundestaatlichen und den substaatlichen Einheiten, führten die Franzosen eine Debatte über »Republik oder Europa«[325] bzw. forderten eine europäische Republik.[326] Die französischen Sozialwissenschaftler interessierten sich nicht in erster Linie für das föderale Gefüge Europas, sondern für die Republik als Herrschaft des Rechts, und mithin die Fähigkeit der Selbstverwaltung der Bürger (autolégislation), die auf einer veritablen *citoyenneté europénne* beruhen müsste: »C'est du moins à cette condition que le projet politique et institutionnel européenne pourrait être conçu comme compatible avec le projet républicain.«[327] Da ist sie wieder, die im letzten Teil diskutierte *europäische Staatsbürgerschaft*.

Eine solche europäische Staatsbürgerschaft müsste in einem republikanischen Ansatz zum zentralen Gegenstand einer europäischen Verfassung werden. Es geht nicht oder nicht in erster Linie um die *Kompetenzverteilung* zwischen Europa und seinen Einzelstaaten, eines der sehr deutschen Schlagwörter in Europadiskussionen, sondern um die Republik als *Primat des Rechts*, das notwendigerweise für alle europäischen Bürger das gleiche sein muss.[328] Die Republik, nicht die Föderation, ist damit das eigentlich tragende Verfassungsprinzip[329] Höchste Zeit, es auf Europa anzuwenden!

Interessanterweise wurde Jürgen Habermas' Buch *Die Einbeziehung des Anderen*, eines der grundlegenden Bücher des damaligen europäischen Verfassungsprozesses und der Versuch, in der Tradition von Immanuel Kant den Begriff der Republik *post-national* zu öffnen, also von kulturellen Identitäten zu entkoppeln und damit europatauglich bzw. kosmopolitisch zu machen, im Französischen mit »*L'intégration républicaine*« übersetzt.[330] Es ging um das Konzept einer *multi-nationalen Republik der europäischen Nationen*, im Kern also darum, die geistigen Traditionen einer (monoethnischen) Republik von Jean-Jacques Rousseau und der (multi-ethnischen) Republik von Immanuel Kant sorgsam zu verweben, was genau über den Begriff der Staatsbürgerschaft (»citoyenneté«) gelingt. Indem die *Staatsbürgerschaft* als zentrales Element einer Nation ethnisch neutralisiert, aber sozial gefüllt wird, kann vor allem eine europäische Sozialpolitik eine determinierende Rolle für die Herausbildung einer »Citoyenneté européene« übernehmen, ohne kulturelle Diversität zu beeinträchtigen.[331] Für die Herausbildung einer »Citoyenneté effective« sei soziale Integration Europas die vordringlichste Aufgabe, also eine europäische Staatsbürgerschaft, die sukzessive die (nationale) Herkunft der europäischen Bürger durch soziale Rechtsgleichheit substituiert. Hier schließt sich der Kreis zu Marcel Mauss' Definition von Nation als sozial integrierter politischer Einheit, sowie zu Dominique Schnappers Definition von Nation als »Staatsbürgergemeinschaft«.[332] Wenn es wirklich zu einer effektiven europäischen Staatsbürgerschaft käme, dann könne die Republik letztlich nur europäisch sein: »La République pourrais être finalement qu'Européenne.«[333]

Gäbe es eine veritable europäische Staatsbürgerschaft schon jetzt, über die ein europäischer Pass generiert werden könnte, wäre sogar der Hard-Brexit kein Problem: Millionen Briten, denen im Oktober 2019 die europäischen Unionsbürgerrechte entzogen werden, wie wenn man einen Stecker zieht – nicht weil sie selbst das in ihrer Mehrheit beschlossen hätten, sondern weil eine unverantwortliche Regierung es vermeintlich in ihrem Namen beschlossen hat –, wären unmittelbar Europäer und ihre bürgerlichen Rechte direkt an Europa gekoppelt. Ob sich das *Land Großbritannien* dann aus den Strukturen der EU zurückzieht, könnte allen, gelinde gesagt, gepflegt egal sein. An nichts zeigt sich das aktuelle Missverhältnis bzw. die kolossale Diskrepanz der Machtverhältnisse zwischen EU-Rat und Parlament, zwischen Staatenunion und *Bürgerunion* besser.

Ein Ziel und eine Methode

»Europa ist wie ein Fahrrad. Hält man es an,
fällt es um.« *Jacques Delors*

»La Citoyenneté européenne est du construit«, eine Staatsbürgerschaft muss konstruiert werden, heißt es bei Dominique Schnapper. Wenn der allgemeine politische Gleichheitsgrundsatz für alle europäischen Bürgerinnen und Bürger, mithin eine europäische Staatsbürgerschaft das entscheidende Ziel für einen künftigen Verfassungsprozess und die Basis für die vollständige Demokratisierung Europas ist, dann gilt es jetzt, die Methode zu klären, wie man dahin gelangen kann.

Vielleicht hilft ein Blick auf die vorausgegangen europäischen Verfassungsprozesse, die heute als Errungenschaften bzw. Erfolge gehandelt werden, nämlich der europäische Markt und die Währung. Der Binnenmarkt ist de facto europäische Rechtsgleichheit für *Güter*, der Euro ist Rechtsgleichheit für *Geld.*

Wenige in Europa, nicht einmal die hartgesottensten Populisten oder die Briten scheinen bereit, auf den Binnenmarkt verzichten zu wollen, der – es ist weitestgehend vergessen – in der 1980er Jahren auch ein *umstrittenes* Projekt gewesen ist. Jacques Delors, der damalige EU-Kommissionspräsident, hat sich schon damals abgemüht, 1989 eine europäische *Sozial*union zeitgleich zum Binnenmarkt durch die europäische Tür zu bekommen und ist damit nicht zuletzt am britischen Widerstand gescheitert. Dass der Euro umstritten war, ist bekannt. Wenige europäische Bürger sind heute aber bereit, den Euro aufzugeben. Der Euro erfreut sich allen Unkenrufen zum Trotz seit Jahren einer erstaunlichen Beliebtheit in der europäischen Bevölkerung, Tendenz steigend.

Es ist wichtig, daran zu erinnern, dass die damaligen europäischen Verfassungsprojekte *ein* (!) konkretes Ziel hatten – *einen* Markt, *eine* Währung – und mit einer Stichtagsregelung (!) umgesetzt wurden. Aber es fehlten die europäische Agora, die Diskussionen, die Bürgerbefragungen. Waren damals rund 80 Prozent der Deutschen gegen die Einführung des Euro, so möchten ihn heute 78 Prozent der Deutschen (und die meisten Europäer) nicht missen. Die Zeiten und die Einstellungen können sich also ändern. Der Weitblick und der Mut von Helmut Kohl, François Mitterrand und Jacques Delors jedenfalls wurden belohnt. In der Retrospektive kann konstatiert werden: Markt und Währung sind gelungen.

Über einen zehnjährigen Prozess wurde nach Festlegung der Wechselkurse 1999 zum 1. Januar 2002 der Euro als Geld eingeführt. Von einem Tag auf den anderen waren Euro im Geldautomaten. Heute kann sich kaum jemand mehr vorstellen, dass da noch einmal D-Mark herauskommen sollen.

Ein *Ziel* und eine *Stichtagsregelung* waren also die Methode, die Europa zum Erfolg geführt hat! »Ein Markt, eine Währung«, war der Slogan damals. »Ein Markt, eine Währung, eine Demokratie«, müsste der Slogan heute lauten! Ist eine solche Methode auf die Forderung nach einer europäischen Staatsbürgerschaft übertragbar? Jacques Delors hat in diesem Zusammenhang immer von der »Zeitschiene« gesprochen. Was der politische Prozess heute nicht hergebe, müsse so lanciert werden, dass das Ergebnis erst dann da ist, wenn die politisch Verantwortlichen selbst nicht mehr an der Macht seien und die neuen das Sujet zu ihrer Sache machen.

In der gleichen Logik, mit der die europäischen Großprojekte Markt und Währung, aber auch europäische Feinstaubregelung und Gülleverordnung, durchgeführt wurden oder werden, könnte man jetzt die schrittweise Schaffung einer europäischen Staatsbürgerschaft per Stichtag beschließen und auf die »Zeitschiene« setzen, also ihre Realisierung auf fünf, zehn oder gar zwanzig Jahre anlegen, zum 1. Januar 2025, 2030 oder 2040. 2040 war der Zeitpunkt, von dem die meisten Bürger heute denken, dass es keine EU mehr gibt. Bis dahin sollte der Prozess einer europäischen Verfassung spätestens abgeschlossen sein. Dazu könnte man die Schaffung einer solchen Staatsbürgerschaft – wie damals den Europrozess – in mehrere Teilschritte zergliedern, die man symbolisch unterfüttert.

Da die soziale Integration das tragende Element für die neue Nation Europa ist, würde sich als wichtiger symbolischer Teilschritt die Umstellung auf eine europäische Sozialversicherungsnummer (*European Social Security Number*), ESSN, anbieten. Die ESSN würde schrittweise die europäischen Arbeitslosen-, Gesundheits- und Rentensysteme harmonisieren – so wie die meisten europäischen Bürger sich das wünschen. Jeder europäische Bürger und jede europäische Bürgerin hätte in jedem europäischen Land per ESSN *ex ante* Zugang zu den gleichen Leistungen. Dieser Prozess könnte analog zur Umstellung auf die IBAN-Nummer gestaltet werden, an die sich heute jeder gewöhnt hat. Jeder europäische Bürger und jede europäische Bürgerin würde die Einführung einer ESSN merken, jeder wäre betroffen, jeder hätte teil, viele hätten etwas dabei zu gewinnen. Man darf erwarten, dass darüber nahezu überall in Europa geredet wird, eine europäische Öffentlichkeit entstünde im Handumdrehen: Aus einem Eliteneuropa würde ein Bürgereuropa, die Bürgerinnen und Bürger würden in ihrem *sozialen Erleben* direkt an Europa gekoppelt, Stellschraube für eine europäische Politisierung und horizontale Verknüpfung der europäischen Bürgerinnen und Bürger schlechthin: Neben der Euro-Kreditkarte die ESSN-Chipkarte im Portemonnaie, was braucht es mehr, um sich als europäischer Bürger zu fühlen? Ferner könnte die Umstellung auf eine ESSN zu einem Stichtag bestandsneutral gemacht werden, sich also nur auf *nach* dem Stichtag Geborene beziehen. Das würde komplizierte Debatten über Harmonisierung vermeiden, aber gleichzeitig dafür sorgen, dass in spätestens zwanzig Jahren alle neugeborenen europäischen Bürger in ein europäisches Sozialsystem, z.B. eine europäische Arbeitslosenversicherung, hineinsozialisiert würden, genauso wie sie in den Markt, die Währung und die IBAN-Nummer sozialisiert wurden. Retrospektiv besehen, gäbe es dann um 2040 ebensowenig Menschen, die sich noch daran erinnern würden, dass die Arbeitslosenhilfe einmal *national* statt *europäisch* war, wie sich heute noch Menschen an Gulden, Escudos oder Peseten erinnern.

Wenn in einem nächsten Teilschritt einer europäischen Staatsbürgerschaft eine *einheitliche europäische ID-Card* vergeben würde, hieße das, die gesamte Erfassung von Personendaten in Europa neu zu organisieren. Lassen sich dadurch nicht ökonomische Skaleneffekte erzielen und gesellschaftliche Modernisierungsprozesse gemeinsam steuern? Ein bürgernahes, zugängliches Europa überall. Wahrscheinlich ein extremer Schub an europäischer Mobilität und Durchlässigkeit, den die europäische Zivilgesellschaft *und* die Wirtschaft nur begrüßen könnten. Die europäische Freizügigkeit fände in einer europäischen ID endlich ihren adäquaten Ausdruck. Das Interesse der europäischen Industrie an einer europäischen ID-Card wäre zentral, denn die europäische Verfassung braucht einen ökonomischen Treiber. Ohne geht es nicht. Wenn aber eine europäische ID-Card als Ausdruck einer europäischen Staatsbürgerschaft und ein europäisches GAFA als Rückgrat für eine europäische Geo-Ökonomie zusammen gedacht würden, könnte analog zu den 1880-Jahren ein Prozess entstehen, in dem die europäischen Industrien ein wirtschaftliches Interesse an der Hervorbringung einer europäischen Nation und deren Staatlichkeit haben, weil sie daran etwas verdienen können und darum bereit sind, den gesellschaftlichen Modernisierungsprozess in Europa zu begleiten und zu finanzieren. Alleine kann die europäische Zivilgesellschaft einen solchen Verfassungsprozess nicht forcieren, sie hat keinen Hebel. Deswegen sind die europäischen

Bürgerinnen und Bürger derzeit so hilflos bzw. ihr pro-europäischer Aktivismus und Engagement läuft ins Leere. Soll ein europäischer Verfassungsprozess gelingen, müsste sich, kurz gesagt, die europäische Industrie vor die Interessen der europäischen Zivilgesellschaft stellen und die eigenen wirtschaftlichen Ziele mit den Interessen der europäischen Bürgerinnen und Bürger verknüpfen.

Der Preis dafür, dass keine der heutigen europäischen Nationen besser sein will als eine andere bzw. auf Kosten einer anderen Nation in Europa einen ökonomischen Vorteil ziehen will, lässt sich konkret ausdrücken in der Notwendigkeit sozialer Gleichheit aller europäischen Bürgerinnen und Bürger. Diese Rechtsgleichheit ist laut Jürgen Habermas der Preis für die Demokratie. Gelingt sie nicht, gibt es möglicherweise viel Europa. Aber kein demokratisches. Die europäischen Eliten müssten, um dies durchzusetzen, einen epistemologischen Bruch herbeiführen und Europa als Gesellschaft, und nicht nur als Markt und Währung begreifen. Und die europäische Gesellschaft müsste in ihrer Gesamtheit in einen reflexiven Prozess treten und sich fragen, wie lange sie sich noch gegeneinander aufbringen lassen will.

Die europäische Gesellschaft, so sagen die Zahlen, hat das schon begriffen. Auch viele in der Industrie sind inzwischen hellhörig geworden. Hier liegt das große Potenzial für eine Allianz.

Ein europäischer Personalausweis wäre die Grundlage für die weitere Entwicklung der europäischen Demokratie, also für die Herausbildung von europäischen Vereinen, transnationalen Parteien und letztlich europäischen Wählerverzeichnissen, wenn z.B. die Wahlkreise für die Europawahlen perspektivisch neu zugeschnitten werden sollen. Auch mit Stichtag könnten ein europäisches Vereinsstatut, ein europäisches Stiftungsrecht und ein europäisches Parteienstatut geschaffen werden. Es wäre das wohl größte Projekt, um die europäischen Verwaltungen *horizontal* miteinander zu vernetzen. Kurz: Wir institutionalisieren die europäischen Bürgerrechte und damit die Demokratie auf europäischer Ebene. Das ist a priori völlig apolitisch, also weder rechts noch links noch grün noch konservativ. Sondern es geht perspektivisch um die *strukturelle* Verankerung einer europäischen Staatsbürgerschaft, damit die europäischen Bürgerinnen und Bürger wirklich europäische Bürger sind!

Die Umstellung auf eine ESSN wäre natürlich nicht nur eine symbolische. Dahinter stünde die zu erarbeitende Konvergenz der europäischen Sozialsysteme, also der Gesundheits-, Arbeitslosen- und Rentensysteme und ihre strukturelle Verlagerung auf die europäische Gestaltungsebene. Das klingt gewagt. Natürlich sind Sozialsysteme historisch – eben über Prozesse der Vergesellschaftung – gewachsene Systeme, die aus gesellschaftlichen Präferenzen hervorgegangen sind. Gerade soziale Leistungen wie etwa Kindergeld oder auch Frühverrentung haben eine gesellschaftliche (demographische oder arbeitsmarktpolitische) Steuerungsfunktion. Man kann hier einwenden, dass sich diese nicht von einer auf eine andere europäische Gesellschaft übertragen lässt. Dagegen spricht die ausführlich diskutierte europäische Vergesellschaftung, in der Europa sich befindet, vor allem aber der notwendigerweise gemeinsam zu durchlaufende Modernisierungsprozess im digitalen Zeitalter. Auch der Euro hat letztlich verschiedene währungspolitische Traditionen über einen Kamm geschoren, und unter dem *One-size-fits-all*-Anspruch einer gemeinsamen Geldpolitik leiden verschiedene Teile Europas mehr als andere. Die Idee einer europäischen ESSN wäre darum als prinzipielles Argument jenes einer Parallele: soziale Gleichheit für Bürger nach der Gleichheit beim Geld. Geld trennt. Gemeinsame *Bürger*rechte könnten Europa kitten.

Die strukturelle Institutionalisierung der europäischen Demokratie wäre also *apolitisch* und als solche fast genauso *unsichtbar*, wie man heute Euro am Geldautomaten abhebt und nicht mehr darüber nachdenkt oder eine IBAN und keine Kontonummer mehr hat. Wer ein europäisches Arbeitslosengeld oder bedingungsloses Grundeinkommen fordert, hat noch nichts über dessen Höhe gesagt! Hier geht es nicht um die politische Aushandlung – ein liberales, soziales, konservatives Arbeitslosengeld –, die einem neugestalteten Europäischen Parlament überlassen bleiben müsste. Sondern hier geht es lediglich um das strukturelle Argument: Auf welcher Ebene entscheiden wir? Wenn das Arbeitslosengeld oder ein Grundeinkommen erst einmal auf dem Konto ist: Wer würde wirklich darüber nachdenken, ob es von einer europäischen oder einer deutschen Behörde kommt? Vielleicht wäre das der geschickteste Schachzug, um dem europäischen Populismus den Boden zu entziehen, zumindest seiner sozialen Komponente. Weder ein linkes noch ein grünes, noch ein liberales Europa kommen durch die Tür der Geschichte, sie rufen auf der jeweils anderen politischen Seite Widerstand hervor. Durch die Tür der Geschichte kommt – vielleicht? – ähnlich zum Markt und zur Währung nur eine *strukturelle* Europäisierung der Demokratie, die von allen politischen Lagern gleichermaßen getragen würde. Wie sagte schon Danton: »Die Republik, die Republik, unterstützt die Republik um jeden Preis. Wenn der Tempel der Freiheit fest steht, wird das Volk ihn zu schmücken wissen.«[334]

Wäre das heute politisch und praktisch umzusetzen? Es müsste entsprechend der Vorgabe »Ein Markt – eine Währung – eine Demokratie« ein doppelter Vertrag geschlossen werden: Diejenigen, die schon in der gemeinsamen Währung sind, beschließen zum Stichtag X den Wechsel in eine ESSN und eine europäische ID. Das entspricht im Keim existierenden Vorschlägen über einen Eurozonenhaushalt, Eurozonenparlament oder einen Eurozonen-Finanzminister, Vorschlägen, die zeigen, dass längst institutionell darüber nachgedacht wird, wie demnächst in Euroland über Geld (und damit konkludent auch das Soziale) *gemeinsam* entschieden werden kann.[335] Gleichzeitig müsste ein Stichtag für die Euromitgliedschaft derjenigen EU-Länder festgelegt werden, die noch nicht im Euro sind. Das wäre wohl das einzige Mittel, das zunehmende soziale und kulturelle Auseinanderdriften zwischen Ost- und Westeuropa noch abzuwenden. Der Euro würde denselben Prozess der sozialen Vergemeinschaftung in Gang setzen, der Westeuropa in den letzten zwanzig Jahren geprägt hat. Aber er müsste sozial abgefedert werden durch die perspektivische Einführung einer ESSN und ID auch in Osteuropa: Alle Europäer gleich vor dem Recht, der Prozess des *Sacre du Citoyen* abgeschlossen um 2040, das wäre ein der europäischen Ideengeschichte würdiger Plan!

Stellen wir uns eine Sekunde vor, dies würde nach einer Europäischen Ratssitzung auf einer Pressekonferenz angekündigt: Wahrscheinlich wäre es ein erhabener Moment, ähnlich dem Maastrichter Vertrag 1992. Sehr wahrscheinlich würde es gewaltige Turbulenzen geben, Sondersitzungen überall und Sondersendungen in allen Medien, die Finanzmärkte würden austesten, ob Europa es ernst meint. Aber auch im September 1992 war die Nacht des französischen Referendums über den Maastrichter Vertrag kein Pony-Ritt. Gegen den Franc wurde wild spekuliert. Helmut Kohl und François Mitterrand haben es ausgesessen. Am Morgen danach lag ein neues Europa taufrisch zu ihren Füßen. Sie hatten Mut bewiesen und sich durchgesetzt. Der Moment des »gemeinsamen Durchstehens« schweißt zusammen, er ist mythen- und mithin nationenbildend. Was würde Xi Jinping sagen? Was Donald Trump twittern? 500 Millionen Europäer würden sich ähnlich präzise erinnern wie z.B. an den Tag des Mauerfalls!

Mit dem Juwel des *Sacre du Citoyen* in der Hand, der bürgerlichen Rechtsgleichheit, könnten im Nachgang die anderen

Elemente der *Renovatio Europae* ausgebreitet werden wie ein Teppich: transnationale Wahlkreiszuschnitte, transnationale Parteien, ein Parlament mit Legislativrecht, eine neue Raumordnung und -planung, die kleine, ebenmäßige und weitgehend selbstverwaltete Einheiten in Europa schafft,[336] eine Föderation der kleine Föderationen, die wie ein Webteppich eine gemeinsame Infrastruktur, gemeinsame öffentliche Güter und nicht zuletzt eine koordinierte Geo-Ökonomie teilen. Über eine Generation mit langem Atem geplant, müsste das eigentlich zu schaffen sein.

Erstens kommt es anders und zweitens als man denkt

> »Die Hölle, das sind die anderen.«
> *Jean-Paul Sarte* in *Geschlossene Gesellschaft,* 1944

Es wird alles nicht passieren! Werden die Bürger in neuen Formen der partizipativen Demokratie über die Zukunft Europas entscheiden? Wahrscheinlich nicht. Wann hätten sie es jemals getan? Da kann die nascente europäische Gesellschaft, wie hier gezeigt, noch so sehr in ihrer Mehrheit europäische Politiken in zentralen Bereichen ihres Daseins wollen, sich europäisch fühlen, von einer politischen Einheit oder von einer gemeinsamen Repräsentation und Entscheidungsfindung in Europa träumen. Die Einheit Europas, ganz egal, ob als Vereinigte Staaten von Europa oder als Europäische Republik, wird nicht staatfinden. Das jüngste Aufbäumen der europäischen Zivilgesellschaft, die im Zuge der Europawahlen 2019 gleichsam aus allen Rohren »gefeuert« hat, wird man in der Retrospektive wahrscheinlich als letzten ernsthaften Versuch wahrnehmen, die überfällige Reformagenda – von einer Europäischen Verfassung gar nicht zu reden – zu dynamisieren.[337] Mit einem kleinen Flunkern in den Augen fragte mich unlängst ein europäischer Freund, ob ich wirklich glaube, dass 2024 noch Europawahlen stattfinden. Es ist schwer vorstellbar, dass die zivilgesellschaftliche Mobilisierung der Europawahlen von 2019, in der die Bürger Europas auf einmal da waren, 2024 noch einmal getoppt wird. Und auch die momentan geforderte Schaffung eines »EU-Bürgerkommissars«[338] – begrifflich sowieso eine contradictio in adjecto – dürfte wenig helfen. Wahrscheinlich können die europäischen Bürger nicht mehr tun, als in den nächsten Jahren zu Zeitzeugen des europäischen Verfalls zu werden, ähnlich einer Kirchen- oder Schlossruine ohne Dach, in die es hineinregnet.

»Der Zenit des Sonderfalls der Synthese von Nation und Staat ist überschritten (...) und wird das hohe Ausmaß an Solidarleistungen von zukünftigen politischen Einheiten voraussichtlich nicht mehr erreichen«, schreibt Cornelia Koppetsch in ihrem faszinierenden Buch *Die Gesellschaft des Zorns*.[339] Europa wird kein neuer Nationalstaat, kein großer Flächenstaat, der seine Bürger *schützt* ...

Was in diesem Text wie ein Schildbürgerstreich skizziert wurde, nämlich eine mehr oder weniger lineare, mutige, aber nicht völlig unplausible Geschichtsfortschreibung Europas seit dem Mittelalter, in der sich Nationen durch Spaltungen und Vergesellschaftungen zu neuen sozialen Einheiten formen lassen, die dann einen parallelen Demokratisierungs- und Staatsgründungsprozess durchlaufen und – wenn sie Glück haben – erfolgreich einen Staat hervortreiben, der in Europa meistens als Republik verfasst wurde, hat unter Bedingungen der »globalen Moderne« (Koppetsch) bestenfalls schelmischen, wahrscheinlich aber illusorischen Charakter. Der epochale Umbruch der »globalen Moderne« ist die Entstaatlichung alles öffentlichen Lebens und das konsequente Verschwinden seines siamesischen Zwillings, der Nation, wie wir sie kennen.

Die »globale Moderne« kommt, knapp gesagt, ohne Staat aus und damit auch ohne Bürger. In transnationalen, globalisierten Räumen leben im wesentlichen Konsumenten, keine Bürger, und schon gar keine, die das »unverrückbare Band« einer Nation als Solidargemeinschaft teilen. Die globale Moderne sortiert sich in Sprachgruppen, Diaspora, Konfessionen, ethnische und religiöse Gemeinschaften aller Art,[340] die zwar nebeneinander auf demselben Territorium leben mögen, aber eben nicht mehr durch einen Solidarverband in einem Flächenstaat als Nation geeint werden. Diese Gruppen streiten sich um Wahrheiten, Deutungshoheiten, Werte und schließlich um Geld. Solidargemeinschaft und Rechtsgemeinschaft reißen gemeinsam: Großer Verlierer ist am Ende die *Republik* in ihrer Bedeutung als Herrschaft des Rechts. Die Nation als progressive Kraft der Einheit unter dem Rubikon der Solidarität, das war gestern, allein schon, weil heute keine Nation Unternehmen mehr hat, die nur ihr zugerechnet werden können und die die Ressourcen für die nationale Reproduktion aufbringen würden. Wo keine Nation, da kein Staat, zumindest kein *Nationalstaat* als nationaler Klassenstaat mehr, der neben den anderen Nationalstaaten steht wie ein Container am Hamburger Hafen. Im transnationalen Raum verweben sich vor allem globale Unterschicht und Oberschicht zu einem dicken Geflecht aus neo-feudalen Lebenszusammenhängen, die mit ›klassischen‹ Nationen nichts mehr zu tun haben – ähnlich dem Mittelalter. Und dieser Prozess dringt immer mehr in die bürgerliche Mitte vor, die gleichsam von beiden Seiten, oben und unten angenagt wird. Schon wird diskutiert, die Grenzen völlig frei zu geben: Jeder kann auf Erden hingehen wo er will,[341] aber niemand bekommt irgendwo Bürgerrechte, gar Sozialhilfe, weil es ohne Staat eben auch keine Bürgerrechte mehr gibt. Ob die »globale Moderne« also jene Republik der Weltbürger wird, von der einst Immanuel Kant im *Zum ewigen Frieden* träumte, mag man anzweifeln. Von Europa in Zeiten der kolossalen *Entstaatlichung* zu verlangen, einen Staat hervorzutreiben – so sehr es einen Großteil seiner heutigen Probleme abmildern helfen würde – ist mithin genau das, wofür die Schildbürger bekannt sind: gut gemeint und doch daneben. Alle Elemente oder Vorhöfe des klassischen Nationalstaates in Europa sind längst in die Mühlen der neoliberalen Agenda gekommen und liegen dort – rickeracke, geht die Mühle mit Geknacke – zerkrümelt wie Max und Moritz am Boden: Aus Regierung wurde *Governance*, aus Bürgern wurden Konsumenten, aus strukturierten Institutionen wurde eine undefinierte Zivilgesellschaft, aus einer Öffentlichkeit wurden Filterblasen[342] usw. Magret Thatcher hat auf erschreckende Weise Recht behalten mit ihrem Diktum: »There is no such thing as society.« Anymore, möchte man hinzufügen. Mit der Gesellschaft und dem Staat ist das Politische schlechthin entschwunden, es geht nicht mehr um das Gemeinwohl,[343] sondern nur noch um Versorgung.[344] Staatlich kann sowieso nichts mehr finanziert werden. Die gesamte europäische Zivilgesellschaft hängt zur Finanzierung ihrer Debatten und Agora inzwischen am Tropf von Stiftungen, die sich der Finanzierung von Europaaktivitäten zwar zuwenden können, oder eben auch nicht: Philanthropie hat kein staatliches Interesse. Sie ist schön, vielleicht sogar nützlich, aber letztlich beliebig.

Dieses Buch wurde nicht geschrieben, weil ich selber noch ein Krümelchen Hoffnung hätte, dass man vor den Europawahlen 2024 das Ruder in Europa noch einmal herumreißen würde und nach mindestens (!!!) zehn Jahren Desintegration von nun an energetisch seiner Einigung entgegenstrebt. Schön wäre es! Sondern damit wir uns, wenn demnächst die europäischen Gesellschaften immer weiter zerfransen werden, wenn die Fallen der intergouvernementalen Politikgestaltung in Europa immer weiter zuschnappen, wenn der nord-, süd- und osteuropäischer Populismus sich gegenseitig systemisch hochschaukeln und die gegenseitigen Schuldzuweisungen in den nächsten Jahren immer lauter werden, nicht in den Argumenten vertun: Weder scheiterte die europäische Einigung an den europäischen Bürgerinnen und Bürgern (»Wir müssen die Bürger da abholen, wo sie stehen«), denn die Mehrheit der Bürgerinnen und Bürger stand auf dem europäischen Bürgersteig, wurden da aber nicht abgeholt. Noch scheiterte Europa an der populistischen oder nationalistischen Bedrohung. Sondern an einer EU, die in den Dimensionen der zweitausendjährigen Geschichte Europas in nicht gekanntem Ausmaß das Ideengut der Republik und des Gemeinwohls veräußert und die es nicht geschafft hat, das europäische Einigungsprojekt an dieses Erbe zu binden: Nicht der Liberalismus und schon gar nicht die Nation ist die Grundlage europäischen Denkens. Sondern die Republik, mit allem, wofür sie steht: mündige Bürgerinnen und Bürger, Selbstbestimmung, soziale Teilhabe, Unveräußerlichkeit, Souveränität, Gemeinwohl und Herrschaft des Rechts. Der Rechtsstaat war die Instanz schlechthin, die garantierte, dass wir nicht übereinander herfallen wie Wölfe, sondern durch die Übertragung von Souveränität auf den Staat letztlich eine kollektive Arbitrage schaffen, die alle schützt, die für soziale Redistribution sorgt und die das legitime Gewaltmonopol für sich beanspruchen konnte. Wenn Geld vor Recht kommt, ist das dauerhaft nicht mehr gegeben. Die »globale Moderne« ist also eher ein »globales Mittelalter«, wenn man die These vertritt, dass die Frühmoderne bzw. Moderne ja gerade zum Charakteristikum hatte, den frühneuzeitlichen Staat zu erfinden. Der Chef-Ökonom des IWF, Olivier Blanchard, äußerte dazu jüngstens: »Given the political constraints on redistribution and the constraints from capital mobility, we may just not be able to alleviate inequality and insecurity enough to prevent populism and revolution.«[345]

Wer britische Freunde hat, bekommt schon jetzt einen Vorgeschmack: Rationierung von Medikamenten,[346] Bürgerkriegsanspielungen[347] oder eine Polizei, die selbst nicht weiß, wo sie bei Brexit vs. Remain sympathisiert und mithin die Rechtssicherheit zum Vabanque-Spiel wird: Über den Ärmelkanal kann man inzwischen mit einer Art Rotoren-Rucksack fliegen, so klein ist er. Unwahrscheinlich, dass von all dem nichts in Kontinentaleuropa ankommt. Frau von der Leyen, über deren Mandatsantritt als EU-Kommissionspräsidentin eine schwere Bürde liegt, kann man wohl eher bedauern als beglückwünschen, zumindest liegt keine leichte Zeit vor ihr. Es ist gut möglich, dass im Rückblick in ein paar Jahrzehnten die Jahre, die vor uns liegen, als diejenigen gelten werden, in denen das europäische System irreversibel zu kippen begann, so dass man um 2089 – einige werden das noch erleben – wird feststellen müssen, dass das Erbe der Französischen Revolution, das stete europäische Streben nach der Aussöhnung von Republikanismus und Universalismus, wie die hier zitierte Agnes Heller es nannte, verspielt wurde. Ironischerweise war es Zhon En-lai, der 1971 auf die Frage von Richard Nixon, wie er den Ausgang der Französischen Revolution bewerte, meinte, *es sei zu früh für ein Urteil*. Auf die paradigmatische Frage, die Hannah Arendt dem 21. Jahrhundert mitgegeben hat – nämlich: Kann es einen Zustand der Welt geben, in dem *alle* frei von Zwang (Herrschaft) und *alle* frei von Not sind? – würde damit die europäische Antwort fehlen. Wobei mit *alle* inzwischen auch die Tiere, Wälder und generell Organismen gemeint sind.[348] Die Republik retten, hieße, das Erbe Europas zu retten und heil durch die digitale oder »globale Moderne« zu bringen.

Dieses Buch wurde auch geschrieben, damit wir das derzeitige Geschehen nicht falsch benennen und nicht gebetsmühlenartig Debatten an der Oberfläche darüber führen, was Europa alles tun müsste (Green New Deal, Fluchtursachen bekämpfen usw.) und dazu muntere Europa-Agora veranstalten, während unter der Oberfläche der europäische Film in eine ganz andere Richtung läuft. Wenn derzeit verschiedentlich davon zu lesen ist, dass Nationalismus und Populismus wieder zu Krieg führen könnten, und dies auch als Folie der Abschreckung bzw. als Grund für die *Verteidigung der EU* genutzt wird, dann ist dies natürlich das falsche Bild. Die europäische Geschichte des 20. Jahrhunderts wird sich nicht wiederholen. Schon Bertolt Brecht sagte, der nächste Faschismus kommt im Anzug durch die Tür. Vor braunen Stiefeln braucht sich also niemand zu fürchten. Auch die Kriegsbilder des letzten Jahrhunderts muss niemand fürchten, allein die Professionalisierung der europäischen Armeen macht eine Generalmobilmachung wie damals unmöglich. Der moderne (Bürger-)Krieg mit Drohnen und im Cyberspace kann inmitten eines oberflächlich sehr zivilisierten Lebens stattfinden. Auch muss heute niemand mehr eingesperrt oder in ein Lager verschleppt werden, um überwacht zu werden, eine Googlewatch und CCTV reichen völlig aus. London z.B. ist fast vollständig CCTV-erfasst. Der bald bargeldlose Bürger, bar jeder Möglichkeit, noch eine *freie* Transaktion durchzuführen, die nicht nachzuverfolgen ist, kann auch nirgendwo mehr hin: *there is no more exile*. Spätestens wenn er sein selbstfahrendes und sowieso permanent geortetes Auto betankt und mit der Kreditkarte bezahlt oder auch nur mit dem Handy telefoniert, weiß jeder, wo er ist. Hat das »Sacre du Citoyen« 1789 aus Untertanen freie Bürger gemacht, so macht der heutige Überwachungskapitalismus aus freien Bürgerinnen und Bürgern weitgehend willenlose Konsumenten, die heute als solche tun, was sie morgen als Bürger nicht wollen können.

Hitlers Enigma wird in der historischen Retrospektive dann wie eine Petitesse erscheinen. Von den beiden brillanten Dystopien des 20. Jahrhunderts, Orwells Überwachungsstaat und Huxleys *Brave New World*, konkurrieren derzeit beide um ihre Materialisierung. Es wird keinen Krieg in Europa geben, eher eine langsame Abschaffung der Demokratie bei gleichzeitiger Entmündigung der Bürger in einer »simulierten Demokratie« (Ingolfur Blühdorn*)*, also selbstgewählte Überwachung *und* selbstgewählte Normierung. Die gute Nachricht ist: Die meisten werden es gar nicht so schlimm finden, die allermeisten nicht einmal bemerken. Freiheit kann man eben nicht essen ...

Was ist die Nation? lautete der Titel dieses Essays. Darauf konnte leider keine eindeutige Antwort gegeben werden. Die heutigen Nationalisten mögen deswegen aber bitte nicht glauben, dass sie die politische Schlacht um die Nation gewonnen hätten, nur weil es die »Vereinigten Staaten von Europa« oder eben eine Europäische Republik nicht geben, weil die von ihnen bis aufs Messer bekämpfte »Überwindung der Nationalstaaten« zugunsten eines geeinten Europas nicht stattfinden wird. Denn auch die heutigen Nationalstaaten werden diesen Prozess nicht überleben. Zwischen Europäern und Nationalisten gibt es deshalb keine Gewinner und Verlierer. Die Nation mag im übrigen als begehrtes Nostalgieobjekt noch ihre Vermarktungschancen haben. Nach »How to make a nation« könnte die nächste Stunde der historischen Entwicklung sein »How to buy a nation?« Die Entkoppelung von Nation und Solidargemeinschaft qua Herkunft und Identität könnte ersetzt werden durch Nation qua Wahlverwandtschaft. Aus der Nation als »Familie« wird dann die Nation des »Freundeskreises«. In der »globalen Moderne« gibt es – jedem seine Nation – möglicherweise eine Yoga-Nation für grünteetrinkende Frauen über Fünfzig ebenso wie eine Bitcoin- oder Libra-Nation, eine Rapper-Nation, eine Banker-Nation, eine Milliardärs-Nation, eine »Hartzer-Nation«, die Reichsbürger-Nation, eine Nation der Naturfreunde usw., die gerne solidarisch untereinander sind und sich auch gerne auf gleiches Recht einigen, weil sie sich verstehen. Man kann sie förmlich schon vor sich sehen, diese Nationen-Werbung entsprechend den Gepflogenheiten des modernen Marketings: »Pay one, take two«, eine »Nation light« oder eine »Full-Package« Version, das Billigprodukt der Nation oder die »High-End«-Variante. Alle »Nationalisten« könnten in der gleichen U-Bahn sitzen und sich im Internet per App ihre Zeitungen austauschen, Treffen organisieren, Vereine gründen, Wahlkämpfe führen, nationale Feierlichkeiten organisieren usw. Alle im gleichen Leben, aber in einer anderen »Nationenwelt«. In der Berliner U-Bahn zumindest ist das morgens schon lange so. Dass sich die gesamte Republik Montagfrüh gemeinsam angeregt über den – identitätsstiftenden – *Tatort* vom Sonntagvorabend unterhält: i wo!

Nationalstaat, adé! Wo der *Nation* wohl nicht hinterhergetrauert werden muss, sieht es beim *Staat* anders aus. Was haben wir ihn schlecht geredet in den letzten Jahren, den Staat, die Errungenschaft der Frühmoderne, und wie werden wir seinen Verlust betrauern! Wohin geht die Macht, wenn es keine staatliche Zentralmacht mehr gibt, das wird die spannende Frage des 21. Jahrhunderts. Wo Blockchain-Adepten die neuen, horizontal vernetzten Systeme auf den ersten Blick als demokratisch und partizipativ preisen, wenn z.B., wie bei der Krypto-Währung Bitcoin, jede Information auf jedem Knotenpunkt des Systems gespeichert wird (keine Zentralbank mehr), wäre es doch vermessen zu behaupten, es gäbe dann keine Macht mehr. Und genauso vermessen zu behaupten, jeder habe die gleiche. Was heute der EZB-Präsident ist, ist morgen dann wohl der »Server-Präsident«, seine Leibgarden die Bitcoin-Armee. Nicht nur wird dann jeder Stromausfall zum GAU; wahrscheinlich schlagen wir nur unter digitalen Bedingungen eine neue *Animal-Farm*-Schlacht, weil einige eben doch gleicher sind als gleich. Bevor es uns ereilt, sollten wir in Europa darüber nachdenken, wie wir den Staat, die Republik und das Gemeinwohl in die digitale bzw. »globale Moderne« retten. Vielleicht rechnet ein Start-up schon an einem Republik-Algorithmus? Und vielleicht – klein, aber listig – könnten wir in Europa doch die ersten sein, die eine digitale Europäische »E-Republic« mit allem Pipapo hervortreiben, das wir aus der analogen Staatenwelt herüberretten, um damit jenen Weltstaat und jene globale Allmende zu begründen, die wir dringend brauchen.

Anmerkungen

1 Hartmut Kaelble. 2019. *Der verkannte Bürger. Eine andere Geschichte der europäischen Integration*, Frankfurt am Main/New York: Campus.

2 Aleida Assmann. 2018. *Der europäische Traum. Vier Lehren aus der Geschichte,* München: C.H. Beck.

3 Marcus Koch. 2019. *Nation Europa! Warum aus der Europäischen Union die Europäische Nation werden muss*, Bielefeld: Transcript.

4 Frank Vollmer, *Nach dem Nationalstaat*, Rheinische Post, 22. April 2019.

5 Tobias Hans, *Deutsch – eine Frage des Bekenntnisses*, FAZ, 6. Juni 2019.

6 Ernest Gellner. 1969. *Thought and Change*. London: Weidenfeld and Nicholson, S. 169.

7 Max Weber, Diskussionsreden auf dem zweiten Deutschen Soziologentag in Berlin 1912, I. Zum Vortrag von P. Barth über »Nationalität in ihrer soziologischen Bedeutung«, in: Max Weber: *Gesammelte Aufsätze zur Soziologie und Sozialpolitik*, Hrsg. von Marianne Weber, Tübingen 1988, S. 484–487, S. 484.

8 Ernst Klee. 2007. *Das Kulturlexikon zum Dritten Reich. Wer war was vor und nach 1945*, Frankfurt am Main: S. Fischer, S. 198. Gottlob Berger, »Ausbau der Waffen-SS« im Jahrgang 1953. Zu Zahlenangaben in Bergers Veröffentlichung siehe Gerald Fleming: *Die Herkunft des »Bernadotte-Briefs« an Himmler, 10. März 1945*. In: Vierteljahrshefte für Zeitgeschichte 4/1978, S. 571–600, S. 597.

9 Die Casa Pound Italia, benannt nach dem italienischen Schriftsteller und Mussolini-Anhänger Ezra Pound, ist eine neofaschistische Bewegung und Partei in Rom, die sich als nationalistisch und sozial versteht.

10 Zu den Hintergründen, der Diktion und den Strategien der sogenannten Identitären Bewegungen, vor allem auch zur Infiltration ihres Denkens bei gemäßigten, aber konservativen Parteien, z.B. auch der CSU vgl. Volker Weiß. 2017. *Die autoritäre Revolte. Die neue Rechte und der Untergang des Abendlandes*, Stuttgart: Klett-Cotta.

11 Robert Scholz, *Endstation Rechts*, 29. September 2010.

12 Robin Simonow, *Kann es einen »linken« Nationalismus geben? Eine historische Annäherung an den Zusammenhang zwischen Demokratie und Nationalismus*, H/SOZ/KULT Kommunikation und Fachinformation für die Geschichtswissenschaften, Fachtagung des Zentrums für Antisemitismus-Forschung an der TU Berlin, 2. bis 4. März 2016. Vor allem die Theorien von Ernest Laclau und Chantal Mouffe prägen diese theoretische Diskussion, vgl. Marchart, Oliver. 2010. *Die politische Differenz: zum Denken des Politischen bei Nancy, Lefort, Badiou, Laclau und Agamben*, Berlin: Suhrkamp.

13 Ernest Renan. 1882. *Qu'est-ce que'une nation?* Paris, ND; dt. 1995. *Was ist eine Nation? Und andere politische Schriften*, Wien: Folio-Verlag.

14 Vor allem Stein Rokkan. 2000. *Staat, Nation und Demokratie in Europa*, Frankfurt am Main: Suhrkamp. Eine ausgezeichnete Übersicht über Definitionen von Nation, den Stand der Forschung und eine Übersicht über gängige Literatur bietet Rolf-Ulrich Kunze. 2005. *Nation und Nationalismus*, in: Kontroversen um die Geschichte, Wissenschaftliche Buchgesellschaft, Darmstadt; eine ebenfalls sehr umfassende und systematisierende Übersicht bietet Dieter Langewiesche. 2000. *Nation, Nationalismus, Nationalstaat in Deutschland und Europa*, München: Beck; sowie zu den Schwierigkeiten der deutschen Nationenwerdung im 19. Jahrhundert speziell Siegried Weichlein. 2004. *Nation und Region. Integrationsprozesse im Bismarckreich*, Düsseldorf: Droste-Verlag;

sowie Otto Dann. 1993. *Nation und Nationalismus in Deutschland 1770–1990*, München: Beck.

15 Norbert Elias. 2013. *Über den Prozess der Zivilisation*, Bd. I & II., Frankfurt am Main: Suhrkamp.

16 Hagen Schulze. 2004. *Staat und Nation in der europäischen Geschichte,* München: C. H. Beck.

17 Krzysztof Pomian. 1990. *Europa und seine Nationen,* Berlin: Klaus Wagenbach.

18 Dieter Borchmeyer. 2017. *Was ist deutsch? Die Suche einer Nation nach sich selbst,* Berlin: Rohwolt.

19 Marcel Mauss. 2017. *Die Nation oder der Sinn fürs Soziale.* Institut für Sozialforschung, Frankfurter Beiträge zur Soziologie und Sozialphilosophie, Bd. 25, Frankfurt am Main: Campus-Verlag.

20 https://www.worldcat.org/title/rede-des-prasidenten-walter-hallstein-auf-der-eroffnungssitzung-des-vii-europaischen-gemeindetags-in-rom-am-15-oktober-1964-die-einheit-der-europaischen-aktion/oclc/245999157.

21 Oskar Negt. 2012. *Gesellschaftsentwurf Europa. Für ein gerechtes Gemeinwesen*, Göttingen: Steidl.

22 Johann Gottlieb Fichte. 1859. *Reden an die deutsche Nation.* Tübingen, S. 96.

23 Ludi Lodovico, *Wenn das Posthorn bläst – zur Konstruktion und Konjunktur des Nationalen*, in: PROKLA (Heft 87), S. 197, verweist darauf, dass diese *nationes Germanicae* nicht Deutsch im heutigen Sinn waren und spricht vom »hochideologischem Ramsch wie dem Begriff der Stammesnation«.

24 Darauf verweist Gellner, in: PROKLA, (Heft 87), S. 242. Im Gegenteil sei der europäische Boden politisch stets unter Missachtung ethnischer Grenzen aufgeteilt worden, z.B. beim Wiener Kongress 1815.

25 Siegried Weichlein. 2004. *Nation und Region. Integrationsprozesse im Bismarckreich*, Düsseldorf: Droste-Verlag.

26 vgl. z.B. Langewische, op. cit., S. 204–214.

27 Benedict Anderson. 1998. *Die Erfindung der Nation. Zur Karriere eines folgenreichen Konzepts,* Berlin: Ullstein, S. 14.

28 Benedikt Anderson, op. cit., S. 15.

29 Ernst Renan, *Was ist eine Nation?* In: Michael Jeismann, Henning Ritter (Hrsg.). 1993. *Grenzfälle. Über alten und neuen Nationalismus*, Leipzig: Reclam, S. 290–311, S. 308; Dazu auch Hagen Schulze. 1994. *Staat und Nation in der europäischen Geschichte*, München: C.H. Beck, S. 110. Auch Rolf-Ulrich Kunze, op. cit., S. 12 zu Renan und S. 81 ff. zu konstruktivistisch sozialgeschichtlichen Ansätzen bzw. Definitionen von Nation.

30 Marcel Mauss, op. cit., S. 335.

31 Pierre Rosanvallon. 1992. *Le Sacre du Citoyen*, Paris: Bibliothèque des Histoires, S. 11–21.

32 Heinrich Haferkamp, *Von der Entzauberung des Staates zur Wiederkehr des Leviathans? Anmerkungen zu Giddens' Theorie des Nationalstaates*, in: PROKLA, 87, 22. Jahrgang, Juni 1992, S. 268 (zitiert nach Theodor Schieder, *Typologie und Erscheinungsformen des Nationalstaates in Europa*, in: Heinrich August Winkler (Hrsg.). 1978. *Nationalismus*, Königstein/ Taunus: Verlagsgruppe Athenaum, S. 122.

33 Aleida Assmann, op. cit., S. 21–30.

34 Marcel Mauss, op. cit., S. 84.

35 Das gleiche Wahlrecht ist derzeit bei den Europawahlen noch nicht gegeben, sondern es wird nach nationalen Wahlrechten gewählt. Die EP-Wahlen sind mithin zwar allgemein, direkt und geheim, *nicht* jedoch gleich, vgl.:

Hübner, D., Leinen, J. , *Draft report on a proposal for amendment of the Act of 20th September 1976 concerning the election of the Members of the European Parliament by direct universal suffrage*, 2015/2035 et Olivier Costa, *The History of European Electoral Reform and the Electoral Act 1976. Issues of Democratization and Political Legitimacy*, Study: European Parliament History Series, EPRS, European Parliamentary Research Service, October 2016, PE 563.516, S. 36ff.

36 Im Gegensatz zu 2014, wo am Ende – auch nach langem Hin und Her – Jean-Claude Juncker, zuvor Spitzenkandidat der EVP-Fraktion, dann EU-Kommissionspräsident wurde.

37 Sven Blumfield. 2016. *How to make a Nation? A Monocle Guide*, Berlin: Gestalten-Verlag.

38 Der Begriff findet sich bei Theodor Schieder.1964. *Der Nationalstaat in Europa als historisches Phänomen*, Arbeitsgemeinschaft für Forschung des Landes Nordrhein-Westfalen, Geisteswissenschaften Heft 119, Köln & Opladen: Westdeutscher Verlag.

39 Zur »Willensakt«-Theorie vor allem Eric Hobsbawm. 1991. *Nationen und Nationalismus, Mythos & Realität seit 1780*, Frankfurt/New York: Campus.

40 Julien Benda. 1979 (1933). *Discours à la nation européenne*, folio essaais, Paris: Gallimard, S. 37.

41 Brief von Emmanuel Macron in 28 Zeitungen, hier der deutsche Text, April 2019: https://www.spiegel.de/politik/ausland/emmanuel-macron-brief-an-die-eu-buerger-im-wortlaut-a-1256271.html

42 Wobei es hier nicht darum geht, Macron gleichsam als »europäischen Musterknaben« dastehen zu lassen; es gäbe vieles auszuführen, was dagegenspricht. Dennoch ist bezeichnend, dass sein gesamtes pro-europäisches Engagement der letzten Jahre bisher ins Leere gelaufen ist.

43 Zu den stetig in Zahl und Intensität ansteigenden transnationalen europäischen, zivilgesellschaftlichen Bewegungen vgl. die Forschungen von Donatella Della Porta und Mario Diani. 2006. *Social movements: an introduction.* 2nd ed. Malden, MA: Blackwell Publishing.

44 Schon im Vorfeld der Europawahlen 2019 zirkulierten verschiedene europäische Verfassungsentwürfe von NGOs und Parteien im Internet, vgl. https://d3n8a8pro7vhmx.cloudfront.net/volt/pages/3202/attachments/original/1547211880/Die-Amsterdam-Deklaration.pdf?1547211880; https://voxeurop.eu/en/2019/european-elections-2019-5122770.europeanconstitution.eu.; https://diem25.org/wp-content/uploads/2018/09/diem25_german_long.pdf: https://www.spd.de/fileadmin/Dokumente/Regierungsprogramm/SPD_Regierungsprogramm_BTW_2017_A5_RZ_WEB.pdf. Dazu mehr in Teil III.

45 Frank Vandenbroucke, Brian Burgoon, Theresa Kuhn, Francesco Nicoli, Stefano Sacci, David van der Duin und Sven Hegewald. 2018. *Risk Sharing When Unemployment Hits: How Policy Design Influences Citizen Support For European Unemployment Risk Sharing (EURS),* Results of a survey experiment by the University of Amsterdam.

46 Zu den Zahlen im Einzelnen: Martha Posthofen und Frieder Schmid. 2018. *Gerechter. Sozial. Weniger Ungleich. Was die Deutschen von Europa erwarten*, Berlin: Friedrich-Ebert-Stiftung. S. 3.

47 Vgl. dazu die Materialsammlung des »European Balcony Project« vom November 2018, das in Erinnerung an die Republikausrufungen von 1918 in einer theatralischen Inszenierung die Ausrufung der Europäischen Republik veranstaltet hat, https://europeanbalconyproject.eu. Inzwischen gibt es jedoch verschiedene, ganz reale politische bzw. gesellschaftliche Kräfte, die

sich für die Begründung einer europäischen Republik aussprechen, vgl. Alain Caillé, Patrick Viveret und Thierry Salomon, *Pour une République Européenne*, in: Libération, 18.4.2019 https://www.liberation.fr/debats/2019/04/18/pour-une-republique-europeenne_1722204 oder z.B. die deutschen Grünen, die im November 2018 die Perspektive einer föderalen europäischen Republik in ihr Wahlprogramm aufgenommen haben: »Grünes Wahlprogramm zur Europawahl 2019« BÜNDNIS 90/DIE GRÜNEN: https://www.gruene.de/artikel/gruenes-wahlprogramm-zur-europawahl-2019.

48 Ernst Renan, *Was ist eine Nation?* In: Michael Jeismann, Henning Ritter (Hrsg.). 1993. *Grenzfälle. Über alten und neuen Nationalismus*, Leipzig: Reclam, S. 290–311, S. 308.

49 Siehe FN 46, vgl. auch Steffen Dobbert und Stefan Lorenzmeier: *Die EU braucht eine Verfassung*, in ZEIT-online, 29. Juni 2018.

50 »Eine Freedom zu verschenken: Bilderbuch stellen ›EU Passport‹ aus der-Standard.at. https://derstandard.at/2000098180634/Eine-Freedom-zu-verschenken-Bilderbuch-stellt-EU-Passport-aus. NEO MAGAZIN ROYALE. *United States of Europe [Gibraltar to Spitsbergen, Cayenne to Crimea] | NEO MAGAZIN ROYALE – ZDFneo*. https://www.youtube.com/watch?v=afaQ4GS-NZMg.

51 Heinrich Haferkamp, op. cit., S. 268.

52 Anthony Giddens. 1992. *Social Theory and Modern Sociology*. Oxford: Polity Press, S. 171.

53 Eurobarometer 2019, QA2.

54 Johannes Hillje. 2019. *Plattform Europa: warum wir schlecht über die EU reden und wie wir den Nationalismus mit einem neuen digitalen Netzwerk überwinden können*. Bonn: Dietz, der an ältere Diskussionen über einen öffentlich-rechtlichen Rundfunk in Europa anschließt.

55 Internes Papier aus dem Ausschuss der Regionen (AdR) vom 28. November 2018.

56 Corinna Stratulat und Paul Butcher, op. cit., S. 21.

57 Der Spruch wird dem Göttinger Mediävist Hermann Hempel zugesprochen, vgl. Peter Siebenmorgen. 2017. *Was ist deutsch?* Salzburg: Ecovin, S. 59.

58 Rolf-Ulrich Kunze, op. cit., u.a. S. 54 ff.

59 Seton-Watson, Hugh. 1977. *Nations and states: an enquiry into the origins of nations and the politics of nationalism*. London: Methuen, S.5.

60 Heinrich Haferkamp, op. cit., S. 264.

61 Max Weber, op. cit., S. 484.

62 Antaios-Verlag, Kubitschek, NOVO-Magazin, Cato-Magazin. Zu Zahlen und den publizistischen Strategien der neuen Rechten und der konservativen Revolution vgl: »Konservative Revolution – Anschwellender Revolutionsgesang (1/2)«. Deutschlandfunk. https://www.deutschlandfunk.de/konservative-revolution-anschwellender-revolutionsgesang-1-2.1184.de.html?dram:article_id=426551.

63 »ma 2019 Audio I – Neue Rekordzahlen für die drei Deutschlandradio-Programme«. o. J. Deutschlandradio. https://www.deutschlandradio.de/ma-2019-audio-i-neue-rekordzahlen-fuer-die-drei.2174.de.html?dram:article_id=444716.

64 Dirl Jörke. 2019. *Die Größe der Demokratie: über die räumliche Dimension von Herrschaft und Partizipation*. Berlin: Suhrkamp.

65 Géza Alföldy. 1999. *Das Imperium Romanum – ein Vorbild für das vereinte Europa?* Jacob-Burckhardt-Gespräche auf Castelen 9. Basel: Schwabe, S. 20.

66 Christian Schüle. 2017. *Heimat: ein Phantomschmerz*. München: Droemer.

67 Michael Bröning. 2018. *Lob der Nation: warum wir den Nationalstaat nicht den Rechtspopulisten überlassen dürfen. Standpunkte*. Bonn: Dietz.

68 Ulrike Guérot. 2018. *Was ist Heimat*? in: Institut für Demokratieforschung Georg-August-Universität Göttingen, Indes. Zeitschrift für Politik und Gesellschaft, Heft 04. 1. Auflage. Göttingen: Vandenhoeck & Ruprecht; Ulrike Guérot. 2019. *Heimat Europa?* In Martin W. Ramb und Holger Zaborowski: *Heimat Europa*. Göttingen: Wallstein.

69 »Deutsche sprechen in der Allensbach-Umfrage über ihr Heimatgefühl«. https://www.faz.net/aktuell/politik/inland/deutsche-sprechen-in-der-allensbach-umfrage-ueber-ihr-heimatgefuehl-15558259.html.

70 Géza Alföldy. 1999. *Das Imperium Romanum – ein Vorbild für das geeinte Europa*? Jacob-Burckhardt-Gespräche auf Castelen 9, Basel: Schwabe, S. 26.

71 Klaus Geiger, 14. April 2019.

72 Hübner, Kurt. 1991. *Das Nationale: Verdrängtes, Unvermeidliches, Erstrebenswertes*. Graz: Styria, S. 168ff.

73 Dieter Borchmeyer, op. cit., S. 299.

74 Ibid., S. 43.

75 Siehe Ulrike Guérot. 2019. *Wie hältst du's mit Europa?* Göttingen: Steidl/ IFA.

76 Kurt Hübner, op. cit., S. 34, Dazu auch: Christian Schüle. 2017. *Heimat: ein Phantomschmerz*. München: Droemer.

77 https://www.zeit.de/mobilitaet/2019-06/eugh-urteil-pkw-maut-klimaschutz-co2-sparen.

78 »Ergebnis des Referendums: No! Schotten stimmen gegen Unabhängigkeit«. FAZ, 1. Mai 2019. https://www.faz.net/1.3161748.

79 »Pässe für Südtiroler: Italien sauer auf Österreich«. derStandard.at. https://derstandard.at/2000086950949/Paesse-fuer-Suedtiroler-Italien-sauer-auf-Oesterreich.

80 Wilfried Scharnagl. 2012. *Bayern kann es auch allein: ein Plädoyer für den eigenen Staat*. Berlin: Quadriga.

81 2018 betrug der Anteil Kataloniens am spanischen BIP mit 242,3 Milliarden Euro etwas mehr als 20 Prozent. »Bruttoinlandsprodukt von Spanien und Katalonien bis 2018 | Statistik«. Statista. https://de.statista.com/statistik/daten/studie/50163/umfrage/spanien-regionales-bruttoinlandsprodukt-nach-regionen/.

82 Dazu wurde interessanterweise am Schauspiel Köln 2017 das Stück »Rheinische Rebellen« aufgeführt. Dazu auch Gerhard Gräber, Matthias Spindler: Revolverrepublik am Rhein. Die Pfalz und ihre Separatisten, Band 1: November 1918–November 1923. Pfälzische Verlagsanstalt, Landau/Pfalz, 1992.

83 https://www.handelsblatt.com/politik/international/katalonien-spanien-blockiert-europa-mandat-von-separatistenfuehrer-puigdemont/24465006.html?ticket=ST-6681104-nrmYmyspXaItEtAhItH3-ap1.

84 https://www.theguardian.com/world/2019/may/29/carles-puigdemont-welcomes-un-panel-report-on-jailed-catalan-separatists.

85 vgl. Frank Vollmer, *Nach dem Nationalstaat*, RP-online, 22. April 2019.

86 Moritz Neujeffski. 2019. »Föderalismus: zwischen Kooperation und Wettbewerb«. *Regional Parliaments Lab* (blog). https://www.regioparl.com/foederalismus-zwischen-kooperation-und-wettbewerb.

87 Daniel Cetrà und Malcolm Harvey. 2019. »Explaining Accommodation and Resistance to Demands for Independence Referendums in the UK and Spain«. *Nations and Nationalism* 25 (2): 607–29.

88 Vorträge im Rahmen des REGIOPARL Projektes, Donau-Universität Krems, 31. Januar 2019 »Redefining European Regionalism«.

89 https://civiclab.bzh Dazu auch Philippe Argouarch, Trois raisons pour revenir aux anciennes provinces du royaume de France, 31 Janvier 2019 http://abp.bzh/trois-raisons-pour-revenir-aux-anciennes-provinces-du-royaume-46769.

90 Swyngedouw M., Dalle Mulle E., Emonds V., Abts K. 2019. Explaining the request for political autonomy and the split of the social security in Belgium. Presented at the Conference. Regional Parliaments in Europe, Panel: Autonomous regions – for closure or for opening, Danube University Krems, Austria, 23 Jan 2019-24 Jan 2019.

91 Kai Gehrung und Stephan A. Schneider. 2019. *Regional Resources and Democratic Secessionism*. CESifo Working Paper No. 7336.

92 Ulrike Guérot. 2019. *Heimat Europa?* In Martin W. Ramb und Holger Zaborowski: *Heimat Europa*. Göttingen: Wallstein.

93 Krzysztof Pomian. 1990. *Europa und seine Nationen*, Kleine kulturwissenschaftliche Bibliothek, Hrsg. von Ulrich Raulff, Berlin: Wagenbach.

94 Eine gute Systematisierung der europäischen Nationen inklusive interessanter Versuche der tabellarischen Aufschlüsselung der europäischen Nationen nach Kriterien wie etwa Landbesitz, Religion, Peripherie oder Feudalstruktur bietet Stein Rokkan, *Staat, Nation und Demokratie in Europa*. Die Theorie Stein Rokkans aus seinen gesammelten Werken rekonstruiert und eingeleitet von Peter Flora. 2000. Frankfurt: suhrkamp taschenbuch wissenschaft, z.B. S. 104 und 105, S. 198, S. 235.

95 Die Berliner Konzeptkünstlerin Valeska Peschke (www.valeskapeschke.de) hat mit ihren von Mies van der Rohe inspirierten Arbeiten zum architektonischen Ordnen und Repräsentieren versucht, künstlerische Konzepte zu Fluidität und durchlässigem, ätherischem Regieren zu entwickeln, z.B. aufblasbare Regierungssitze. Im Zeitalter des Internets und der physischen Dekonstruktion gibt es auf Dauer keinen Grund für feste Regierungssitze.

96 Krzysztof Pomian, op. cit., S. 36/ 37ff.

97 Ibid., S. 58–60.

98 Julien Benda, op. cit., S. 61.

99 Michel Foucault. 2017. *Die Geburt der Biopolitik: Vorlesung am Collège de France, 1978–1979*. Herausgegeben von Michel Sennelart. 5. Auflage; Michel Foucault. *Geschichte der Gouvernementalität*; herausgegeben von Michel Sennelart, Frankfurt am Main: Suhrkamp.

100 Peter Flora, *Einführung und Interpretation*, in: Stein Rokkan, op. cit., S. 86.

101 Krzysztof Pomian, op. cit., S. 105.

102 Bruno Karsenti und Cyril Lemieux. 2017. *Socialisme et Sociologie*, Paris: éditions EHESS, S. 19.

103 Laut Stein Rokkan ist genau diese doppelte Bewegung – Einigkeit und Solidarität nach innen, Abgrenzung nach außen – ein zentrales Element bzw. Strukturmerkmal bei der Nationenbildung; Stein Rokkan, op. cit., S. 109ff.

104 Die beste Übersicht über die Geschehnisse der Französischen Revolution bieten nach wie vor François Furet und Mona Ozouf (Hrsg.) 1996. *Kritisches Wörterbuch der Französischen Revolution*. Frankfurt am Main: Suhrkamp.

105 Hannah Arendt. 2016. *Über die Revolution*. 6. Auflage. München: Piper.

106 Zur Entwicklung der Menschenrechte vgl. Justine Lacroix und Jean-Yves Pranchère. 2018. *L'Etat des Droits de l'Homme*, Paris: Edition du Seuil.

107 Pierre Rosanvallon. 1992. *Le Sacre du Citoyen. Histoire du suffrage universel en France*, Paris: Editions Gallimard.

108 Thomas Marshall. 1949. *Citizenship and Social Class*, nachgedruckt in 1965. *Class, Citizenship and Social Development*, New York: Anchor Books.

109 Pierre Rosanvallon, op. cit., S. 13.

110 Ibid., S. 16.

111 Bruno Karsenti und Cyril Lemieux. op. cit., S. 19ff.

112 Pierre Rosanvallon. op. cit., S. 17.

113 Das bestätigt auch die Studie der Friedrich-Ebert-Stiftung von Martha Posthofen und Frieder Schmid. 2018. *Gerechter. Sozialer. Weniger ungleich. Was die Deutschen von Europa erwarten*, Abbildung S. 9.

114 »Griechenlands Rentensystem: 7 Wahrheiten über Griechen-Rentner«. o. J. https://www.bild.de/geld/wirtschaft/griechenland-krise/wahrheiten-ueber-griechen-rentner-41432328.bild.html.

115 Ulrike Herrmann »Ein Euro, drei Krisen | Atlas der Globalisierung 2019«. 2018. *Atlas der Globalisierung »Welt in Bewegung« (2019)* (blog). 18. Oktober 2018. https://atlas-der-globalisierung.de/ein-euro-drei-krisen/.

116 Lorenzo Marsili, Niccolò Milanese und Yasemin Dincer. 2019. *Wir heimatlosen Weltbürger*. Frankfurt am Main: Suhrkamp.

117 Ulrike Guérot. 2018. *Europäische Republik: Von der EU-Rechtsgemeinschaft zur europäischen Demokratie?* In: juridikum, 4/2018, Europas Demokratie und Zukunft: S. 489–497.

118 Dieter Plehwe, Alexander Meland und Ulrike Guérot. »Time to Go beyond Interstate Federalism – or Something Different?«, WZB, 2015.

119 Yasha Mounk legt im Gegenteil Zahlen vor, dass auch rechtspopulistische Parteien in der Altersgruppe 18–25 respektive 25–34 Jahre Zulauf haben, vor allem von jungen Männern, vgl. Yasha Mounk. 2018. *Der Zerfall der Demokratie: Wie Populismus den Rechtsstaat bedroht*, München: Droemer, S. 4ff.

120 Erhellend hier Ninon Grangé. 2016. *Oublier la Guerre Civile. Stasis, Chronique d'une disparition*, Paris: Collection Contextes VRIN/ EHESS.

121 Mit Bürgerkrieg, dies entwickelt Ninon Grangé, op. cit., ausführlich S. 17ff., ist darum auch nicht das gemeint, was heute meist darunter verstanden wird, nämlich ein Krieg verfeindeter politischer, religiöser oder identitärer Gruppen untereinander, wie z.B. derzeit in Syrien; sondern eine gewaltsame Auseinandersetzung vor allem zwischen verschiedenen sozialen Gruppe. Vor diesem Hintergrund hat der Maler Franz Marc schon den ersten Weltkrieg 1914–1918 eigentlich einen Bürgerkrieg genannt. Dazu auch: Ulrike Guérot. 2017. *Der neue Bürgerkrieg: das offene Europa und seine Feinde*. Ullstein Streitschrift. Berlin: Ullstein.

122 Jean Terrier und Marcel Fournier, Die Nation: *Eine Expedition in den Bereich des Normativen,* in: Marcel Mauss, op. cit., S. 84.

123 Stein Rokkan, op. cit., S. 88.

124 Jean Terrier und Marcel Fournier, op. cit., S. 37.

125 Marcel Mauss, op. cit., S. 92.

126 Jean Terrier und Marcel Fournier, op. cit., S. 32.

127 Miguel I. Purroy. 2019. *Germany and the Euro Crisis, A Failed Hegemony.* English Paperback Edition. Independently published.

128 Hier ist mit Blick unsere Reflexionen über eine sich entwickelnde souveräne (National-)Staatlichkeit der EU die Definition von Souveränität von Carl Schmitt interessant: »Souverän ist, wer über den Ausnahmezustand entscheidet.« Damit war die EU in diesem Moment zumindest faktisch *souverän* und hat ihre Entscheidungen – Six Pack, Two Pack – in diesem Moment gegen die europäischen Nationalstaaten durchsetzen können, die diesen Beschlüssen zwar formal, aber widerwillig zugestimmt haben. Die Gründung der AfD unter Bernd Lucke ist eine Folge dieser Ereignisse. Souveränität ist ein entscheidendes Merkmal von Staatlichkeit, in diesem Moment also der EU.

129 Miguel I. Purroy, op. cit. Inzwischen gibt es dazu aber eine fast unüberschaubare Literatur. Hauke Brunkhorst. 2014. *Das doppelte Gesicht Europas: zwischen Kapitalismus und Demokratie*. Berlin: Suhrkamp; Claus Offe. 2015. *Europe entrapped*. Cambridge, Malden, MA: Polity; Wolfgang Streeck. 2015. *Gekaufte Zeit: die vertagte Krise des demokratischen Kapitalismus: Frankfurter Adorno-Vorlesungen 2012*. Erweiterte Ausgabe. Suhrkamp Taschenbuch Wissenschaft 2133. Berlin: Suhrkamp.

130 Wolfgang Schmale. 2017. *European Solidarity: A Semantic History,* in: European Review of History/ Revue Européenne d'Histoire, 24:6, S. 854–873, vgl. Charts S. 862–66.

131 Ruggero Ranieri. 2015. *Inside or outside the magic circle? The Italian and British steel industries face to face with the Schuman Plan, and the European Coal, Iron and Steel Community*. In: Alan Milward, Francs M.B. Lynch, Frederico Romero, Ruggero Ranieri und Vibeke Sórensen: *The Frontier of National Sovereignity*, History and Theory 1945–1992, London: Routlegde. S. 117f. bzw. Alan Milward. 1992. *The European Rescue of the Nation State*. London: Routledge.

132 »Ce qui ménent certains citoyens à revendiquer plus de solidarité, plus de droits universels, plus d'écologie, et plus de démocratie«, Karsenti, S. 26

133 Anthony Giddens. 1987. *Nation State and Violence*, S. 141, vgl. dazu Heinrich Haferkamp, *Von der »Entzauberung des Staates« zur »Wiederkehr des Leviathan«? Anmerkungen zu Anthony Giddens Theorie des Nationalstaats,* in: PROKLA, (Heft 87), 22. Jahrgang, Juni 1992, S. 262–286.

134 DLF, 7. Mai 2019 »Sebastian Kurz – ›Straßburg ist ein Symbol für Ineffizienz‹«. o. J. Deutschlandfunk. https://www.deutschlandfunk.de/sebastian-kurz-strassburg-ist-ein-symbol-fuer-ineffizienz.694.de.html?dram:article_id=448041.

135 Wobei hinzuzufügen wäre, dass die Österreicher eher ein ausgeprägtes Sozialsystem haben – vermutlich das beste in ganz Europa. Die Italiener hingegen haben kaum wohlfahrtsstaatliche Elemente, in Italien läuft Unterstützung im Wesentlichen auf kommunaler und kirchlicher Hilfsvereinsebene, also müssen sich die Österreicher gar nicht »zusammenreißen«, und die Italiener können es gar nicht.

136 Ernst-Wolfgang Böckenförde. 2016. *Staat, Gesellschaft, Freiheit: Studien zur Staatstheorie und zum Verfassungsrecht*. 2. Auflage. Suhrkamp-Taschenbuch Wissenschaft 163. Frankfurt am Main: Suhrkamp, S. 68.

137 Ibid., S. 79ff.

138 Sogar Ursula von der Leyen hat das in ihrer Rede vor dem Europäischen Parlament am 16. Juli getan, http://europa.eu/rapid/press-release_SPEECH-19-4230_de.htm.

139 »Interview mit Katarina Barley: ›Europa muss wehrhafter werden‹«. o. J. Lausitzer Rundschau. https://www.lr-online.de/nachrichten/politik/interview-mit-katarina-barley_aid-38633695.

140 https://de.ambafrance.org/Staatsprasident-Macron-in-Athen-Vorschlage-fur-eine-Neugrundung-Europas.
https://de.ambafrance.org/Initiative-fur-Europa-Die-Rede-von-Staatsprasident-Macron-im-Wortlaut.

141 Tina Hildebrandt, Matthias Krupa, Ulrich Ladurner und Mark Schieritz. 2018. »Emmanuel Macron: Er hat was vor, wir haben Bedenken«. *Die Zeit*, 19. April 2018.

142 Thomas Sigmund und Sven Afhüppe. 2019. *Europa kann es besser: Wie unser Kontinent zu neuer Stärke findet. Ein Weckruf der Wirtschaft*. Freiburg: Herder.

143 Ibid., hier vor allem die Beiträge von BASF, Deutsche Bahn, Airbus, E.ON.

144 Gabriel Felbermayr, *Ohne die Briten wird die EU noch zentralistischer*, NZZ vom 8. Juli 2019.

145 Bruno Karsenti, op. cit., S. 40.

146 Jean Terrier und Marcel Fournier, op. cit. S. 40, wobei der Begriff »Rasse« als Begriff der Zeit zu betrachten ist.

147 Günther Jauch, 18.10.2015.

148 Ulrike Guérot. 2016. *Das Ende der Republik? Frankreich zwischen Terror und Front National*. In: Blätter für deutsche und internationale Politik, 1: S. 59–67.

149 Nach der Schießerei in Straßburg im Dezember 2018 – inmitten der französischen Unruhen der Gelbwesten – geisterte im französischen Internet eine einzige Frage umher: War die Schießerei inszeniert (und wenn ja, dann von wem?), um vom sozialen Protest der Gelbwesten abzulenken und die nationale Aufmerksamkeit vom Sozialen zur Sicherheit zu leiten? Man muss hier gar mit dem Begriff der Verschwörungstheorie operieren und glauben, dass dem so war. Aber *dass* die französische Gesellschaft im Internet in aller Breite darüber diskutiert, ob ihre Aufmerksamkeit von einer *nationalen sozialen Frage* zu einer *nationalen Sicherheitsfrage* umgeleitet wird, spricht Bände und zeugt zumindest von einer gewissen gesellschaftlichen Selbstreflexivität.

150 Ulrike Guérot in: Blätter für deutsche und internationale Politik, Dezember 2016, op. cit.

151 Thomas Fazi und William Mitchell (2017. *Reclaiming the State*. London: Pluto Press) entwickeln ökonomische Argumente, warum UK nach einem Brexit de facto »Keynesianismus« machen müsste, also mehr Staatlichkeit, um die negativen Effekte des Brexit abzufedern, also genau das, was die liberale Insel eigentlich nicht will. Wahrscheinlich wird aber eine wirtschaftliche *»go-cheap«* Strategie obsiegen, womit die Brexit-Wähler im desindustrialisierten Nordengland zu den eigentlichen Verlierern ihrer eigenen Stimmabgabe würden.

152 Zur verhängnisvollen Problematik der strukturellen Verknüpfung von Wirtschafts- und Werteliberalismus: Cornelia Koppetsch. 2019. *Die Gesellschaft des Zorns: Rechtspopulismus im globalen Zeitalter*, Bielefeld: transcript; Jean Claude Michéa. 2007. *L'empire du moindre mal: essai sur la civilisation libérale*. Paris: Climats; Andreas Reckwitz. 2017. *Die Gesellschaft der Singularitäten: zum Strukturwandel der Moderne*. Berlin: Suhrkamp.

153 Justus Bender und Johannes Ritter. *AfD-Spendenaffäre: Der Wahrheit nicht verpflichtet*. FAZ.NET. https://www.faz.net/1.6126559.

154 Die Transition der Mauss'schen Theorie auf das heutige Europa leistet Karsenti in *Socialisme et Sociologie*, op. cit.

155 Für UK: Paul Mason in: Heinrich Geiselberger (Hrsg.) 2017. *Die große Regression: eine internationale Debatte über die geistige Situation der Zeit*. Berlin: Suhrkamp; Bruno Amable und Stefano Palombarini. 2017. *L'illusion du bloc bourgeois: alliances sociales et avenir du modèle français*. Raisons d'agir. Paris: Raisons d'agir. In literarischer Form beschreibt auch der neue Roman von Michel Houellebecq *Serotonin* die verhängnisvollen Auswirkungen der europäischen Agrarpolitik auf die französischen Regionen, in diesem Fall die Normandie – und die politischen Konsequenzen in Form des drastischen Stimmenanstiegs für das *Rassemblement Nationale*. Dazu Didier Eribon. 2016. *Rückkehr nach Reims*, Berlin: Suhrkamp.

156 Matthias Harder. 2018. *Benita Suchodrev: 48 Hours Blackpool*. Herausgegeben von Benita Suchodrev. Heidelberg: Kehrer, in dem die Photographin die »Hochburg des Brexit« eingefangen hat.

157 Ulrike Herrmann »Ein Euro, drei Krisen | Atlas der Globalisierung 2019«. 2018. *Atlas der Globalisierung »Welt in Bewegung« (2019)* (blog). 18. Oktober 2018. https://atlas-der-globalisierung.de/ein-euro-drei-krisen zum deutschen »Exportwunder« in der Eurozone, das ohne den Euro nicht stattgefunden hätte, weil die anderen Staaten dann abgewertet hätten und der deutsche Exporterfolg verpufft wäre, in: *Globalisierungsatlas 2019*, taz/Le Monde Diplomatique.

158 Martha Posthofen und Frieder Schmid, op. cit., S. 3–4.

159 *Olaf Scholz legt Plan für Europäische Arbeitslosenversicherung vor* –SPIEGEL ONLINE. https://www.spiegel.de/wirtschaft/soziales/olaf-scholz-legt-plan-fuer-europaeische-arbeitslosenversicherung-vor-a-1233695.html

160 *Bundesarbeitsminister: Heil kündigt Initiative für europäischen Mindestlohn an.* https://www.tagesspiegel.de/politik/bundesarbeitsminister-heil-kuendigt-initiative-fuer-europaeischen-mindestlohn-an/23858192.html.

161 *Manifesto 2019*. https://www.pes.eu/en/manifesto2019.

162 Chantal Mouffe. 2018. *Für einen linken Populismus*. Berlin: Suhrkamp, oder auch die Schriften von Wolfgang Streeck, der sich auch bei der »Aufstehen-Bewegung« von Sahra Wagenknecht engagiert hat.

163 Studie der FES, op. cit.

164 *Reportage aus Polen: Polen – eine Reise in ein gespaltenes Land* –ZDFmediathek. https://www.zdf.de/nachrichten/heute/reportage-aus-polen-reise-in-ein-gespaltenes-land-100.html.

165 *Babyprämie statt Migration: Orbáns Idee gegen Geburtenrückgang*. DER STANDARD. https://www.derstandard.at/story/2000097805508/orban-will-mehr-ungarische-kinder.

166 *Ich bitte die Italiener um die ganze Macht,* in: Die ZEIT, 14. August 2019.

167 *BDI,* https://bdi.eu/artikel/news/86-prozent-italienischer-unternehmen-in-familienhand/

168 Z.B. DiEM, die Partei von Yanis Varoufakis wurde mit einer radikal sozialen Agenda für Europa nicht ins EP gewählt. Abwahl der SPD und PS in Deutschland und Frankreich. National-Soziale Parteien (Lega, Rassenblement) hatten dafür starken Zuwachs. Allerdings auch die Sozialdemokraten in Portugal, Spanien und Belgien. Eine gute Analyse findet sich bei Maria Skora und Sophie Pornschlegel, *A comparative Outlook at the European Election Campaign in France, Germany and Poland*, Progressives Zentrum, Discussion Paper July 2019, S. 2ff.

169 So bekämpfen z.B. populistische Parteien die Freihandelsabkommen CETA genau wie große Teile der europäischen Linken, allen voran etwa die österreichische SPÖ *Trotz Protesten: ÖVP, FPÖ, Neos: Klare Mehrheit für Ceta*. www.kleinezeitung.at. https://www.kleinezeitung.at/wirtschaft/5446207.

170 vgl. Studie der Universität Amsterdam, FN 47.

171 Dies zeigen z.B. die Spendenflüsse aus betuchten Unternehmerkreisen an die AfD. Doch die Unterstützung vom Großbürgertum ist nicht flächendeckend, sondern offensichtlich die Spezialität von ein paar eigensinnigen Hamburger Reedern. Stattdessen muss an die vielen Kleinbürger erinnert werden, die schwäbischen Handwerker, die sich darüber ärgern, dass Google und Amazon ihnen nicht nur die Geschäfte kaputt machen, sondern auch keine Steuern zahlen wie sie selbst. Koppetsch, op. cit., S. 95–145, beschreibt den gleichen Prozess, der vor allem auf Deklassierung und Kränkung beruht, für die AfD-Wähler.

172 Im Gegenteil lässt sich z.B. für den Front National oder auch die polnische PiS, wie, etwas abgeschwächter, auch für die AfD nachzeichnen, dass sich

populistische Parteien ab dem Moment, wo sich Teile des Bürgertums für sie interessieren, in ihrer Wirtschaftsprogrammatik (neo-)liberalisieren, vgl. Ulrike Guérot. 2015. *Die Metamorphose der Französischen Republik*, in: Leviathan, Vol. 44, Jg. 43, Heft 02/2015: S. 139–174.

173 Stein Rokkan und Peter Flora. 2006. *Staat, Nation und Demokratie in Europa: die Theorie Stein Rokkans aus seinen gesammelten Werken*. Suhrkamp Taschenbuch Wissenschaft 1473. Frankfurt am Main: Suhrkamp., op. cit., S. 98–101ff.

174 Stein Rokkan, op. cit., S. 109.

175 Dirk Jörke, op. cit.

176 Prominent Gellner op. cit.

177 Cornelia Koppetsch, op. cit. Weil Geld eben auch kulturell trennt, also Kleidungs-, Ess- und Lebensgewohnheiten bzw. die gesamte Ästhetisierung des Lebens von Unterschichten nicht mitgemacht werden (kann), S. 103ff.

178 Eugene Weber. 1977. *Making Peasants into Frenchmen. The Modernisation of Modern France*, London: Stanford University Press.

179 Stein Rokkan, op. cit., S. 91–94 ff. Dazu auch Stein Rokkan: *Mass Suffrage, Secret Voting and Political Participation*, in: European Journal of Sociology, 2(1), 1961, S. 132–52.

180 Karl Polanyi. 1944. *The Great Transformation*. New York: Farrar & Rinehart.

181 In der sozialwissenschaftlichen Literatur wird zumeist unterschieden zwischen einem skandinavischen, einem deutschen und einem südeuropäischen Sozialstaats-Modell, vgl. Esping-Andersen, Gøsta. 1990. *The Three Political Economies of the Welfare State*. In: International Journal of Sociology 20 (3): 92–123.

182 Der Begriff stammt von dem Soziologen Helmut Schelsky und ist aus den 60er Jahren.

183 Theodor Schieder, op. cit., S. 28.

184 Philipp Blom. 2009. *Der taumelnde Kontinent 1900–1914*, München: Carl Hanser Verlag und 2016. *Die zerrissenen Jahre 1918–1938*, München: dtv.

185 Ruggero Ranieri: *Inside or outside the magic circle? The Italian and British steel industries face to face with the Schuman Plan, and the European Coal, Iron and Steel Community*, Alan Milward, Frances M.B. Lynch, Frederico Romero, Ruggero Ranieri and Vibeke Sórensen: *The Frontier of National Sovereignity*, History and Theory 1945–1992, S. 117 f.

186 Alan Milward. 1992. *The European Rescue of the Nation State*. London: Routlegde.

187 *Fusion von Siemens und Alstom geplatzt – Was Sie wissen müssen* – Handelsblatt. https://www.handelsblatt.com/politik/international/zughersteller-das-sind-die-wichtigsten-fakten-zur-geplatzten-fusion-von-siemens-und-alstom-/23954978.html?ticket=ST-8842588-RQjgmGZ-TokbcOCZd6N4j-ap6.

188 Die Amerikaner allein schon dadurch, dass sie ihren GAFA-Komplex nicht zerschlagen, wie sie es nach amerikanischer Anti-Trust Gesetzgebung eigentlich tun müssten, so wie sie Ende der 80er Jahre AT & T noch zerschlagen haben, weil er Monopolstrukturen aufgebaut hatte. Und wichtiger noch, als dass der GAFA-Komplex die amerikanische Volkswirtschaft nährt – GAFA zahlt auch in den USA kaum Steuern –, ist de facto das Pentagon Auftraggeber für viele Produkte dieser Firmen mit Blick auf Datenkontrolle: Der GAFA-Komplex dient also der Vorherrschaft, der Beobachtung der Welt und ist nicht nur oder unbedingt das Rückgrat der amerikanischen Volkswirtschaft.

189 Robert D. Blackwill und Jennifer M. Harris. 2016. *War by Other Means: Geoe-*

conomics and Statecraft, Cambridge: Harvard University Press. Das Buch ist in den USA ein Bestseller.

190 Vgl. die JEDI-Initiative von 25 Millionen (25 Mrd) von André Losekrug, FAZ 19.06.2018.

191 Stefan Collignon. 2017. *The Governance of European Public Goods. Towards a Republican Paradigm of Europe*, Wiesbaden: Springer. Interessant in diesem Kontext auch, dass sich jüngst unter EU-Beamten eine Gruppe mit dem Namen »Res Publica Europaea« gegründet hat, die dieses Denken in den europäischen Institutionen befördern will. Damit gibt es nun innerhalb der europäischen Beamtenschaft Personen, die an jenem Paradigmenwechsel von einem europäischen Binnenmarkt zu einem europäischen öffentlichen Raum arbeiten, https://www.respublicaeuropa.eu.

192 Dazu die einleitenden Seiten von Dirk Jörke, op. cit.

193 Darum Thoma Fazi: *Reclaiming the State*, op. cit.

194 Im Übrigen war Deutschland ein gutes Vorbild für Raumordnung, bis das Raumordnungsgesetz 1970 abgeschafft wurde. Das im Juli 2019 neuaufgelegte deutsche Infrastrukturgesetz zur Schaffung gleicher Lebensverhältnisse ist 50 Jahre später darum eigentlich eine Rückkehr zu ›alten Verhältnissen‹, nur müsste es heute im Zuge einer europäischen Raumordnung europäisiert werden.

195 Ansonsten bleiben wir bei all den europäischen Alltagsproblemen hängen, die sich aus diesem Fehlen ergeben, z.B. dem fehlenden deutschen Autobahnanschluss für den Brennertunnel, den die Italiener und Österreicher auf ihren Territorien jeweils erfolgreich vorangetrieben haben und der eben jene Entlastung für den Brenner bieten würde, die gerade im Sommer 2019 wieder zum Thema wurde, weil Tirol alle Autobahnabfahrten gesperrt hatte, um den Autofahrern die Umgehung von Staus unmöglich zu machen.

196 Dazu auch Moritz Neujeffski, REGIOPARL Vortrag in Krems im Januar 2019.

197 https://www.gemeingut.org.

198 Z.B. CER: *Why the poorest British Regions will be affected most from Brexit*, London 2016

199 Cederic Hugrée, Étienne Penissat und Alexis Spire. 2017. *Les classes sociales en Europe: tableau des nouvelles inégalités sur le vieux continent*. Ordre des choses. Marseille: Agone S. 66 ff.

200 Ibid., S. 37–39.

201 *Europe: Is the System Broken? A View from National Parliaments, 6th Mercator European Dialogue*, 1–3 February 2019, Rome, The German Marshall Fund oft he United States 2019, S. 17.

202 Ulrich Beck. 2011. *Politik in Europa*. Mittelweg 36, Zeitschrift des Hamburger Instituts für Sozialforschung Hamburger Edition, HIS, Heft 6/2011: 22.

203 Dazu einschlägig die Zahlen von Thomas Faist: *Zur Transnationalen Sozialen Frage: Soziale Ungleichheiten Durch Soziale Sicherung in Europa: Grenzübergreifende Soziale Sicherung Und Mobilität*. Leviathan 41, no. 4 (2013): 574–98.

204 Ulrich Beck, op. cit.

205 Dazu Ivan Krastev, Mark Leonard und Susi Dennison. 2019. *What European really want*, ECFR, Schaubild S. 13.

206 Einschlägig Ivan Krastev. 2017. *Europadämmerung*, Berlin: Suhrkamp.

207 Keynes spricht hier vom »Tod des Rentiers«.

208 Weswegen jetzt auch eine europäische Bürgerinitiative zum Thema sozialer Wohnungsbau und bezahlbares Wohnen gestartet wurde, die bis März 2020 läuft und für die 1 Mio Unterschriften gesammelt werden, Klute, J. 2019.

»Europäische Bürgerinitiative ›Housing for All‹ Sammelt Unterschriften«. *Europa Blog* (blog). 11. Juni 2019. https://europa.blog/europaischen-burgerinitiative-housing-for-all-sammelt-unterschriften/.

209 Sehr differenziert und ausführlich dazu Reinhard Blomert. 2012. *Schulden und Schuldige*, in: Gegenblende, Gewerkschaftlicher Infoservice, https://gegenblende.dgb.de/18-2012/++co++7e884c50-33d6-11e2-b963-52540066f352.

210 Zitiert nach Reinhart Blomert, Ibid.

211 Ibid.

212 Bouju, Manon, Lucas Chancel und Anne-Laure Baldi-Delatte. 2019. *Changer l'Europe, c'est possible ![un manifeste porté par plus de 100 000 signataires*; Hennette-Vauchez, Stéphanie, Thomas Piketty, Guillaume Sacriste, und Antoine Vauchez. 2019. *How to Democratize Europe*. Cambridge, Massachusetts: Harvard University Press.

213 Ninon Grangé. 2015. *Oublier la guerre civile? Stasis, Chronique d'une disparition*, Paris: Collection Contextes, VRIN/ EHESS.

214 Auf fast witzige Weise entwickelt Guiseppe Porcaro in seinem Slap-Stick Roman *Disco Sour* das Szenario eines europäischen Bürgerkrieges von 2020–2040, nachdem die EU 2020 politisch scheitert und auseinanderfliegt.

215 Dazu Karsenti, op. cit., S. 27, 33, 48.

216 Stefan Collignon (Hrsg.) 2017. *The Governance of European Public Goods*. Cham: Springer International Publishing. Sowie das Papier der Gruppe ›Res Publica Europa‹ der EU-Kommission; »Europäische Union: Warum Europa seine öffentlichen Güter entwickeln muss«. https://www.tagesspiegel.de/politik/europaeische-union-warum-europa-seine-oeffentlichen-gueter-entwickeln-muss/23686272.html.

217 Ivan Krastev, Mark Leonard und Susi Dennison, op. cit., S. 6.

218 Ibid., S. 9.

219 Schweden brauchte 2018 vier Monate zur Regierungsbildung, in Belgien gab es 2010 vorübergehend 541 Tage keine Regierung, Spanien brauchte nach den Wahlen 2015 sechs Monate zur Regierungsbildung und schaffte nur eine Minderheitsregierung, und selbst Deutschland hatte ungewöhnliche Probleme bei der Regierungsbildung, wobei die ablehnende Haltung der FDP zu den europäischen Vorschlägen von Emmanuel Macron ein Grund für das Platzen der Jamaika-Koalitionsverhandlungen gewesen sein dürfte.

220 *»Europe: Is the System Broken?«* A View from National Parliaments, 6th Mercator Dialogue, 1–3 February 2019, Rome, GMF, Stiftung Mercator, King Baudoin Foundation, Eliamep, IAI, Barcelona Centre for International Affairs, S. 7.

221 Ivan Krastev, Mark Leonard und Susi Dennison, op. cit., Chart S. 5.

222 *Eine Freedom zu verschenken: Bilderbuch stellen ›EU Passport‹ aus* https://derstandard.at/2000098180634/Eine-Freedom-zu-verschenken-Bilderbuch-stellt-EU-Passport-aus. NEO MAGAZIN ROYALE. *United States Of Europe [Gibraltar to Spitsbergen, Cayenne to Crimea] | NEO MAGAZIN ROYALE*. https://www.youtube.com/watch?v=afaQ4GSNZMg.

223 Theodor Schieder, op. cit., S. 15.

224 Ibid., S. 28.

225 Ibid., S. 29

226 Jean-Marc Ferry. 2000. *La Question de l'Etat Européen,* Paris: Gallimard.

227 Ulrike Guérot, »(Ver)fassungslose EU«, in: Internationale Politik, 4/2004.

228 Dominique Schnapper. 1994. *La Communauté des Citoyens. Sur l'idée moderne de la Nation*, Paris: Gallimard.

229 Ibid., S. 49

230 Ibid., S. 82 und Max Weber, Schriften zur Soziologie und Sozialpolitik. Diskussionsreden auf dem zweiten Deutschen Soziologentag in Berlin 1912. I. Zum Vortrag von P. Barth über die »Nationalität in ihrer soziologischen Bedeutung«, in: Max Weber, Gesammelte Aufsätze zur Soziologie und Sozialpolitik, hrsg. von Marianne Weber, Tübingen 1988, S. 484–487, S. 484.

231 Karl W. Deutsch und William Foltz (Hrsg.). 1963. *Nation-Building*, New York: Atherton Press.

232 Étienne Balibar. 2003. *Sind wir Bürger Europas? Politische Integration, soziale Ausgrenzung und die Zukunft des Nationalen*, Hamburg: Hamburger Edition.

233 Z.B. Robert Castel. 2000. *Die Metamorphosen der sozialen Frage*, Konstanz: UVK.

234 Balibar, op. cit., S. 116. Vgl. auch S. 132, S. 169, S. 235 und S. 267ff.

235 Dazu unveröffentlichtes Papier von Markus Kotzur, Duke University; Universität Hamburg: »Die europäische Unionsbürgerschaft«

236 Eine akademische »Gegenrede« zu Kotzur findet sich bei Anna Meine, Institut for Social Sciences, Siegen, DVPW-Kongress, Frankfurt am Main, 2018, S. 1–3

237 Balibar, op. cit., S. 132.

238 Balibar, op. cit., S. 190.

239 *Im Zwist ums Kindergeld* – Wiener Zeitung Online. https://www.wienerzeitung.at/nachrichten/politik/europa/2002402-Im-Zwist-ums-Kindergeld.html.

240 Engels, David. 2014. *Auf dem Weg ins Imperium: die Krise der Europäischen Union und der Untergang der römischen Republik; historische Parallelen*. Wesentlich erweiterte Fassung. Berlin München: Europa Verlag. Der Beitrag von David Engls dazu in CATO ist umstritten, allein schon wegen der Publikation in dieser Zeitschrift. Aber es wäre – wollte man mit den Rechtspopulisten ernsthaft in einen Dialog über Europa treten – vielleicht tatsächlich an der Zeit, einmal angemessen – und nicht kleinkariert – über das eigentliche Erbe Europas zu streiten, anstatt dieses Buch, das gerade von Rechtspopulisten vereinnahmt wird, nur als »Schund« zu schmähen. An diesem Zitat bzw. Befund ist jedenfalls, wenn man ihn unvoreingenommen betrachtet, a priori nichts auszusetzen, auch wenn andere Stellen des Buches durchaus problematisch sind. Dass die EU orientierungslos ist und nicht mehr funktioniert, bestreitet heute jedenfalls kaum noch jemand, auch von »nicht-populistischer« Seite, vgl. z.B. Gregor Schöllgen, *NATO und EU sind überflüssig*, in FAS. 11. August 2019.

241 Elisabeth von Thadden, »Glück, was ist das?« Interview mit Agnès Heller, zu ihrem 90. Geburtstag, in: ZEIT, 8. Mai 2019.

242 Übrigens einer der größten Unterschiede zum Vereinigten Königreich.

243 »Gemeinsame Erklärung zum 55. Jahrestag des Elysée-Vertrags – France-Allemagne.fr« https://www.france-allemagne.fr/Gemeinsame-Erklarung-zum-40,1129.html.

244 Alföldy, Géza. 1999. *Das Imperium Romanum – ein Vorbild für das vereinte Europa?* Jacob-Burckhardt-Gespräche auf Castelen 9. Basel: Schwabe.

245 Umberto Eco. 1973. *Auf dem Wege zu einem neuen Mittelalter*, in: *Über Gott und die Welt*, München: Hanser, S. 8–35.

246 Jürgen Habermas, 1998. *Die Postnationale Konstellation*, Frankfurt: Suhrkamp, S. 9

247 Dazu ausführlich Cornelia Koppetsch. 2019. *Gesellschaft des Zorns*, Bielefeld: transcript und Dirk Jörke. 2019. *Die Größe der Demokratie. Über die räumliche Dimension von Herrschaft und Partizipation*, Berlin: Suhrkamp. Einen guten

Überblick über die Debatte bietet aber auch Sigrid Weigel, *Transnationale Auswärtige Kulturpolitik – jenseits der Nationalkultur*, ifa, 2019, S. 65ff.

248 Martin Mendelski (*Das europäische Evaluierungsprinzip der Rechtsstaatlichkeit*, Leviathan, 44 Jg, 3/2016, S. 1–33) diskutiert die Einseitigkeit der »Rechtsstaatlichkeitsverfahren« der EU und verweist darauf, dass die populistische »Besetzung« z.B. von Verfassungsgerichten im Grunde eine Reaktion auf die liberale Wende der Transformationsperiode ab 1989 ist, in der ebenfalls in großem Stil Personal in Ämtern gewechselt wurde.

249 Koppetsch, op. cit. S. 17, S. 189–191.

250 Regional Parliaments Projekt: www.regioparl.eu.

251 Sassen, Saskia. 2001. *The global city: New York, London, Tokyo*. 2nd ed. Princeton, N.J: Princeton University Press & Vortrag im European Democracy Lab in Berlin am 24. März 2019.

252 Daniel Loïc, *Kritik der Souveränität*, der an klassischen Theorien der Souveränität (Hobbes, Bodin…) deutlich macht, dass die Übertragungslehren von Souveränität, also von Bürgern auf den Staat, in vielerlei Hinsicht problematisch sind. Am Ende (S. 279ff) gelangt er zu partizipativen Formaten einer bürgernahen, demokratischen Politikgestaltung. Auch Hannah Arendt war dem Begriff der Souveränität gegenüber stets misstrauisch. »If men wish to be free, it's precisely sovereignty they must renounce«, vgl. Wolfgang Heuer, *Föderationen – Hannah Arendts politische Grammatik des Gründens*, Leinebögen 5 Sommer 2016, S. 17. Die liberale Hannah Arendt war darum, das wird gerne übersehen, gegenüber Räterepubliken nicht abgeneigt, vgl. Ibid., S. 13ff.

253 Zu den ideologischen Differenzen in der Wirtschaftspolitik, die heute die Eurozone belasten, vgl. Brunnenmeier & al. op. cit.

254 Welche Bedeutung diese soziale Formation und vor allem Fragen der Demographie auf die Wirtschaftspolitik der Eurozone hat, in der aber meistens nur über Defizite oder Budgets diskutiert wird, zeigt aufschlussreich Emmanuel Todd. 2018. *Traurige Moderne: eine Geschichte der Menschheit von der Steinzeit bis zum Homo americanus*, München: C.H. Beck. oder Guillaume Duval. 2013. *Made in Germany: le modèle allemand au-delà des mythes*. Paris: Seuil.

255 Die Vorgängervereinigung der heutigen französischen sozialistischen Partei, PS, hieß deswegen z.B. bis in die 60er Jahre SFIO *(Séction française de l'Internationale Ouvrière)*. Bis zum Parteitag der deutschen SPD in Bad Godesberg 1958 war die »Internationale« das Standardlied, das auf SPD-Parteitagen gesungen wurde.

256 Jean-Francois Melon.

257 Erst im Liberalismus/Industrialismus benötigt man überhaupt staatliche Sozialsysteme, sonst funktionierte der Liberalismus nicht, denn die Marktfreiheit hat bei der Arbeiterschaft stets viel Ärger ausgelöst: Karl Polanyi nennt es die »Gegenbewegung«, nämlich dass der Kapitalismus empfindlich gestört wird, wenn er sich nicht sozial aufstellt.

258 Vgl. Hans Peter Martin. 2018. *Game Over*, München: Penguin, S. 278ff.

259 Alain Ehrenberg. 2004. *Das erschöpfte Selbst*. Frankfurt am Main: Campus.

260 Studie der FES, op. cit., S. 8ff.

261 Karsenti, op. cit. S. 27. Dazu passen im Zeitgeist Vorstöße wie etwa derjenige von Kevin Kühnert bzgl. einer Vergesellschaftung von BMW oder die Initiativen gegen die Deutsche Wohnen. Interessanterweise haben aber laut einer Pew-Umfrage neuerdings auch 65 Prozent der Demokraten in den USA eine positive Meinung von »Sozialismus«, vgl. Hannah Hartig, *Stark Partisan Divisions in American Views of ›socialism‹, ›capitalism‹*, 25th June 2019. Ein globaler Swing-Back der neoliberalen Globalisierung hat scheinbar begon-

nen. Auch die Bewegung Fridays for Future ist inzwischen intrinsisch mit der Systemfrage – also der Überwindung des Kapitalismus oder zumindest seiner gröbsten Perversionen – verknüpft, vg. Pankaj Mishra, *Books beyond Capitalism*, op. cit.

262 Axel Honneth. 2015. *Die Idee des Sozialismus: Versuch einer Aktualisierung*, Berlin: Suhrkamp.

263 Marcel Mauss, op. cit. S. 338 ff.

264 Dazu ausführlich meine Dissertation: Ulrike Guérot. 1995. *Le PS et l'Europe d'Epinay à Maastricht*, Universität Münster.

265 Bruno Amable und Stefano Palombarini. 2018. *L'Illusion du Bloc Bourgois: Alliances sociales et avenir du modèle français*. Paris: Liber/Raisons d'agir.

266 Koppetsch betrachtet den Populismus als Reaktion auf die epochale Wende der »globalen Moderne«, op. cit., S. 123ff. und die »Lebenslügen kosmopolitischer Milieus«.

267 Kurz: den Schwenk vom Individualverkehr zum Kollektivverkehr und von der Straße auf die Schiene. Alle Lösungen hingegen, die der technische Fortschritt bereithält – Lufttaxis, Schwebezüge in Vakuum-Röhren, Flugzeuge mit Sonnenenergieantrieb – dürften sich ggf. als kommerziell interessant aber ökologisch ebenfalls als nicht nachhaltig erweisen, weswegen der Kapitalismus den »Green New Deal« strukturell nicht wird hervorbringen können, vgl. Pankaj Mishra, op. cit.

268 Vgl. dazu die Arbeiten von Professor Sabine Pfeiffer, Lehrstuhl für Soziologie (Technik – Arbeit – Gesellschaft), Universität Nürnberg.

269 Die sich laut der Theorie von Ninon Grangé entweder in Krieg – letztes Jahrhundert – oder in Bürgerkrieg – dieses Jahrhundert? – entlädt, siehe: Ninon Grangé. 2015. *Stasis. La guerre civil oubliée*? Paris: Vrin – Éditions de l'EHESS.

270 Thomas Sigmund und Sven Afhüppe (Hrsg.). 2019. *Europa kann es besser: Wie unser Kontinent zu neuer Stärke findet. Ein Weckruf der Wirtschaft*. Freiburg: Herder.

271 »Der Weg zur totalitären Silicon-Valley-Weltwährung« http://norberthaering.de/de/27-german/news/1157-buchauszug-weltwaehrung.

272 Arabien und China waren bisher stille Anleger, die nur Sicherheit für ihr Geld suchten und sich nicht in die Geschäfte einmischten wie die US-Hedge Fonds.

273 »Google: Die EU verhängt eine dritte Kartellbusse« https://www.nzz.ch/wirtschaft/google-die-eu-verhaengt-eine-dritte-kartellbusse-ld.1468597

274 Wer erinnert sich noch an das deutsch-französische Projekt einer gemeinsamen Suchmaschine? Lange vor Google hatte dieses Projekt die entscheidenden Algorithmen begründet, bis die Deutschen sich zurückzogen und die französische Restgruppe – ganz im universitären Stil von öffentlichem Wissen – keine Patente sicherte. Google übernahm dann diese öffentlich zugänglichen Algorithmen und patentierte sie, ein frühes deutsch-französisches Projekt für den Internetbereich, das heute das wirtschaftliche Rückgrat Europas sein könnte, war gestorben. »Jedi-Initiative: Wie Europa in der Forschung aufholen will« https://www.faz.net/1.5646720.

275 Reinhard Blomert, *Schulden und Schuldige. Deutsche Krisendeutungen*, in: Gegenblende, Debattenmagazin, DGB, 21.11.2012.

276 Stefan Collignon. 2017. *The Governance of European Public Goods: Towards a Republican Paradigm of European Integration*, Cham: Palgrave Macmillan.

277 Gerhards, Jürgen, Zsófia S. Ignácz, Florian K. Kley, Holger Lengfeld und Maximilian Priem. 2019. *How Strong is European Welfare Solidarity? Results*

from a Comparative Survey Conducted in 13 EU Member States, S. 39–62 in Martin Heidenreich (Hrsg.). *Horizontal Europeanisation. The Transnationalisation of Daily Life and Social Fields in Europe*, New York: Routledge.

278 Heinrich Popitz. 1986. *Phänomene der Macht*. Tübingen: Mohr Siebeck, S. 188ff.

279 Siegfried Unseld (Hrsg.). 1993. *Politik ohne Projekt? Nachdenken über Deutschland Politik ohne Projekt*, Berlin: Suhrkamp.

280 Thomas Raines, Matthew Goodwin und David Cutts. 2017. *The Future of Europe. Comparing Public and Elite Attitudes*. Chatham House.

281 Jan Wagner und Federico Italiano (Hrsg.). 2019. *Grand Tour: Reisen durch die junge Lyrik Europas*, München: Carl Hanser Verlag.

282 Der Franzose Jean-Marie Boulet bereit eine Netflix-Serie vor mit dem Titel »President X«. Die europäische Präsidentin im Jahr 2050 ist ein Android, für die ein Algorithmus die besten Eigenschaften aller Europäer zusammengeführt hat.

283 Tweet vom 27.06.18.

284 Koppetsch, op. cit. S. 183ff.

285 Koppetsch, op. cit. u.a. S. 29–39ff., hält es nicht für ausgemacht, dass die AfD-Wähler nicht andere Politikangebote annehmen würden, wenn sie existierten, sofern sie Solidarität und Sicherheit bieten würden.

286 So lautete der Titel eines Beitrags von Annegret Kramp-Karrenbauer in der WELT, 10.3.2019, in dem leider nicht viel Überzeugendes stand.

287 Jürgen Klute, *Mit Frontex entwickelt die EU ein Instrument des staatlichen Gewaltmonopols*, in: piqd, 8. August 2019.

288 Ibid., S. 56.

289 Etienne Francois und Thomas Serrier. 2012. *Lieux de Mémoires Européennes*. Paris: La Documentation Francaise.

290 In Berlin ist er das geworden, siehe https://www.zeit.de/politik/deutschland/2018-05/zusaetzlicher-feiertag-berlin-europatag-katja-sinko-interview.

291 Christophe Guilluy. 2014. *La France périphérique: comment on a sacrifié les classes populaires*, Paris: Flammarion.

292 64 Prozent der Franzosen sind laut einer Umfrage des Instituts BVA von 2015 positiv gegenüber der Schaffung einer VI. Französischen Republik und einer fundamentalen Reform der Institutionen eingestellt (*6è République: mythe ou reálité?*) Jean-Luc Mélenchon hat dies als Kandidat der France Insoumise immer wieder thematisiert, im politischen Raum hat die Idee aber überparteilich Anhänger. Eine akademische Diskussion darüber existiert mindestens seit 2013, vor allem in der Zeitschrift Esprit.

293 Jean-Jacques Rousseau. 1783. *Considérations sur le gouvernement de la Pologne*, zitiert nach Savidan, op. cit., S. 89.

294 »Heftige Kritik an Inkrafttreten von Polens Holocaust-Gesetz« https://www.derstandard.at/story/2000075256118/polen-kritik-und-warnungen-nach-inkrafttreten-des-holocaust-gesetzes.

295 »Höcke-Rede im Wortlaut: ›Gemütszustand eines total besiegten Volkes‹« Tagesspiegel https://www.tagesspiegel.de/politik/hoecke-rede-im-wortlaut-gemuetszustand-eines-total-besiegten-volkes/19273518.html. »Gauland: Hitler nur ›Vogelschiss‹ in deutscher Geschichte« https://www.faz.net/aktuell/politik/inland/gauland-hitler-nur-vogelschiss-in-deutscher-geschichte-15619502.html.

296 Vgl. u.a. Zoltàn Pogatsa, *Hungary, From Star Transition Student to Backsliding Member State*. In: Journal of Contemporary European Research, Vol 5, No 4/ 2009.

297 Siehe die Karten vom ECFR, op. Cit Teil II, S. 9 und 11.

298 Ulrich Beck und Edgar Grande. 2004. *Das kosmopolitische Europa. Gesellschaft und Politik in der zweiten Moderne*, Frankfurt: Suhrkamp.

299 Rendall Henning, *Fiscal Federalism: US History for Architects of Europe's Fiscal Union*, Peterson Institute for International Economics, Working Paper No 2012–1, 10. January 2012.

300 Joschka Fischer, Humboldt-Europa-Rede, Mai 2000.

301 Jacques Derrida und Jürgen Habermas. *Unsere Erneuerung. Nach dem Krieg: Die Wiedergeburt Europas*, F.A.Z., 31.05.2003. Der französische Philosoph und ehemalige Erziehungsminister Jean-Luc Ferry. 2000. *La question de l'Etat européenne*, Paris: Gallimard

302 Europa Union Deutschland, Beschluss des Bundeskongresses der Europa-Union Deutschland e.V. vom 31. März 2019, S. 2.

303 Udo di Fabio, *United States of Europe – nur Zukunftsmusik oder schon auf der Tagesordnung?* NZZ 29.7.2019.

304 Vgl. Dobbert, op. cit.

305 Die zeitliche Kongruenz von europäischem Verfassungsprozess und dem Irak-Krieg ist zumindest sehr auffällig. Auch ist bekannt, dass die USA aus eigenen (damaligen) geo-strategischen Gründen die Aufnahme von Beitrittsverhandlungen der EU mit der Türkei forciert haben, die dann im Oktober 2004 begannen, es aber genau diese Beitrittsverhandlungen waren, die ein entscheidender Faktor im französischen »Nein« zum Verfassungsentwurf im Mai 2005 führten. Die Verquickung einer US-lastigen geostrategischen Agenda und einer europäischen Verfassungsagenda war in dieser Hinsicht verhängnisvoll.

306 Shoshana Zuboff. 2018. *Das Zeitalter des Überwachungskapitalismus*, Frankfurt: Campus Verlag.

307 Dazu, immer noch erhellend Peter Sloderdijk (1994. *Falls Europa erwacht. Gedanken zum Programm einer Weltmacht am Ende des Zeitalters ihrer politischen Absence*, Frankfurt: Suhrkamp), der das hellsichtig schon damals gefordert hat.

308 Deutscher Bundestag – Westerwelle befürwortet Änderung der EU-Verträge« Deutscher Bundestag: https://www.bundestag.de/dokumente/textarchiv/2011/36478175_kw45_pa_europa-206846.

309 Dazu Ulrike Guérot. 2019. *Wie hältst du's mit Europa?* Göttingen: Steidl.

310 Denn die meisten Deutschen empfinden sich nicht als Zahlmeister: Joannes Hillje und Christine Putz. 2019. V*om Zahlmeister zum Zukunftsmeister.* Böll Stiftung/ Das Progressive Zentrum.

311 Karin Finkenzeller und Silke Wettach, *Wie Macron Europa regiert und Frankreich reformiert*, in: Handelsblatt, 18. August 2019

312 Auch Daniel Cohn-Bendit sieht die EU als gescheitert an und fordert vor allem eine neue deutsche-französische Initiative, in: Volker Zastrow: *Daniel Cohn-Bendit im Gespräch: NATO und EU sind desorientiert*, FAZ, 18. August 2019

313 Die Wissenschaft hat hier enorm vorgearbeitet, es liegt alles auf dem Tisch, vgl. z.B. aus der umfangreichen Literatur Ulrike Liebert. 2019. *Europa erneuern! Eine realistische Vision für das 21. Jahrhundert*, Bielefeld: transcript, mit einem besonderen Fokus auf die zivilgesellschaftliche Organisation, die hinter einem neuen europäischen Verfassungsprozess stehen könnte.

314 Auch die Europa-Aktivisten Lorenzo Marsili und Niccolo Milanese schlagen einen solchen Prozess vor (2019. *Wir heimatlosen Weltbürger*, Frankfurt: Suhrkamp).

315 Zu diskutieren wären hier neue technische Methoden der digitalen Meinungsfindung, etwa Blockchain. Dazu z.B. Max Stern. 2018. *Agenda für eine digitale Demokratie*, Zürich: NZZ Libro Verlag.

316 Daniel Loick. 2012. *Kritik der Souveränität*, Frankfurter Beiträge zur Soziologie und Sozialphilosophie, Band 17, Frankfurt am Main: Campus Verlag.

317 Wobei hier die Frage zu stellen wäre, ob »Populisten« keine Zivilgesellschaft sind. Carlo Ruzza schlägt hier den Begriff der »*Unzivil*-Gesellschaft« vor, wenn gesellschaftliche Gruppen mit Forderungen politisch aktiv werden, die dem Verfassungskanon akzeptierter Werte widersprechen: Identifying Uncivil Society in Europe: Towards a ›New Politics‹ of the Enemy?, in: Ulrike Liebert und Hans-Georg Trenz. 2011. *The New Politics of European Civil Society*, London: Routledge. Die Gegenüberstellung von gesellschaftlichen Gruppen als »zivil« und »unzivil« ist indes per se problematisch.

318 Im Bundestag sind aktuell nur 2 Prozent Nichtakademiker. Die Forderung nach Diversität indes bezieht sich meistens auf Gender, also »mehr Frauen« oder andere »Minderheiten«.

319 David van Reybrouck entwickelte in seinem Besteller »Gegen Wahlen« von 2016 Systeme der Losverfahren, mittels derer in strukturierten Räumen und bürgerlichen Verfahren letztlich autonome Entscheidungen über unmittelbare politische Belange konsensuell getroffen werden. Dahinter steht die inzwischen empirisch erhärtete Annahme, dass parlamentarische Entscheidungen heute gewisse soziale Gruppen eindeutig benachteiligen, die »keine politische Stimme« mehr haben. Auch Cornelia Koppetsch erwähnt diese Form der mangelnden Inklusion, op. cit., z.B. S. 50ff.

320 Über diese von verschiedenen Wissenschaftlern im Leviathan in mehreren Ausgaben und wissenschaftlichen Artikeln 2014 intensiv geführte Debatte – darunter führend Jürgen Habermas, Wolfgang Streeck, Martin Höpner, Fritz Scharpf und Dieter Grimm – berichtete, für die, die eine kurze Zusammenfassung wünschen, die FAZ: Thomas Stiehl, Jürgen Habermas und Europa – die Europadebatte im Leviathan 2014, FAZ, 13. Januar 2015.

321 In den 90er Jahren wurde vor allem in Deutschland das Verhältnis zwischen europäischem Staatenbund oder Bundestaat unter dem Stichwort »Krönungstheorie« diskutiert. Erst 1998 strich die CDU den Begriff »Europäischer Bundestaat« aus ihrem Parteiprogramm. Von einem europäischen Bundesstaat spricht auch Udo di Fabio, op. cit., leider wieder, ohne die notwendige republikanische Komponente zu benennen.

322 Régis Debray, Max Gallo, Jacques Julliard, Blandine Kriegel, Olivier Mongin, Mona Ozouf, Anicet Le Pors und Paul Thibaud, in: Le Monde, 4. September 1998.

323 Dazu ausführlich Etienne Balibar, op. cit., S. 91ff.

324 Beschluss des MOVIMENTO EUROPEO CONSIGLIO ITALIANO vom 9. Juli 2019, genau 39 Jahre nach der Gründung des sogenannten »Crocodile-Clubs« von Altiero Spinelli: »Remembering the foundation of the Crocodile Club, the 9th of July 1980: Why the EP should start a constituent process to build a European Republic and not marry the idea of an Intergovernmental Conference« (E-Mail des Präsidenten Pier Virgilo D'Astoli vom 9. Juli 2019). In Italien hat inzwischen eine recht beachtliche Debatte über Europa als Republik begonnen, vgl. u.a. Isagor. 2019. *La Repubblica d'Europa. Oltre gli Stati nazione*, Turin: ADD Editore.

325 Patrick Savidan. 2004. *La République ou l'Europe ?* Paris: LDP, S. 80.

326 Michel Foucher. 2000. *La République Européenne*, Paris: Berlin, vor allem S. 133.

327 Patrick Savidan, op. cit., S. 80.

328 Jean-Jacques Rousseau, *Du Contrat Social*, Livre II, Chap. VI, S. 379–380: »J'appele donc République tout ètat régi par les lois«

329 Kasten Nowrot. 2014. *Das Republikprinzip in der Rechtsordnungengemeinschaft*, Jus Publicum Bd. 237, Tübingen: Mohr Siebeck, vor allem Kap. IV und V.

330 Etienne Balibar. 2003. *Sind wir Bürger Europas, Politische Integration, soziale Ausgrenzung und die Zukunft des Nationalen*, Hamburg: Hamburger Edition, S. 191.

331 Patrick Savidan, op. cit., S. 83.

332 Vgl. vor allem den Beitrag von Dominique Schnapper, Citoyenneté européenne et démocratie providentielle in dem Band von Savidan, op. cit., S. 337–361.

333 Savidan, op. cit. S. 88.

334 Zitiert nach Hannah Arendt, *Über die Revolution*, Piper, S. 95.

335 Hier vor allem die Vorschläge der französischen TDEM-Gruppe um Thomas Piketty, Stéphanie Hennette, Guillaume Sacriste und Antoine Vauchez, »Démocratiser l'Europe«, sowie den Forschungsband *Democratizing Europe*, Harvard University Press 2019.

336 Auch Dirk Jörke, op. Cit, plädiert am Ende für kleine Einheiten in einem Staatenbund, die indes nicht mehr stark föderiert wären.

337 Sogar die Adenauer-Stiftung, die sich in den letzten Jahren wahrlich nicht als pro-europäische Speerspitze hervorgetan hat, hat im Sommer 2019 eine Studie veröffentlicht, in der sie, wenigstens im Bereich der Wirtschafts- und Währungsunion, dringend Reformen anmahnt, damit der Euro und die europäische Wirtschaft solide durch den wirtschaftlichen Abschwung und die neuen Turbulenzen an den Märkten zu bringen sind, die sich am Horizont abzeichnen, vgl. David Gregosz und Thomas Köster, *Trügerische Ruhe*, KAS. 1. August 2019.

338 Z.B. die österreichische Europa-Aktivistin Verena Ringler, die sich nach den Europawahlen 2019 für einen »Bürger-Kommissar« der EU ausspricht, ein wohlmeinendes Anliegen, um dadurch die Zerrüttung zwischen Bürger und Europa zu kitten. (»Die EU braucht einen Bürgerkommissar«, 7. August 2019, Creative Commons Lizenz, ERSTE Stiftung: CC BY-NC-ND 3.0). Aber nicht nur hat die EU schon einen Ombudsmann (bzw. eine Frau: die Irin Nelly O'Rehn, in der letzten Amtsperiode bis 2019), der die Anliegen der europäischen Bürger vertreten soll. Vor allem wäre der Begriff bzw. die Funktion eines »Bürger-Kommissars« tautologisch, denn jeder EU-Kommissar sollte als europäisches »Regierungsmitglied« – ebenso wie jeder nationale Minister – selbstverständlich für die Bürger und ihre Anliegen da sein, da genau dies dem *Amts*begriff entspricht. Wenn die EU jetzt einen »Bürgerkommissar« braucht, dann heißt das im Prinzip, dass die anderen Kommissare der EU sich bisher nicht um die Belange der europäischen Bürger gekümmert haben. Das ist zwar genau das Problem. Aber die Lösung wäre weniger ein »europäischer Bürgerkommissar«, sondern dass sich *alle* europäischen Kommissare perspektivisch als europäische »Regierungs«-Vertreter um die Belange der europäischen Bürger kümmern, da sie, zumindest in einer »richtigen« Demokratie, von ihnen gewählt bzw. legitimiert werden.

339 Cornelia Koppetsch, op. cit., S. 184.

340 Cornelia Koppetsch, op. cit., S. 183ff

341 Z.B. Michal A. Clemens, *Economics and Emigration. Trillion-Dollar Bills on the Sidewalk?*, in: Journal of Economic Perspectives, Vol. 2, No. 3, Summer 2011, S. 83–106.

342 Dazu den Beitrag von Eva Menasse in *Essay und Diskurs*, Deutschlandfunk, 18. August 2019.

343 Marina Mazzucato. 2018. *The Value of Everything: Making and Taking in the Global Economy*, London: Allen Lane.

344 Vor dem G-20-Gipfel in Hamburg zeigte mir der japanische Botschafter in einem Gespräch ein Blatt Papier, worauf die Agenda der japanischen Regierung für den G-20 abgebildet sei. Darauf fünf Kreise, wie olympische Ringe, mit den Beschriftungen »Security, Transportation, Food, Energy und Communication«. Das sei es, was die Menschen (nicht Bürger!) bräuchten. Ich schaute recht perplex hoch und fragte: Und wo ist die Politik in ihrem Schaubild?

345 Pankaj Mishra, op. cit.

346 We Move Kampagne: kill Brexit before Brexit kills us, von Krebspatienten, die um Medikamente fürchten.

347 *Boris Johnson warned he could be leading UK into civil war-level institutional crisis*, Sky News 7 August 2019.

348 Bruno Latour. 2017. *Terrestrisches Manifest*. Berlin: Suhrkamp.

Nachwort

Der vorliegende Band von Ulrike Guérot ist nach Oskar Negts *Gesellschaftsentwurf Europa* und Ulrike Gueróts *Wie hältst du's mit Europa?* der dritte Band der Edition ifa im Steidl-Verlag. Ziel der Reihe ist die Diskussion neuer Sichtweisen auf, Prinzipien von und Perspektiven für Europa. Das große Friedensprojekt und die Vision einer wirklichen Union können gegen die neuen Abschottungen, Renationalisierungen und eine zunehmende Europafeindschaft nur behauptet werden durch mutige Verteidigung des Erreichten, konsequente Weiterentwicklung der Gemeinschaft von Staaten zu einer Union der Kulturen, Gesellschaften und Nationen und durch radikale neue Ideen für Europa und das europäische Projekt. Viele Initiativen und Bewegungen zeigen dabei das Engagement der Generation, die in diesem Europa lebt – und fordern die Übernahme von Verantwortung statt Verteidigung von Interessen, das Eintreten für ein Europa der Menschen – nicht der Staaten.

Der vorliegende Essay ist hierzu eine wichtige Reflexion und Rekonstruktion des Begriffs der Nation, der – eigentlich ein Rechtsbegriff –zum Verständnis einer »institutionalisierten Solidargemeinschaft« (Marcel Mauss) tendiert und immer mehr in Anspruch genommen wird für Identitätskonzepte v.a. nationalistischer Coleur. »Nicht Identität, sondern Solidarität als Wesenskern des Nationalen zu definieren, ist vielleicht der Schlüssel zu einer europäischen Nationenwerdung« schreibt Guérot im Vorwort. Es geht hier um nichts weniger als darum, Europa als eine Nation zu denken mit gemeinsamen Mythen, Träumen – auch Traumata – einer gemeinsamen Kultur oder – das würde auch stimmen – unterschiedlichen Kulturen, als »Vielfalt in der Einheit«. Es scheint mitunter, als ob die Begriffe Staat, Nation, Nationalstaat, Kulturnation und andere immer mehr verschwimmen.

Und was verschwimmt, gilt als verloren. Und davor müsste man Angst haben, sagen die Nationalisten. Und nicht nur Skandalisierung und Empörung sind eine in diesem Zusammenhang beliebt Attitüde, auch die Benennung des oder der Schuldigen. Ein aus der Geschichte bestens bekanntes Muster. Das ist falsch. In einer Welt, die zunehmend volatil, unsicher, komplex und ambivalent ist, ist Europa – so die Überzeugung Gueróts – der Anker. Das immer schönere Ja und das immer grauere Nein zu einer Nation Europa, Ulrike Guerót beschreibt es.

Ronald Grätz
ifa

Ulrike Guérot, geboren 1964, ist Politikwissenschaftlerin, seit 2016 Professorin für Europapolitik und Demokratieforschung an der Donau-Universität Krems. Sie ist Gründerin des European Democracy Lab. Die Stiftungsprofessur wurde mit Mitteln des Landes Niederösterreich eingerichtet. Von ihr erschien zuletzt bei Steidl: *Wie hälst du's mit Europa?*

Abbildungen

S. 153: © European Alternatives

S. 154-155: © ADL (2019): Präsentation Demokratieradar Welle 2, https://www.austriandemocracylab.at/wp-content/uploads/2019/02/Pr%C3%A4sentation-Demokratieradar-Welle-2.pdf

S. 156–157: © European Commission, https://ec.europa.eu/commfrontoffice/publicopinion/index.cfm/ResultDoc/download/DocumentKy/84833

S. 158: © Volker Thurm-Nemeth

S. 159: © European Democracy Lab

S. 160: METROPA © 2019 Stefan Frankenberger (www.studio77.eu)

S. 161: The Guardian, https://www.theguardian.com/world/2019/may/15/majority-of-europeans-expect-end-of-eu-within-20-years S. 162–163: https://www.reddit.com/r/MapPorn/comments/bb0hhu/population_identifying_as_european_1995_compared/

S. 164 oben: © Jan Böhmermann, https://twitter.com/janboehm/status/1097168162401980419?lang=de

S. 164 unten: © Ulrike Guérot

Erste Auflage 2019
Steidl Verlag in Zusammenarbeit
Mit dem ifa / Institut für Auslandsbeziehungen
Charlottenplatz 17, 70173 Stuttgart

Buchgestaltung:
Holger Feroudj, Bernard Fischer / Steidl Design
Gesamtherstellung und Druck:

Steidl / Düstere Str. 4 / 37073 Göttingen
Tel. +49 551 49 60 60 / Fax +49 551 49 60 649
mail@steidl.de / steidl.de

ISBN 978-3-95829-645-9
Printed in Germany by Steidl